·CSSCI 来源集刊·

金融法苑

Financial Law Forum

2021 总第一百零六辑

◎ 北京大学金融法研究中心　主办

▶ 主编：彭　冰　▶ 本辑执行主编：蔡卓瞳

中国金融出版社

责任编辑：黄海清
责任校对：李俊英
责任印制：丁淮宾

图书在版编目（CIP）数据

金融法苑. 2021：总第一百零六辑/彭冰主编. —北京：中国金融出版社，2022.4
ISBN 978－7－5220－1561－3

Ⅰ.①金… Ⅱ.①彭… Ⅲ.①金融法—研究—丛刊 Ⅳ.①D912.280.4－55

中国版本图书馆CIP数据核字（2022）第046407号

金融法苑. 2021：总第一百零六辑
JINRONG FAYUAN. 2021：ZONG DI-YIBAI LING LIU JI

出版发行 中国金融出版社
社址 北京市丰台区益泽路2号
市场开发部 (010)66024766，63805472，63439533（传真）
网上书店 www.cfph.cn
(010)66024766，63372837（传真）
读者服务部 (010)66070833，62568380
邮编 100071
经销 新华书店
印刷 河北松源印刷有限公司
尺寸 185毫米×260毫米
印张 14
字数 300千
版次 2022年5月第1版
印次 2022年5月第1次印刷
定价 40.00元
ISBN 978－7－5220－1561－3

本辑出版得到众惠财产相互保险社的大力支持，特此致谢！

《金融法苑》

声　明

向《金融法苑》投稿即视为授权本编辑部将稿件纳入北京大学期刊网（www. oaj. pku. edu. cn）数据库、《中国学术期刊网络出版总库》及CNKI系列数据库、“北大法宝”（北大法律信息网）期刊数据库、台湾元照出版公司月旦法学知识库、万方数据库、本编辑部确定的其他学术资源数据库、学术性微信公众号，包括但不限于通过北京大学金融法研究中心网站（www. finlaw. pku. edu. cn）和微信公众号（“Pkufinlaw”和“北京大学金融法研究中心”）对外传播。本编辑部支付给作者的稿酬已包含上述数据库和微信公众号著作权使用费。如有异议，请在来稿时注明，本编辑部将作适当处理。

刊稿仅反映作者个人的观点，并不必然代表编辑部或者主办单位的立场。

目　录

Contents

首届北京大学金融法全国博士生论坛
暨“大成金融法优秀论文奖”简介

博士生是学术共同体中最具活力的群体，也是学术传承和创新的未来。为此，在大成律师事务所支持下，北京大学金融法研究中心于2021年设立“大成金融法优秀论文奖”，并发起举办北京大学金融法全国博士生论坛，旨在为以金融法为研究旨趣的博士生提供砥砺学术、交流共进的平台。首届博士生论坛计划于2022年3月在北京举行，北京大学金融法研究中心将邀请学术权威和实务精英评选优秀论文并颁发奖金。

首届论坛的主题为“公司法演进中的本土经验与未来展望”。自2021年6月25日正式启动征稿，截至2021年8月16日收到国内外高校硕博研究生投稿共计52篇。论坛主办方邀请高校教师、期刊编辑和实务精英共同组成专家委员会，经两轮匿名评审，评出一等奖论文1篇，二等奖论文3篇，三等奖论文5篇，名单如下：

首届北京大学金融法全国博士生论坛获奖名单

奖项	题目	作者	单位
一等奖	公司董事勤勉义务的类型化研究	陈洪磊	吉林大学
二等奖	公司担保中资本维持的逻辑展开	谢肇煌	中国人民大学
	潜在共有：夫妻持股“名实不符”公司法冲突的化解路径	张兆函	清华大学
	有限公司股东资格继承规则之省思与完善	沈友平	中南财经政法大学
三等奖	股东第三人撤销之诉原告资格研究	吴维锭	中国人民大学
	公司瑕疵决议的外部效力判断	梁莹	武汉大学
	论上市公司重大资产重组业绩补偿制度的取消	吕晖	澳门科技大学
	公司股东清算义务人身份之质疑	杨琼	中南财经政法大学
	公司司法解散制度的功能主义比较与立法完善	李凌霜	清华大学

专家委员会组成：甘培忠（北京大学）、叶林（中国人民大学）、王莉萍（《中国法学》编辑部）、王涌（中国政法大学）、陈洁（中国社科院法学所）、汤欣（清华大学）、彭冰（北京大学）、于绪刚（北京大成律师事务所）、李寿双（北京大成律师事务所）。

公司担保中资本维持的逻辑展开

■ 谢肇煌*

摘要：公司为股东提供担保的行为，应受到资本维持原则的限制。我国公司资本制度后端的缺失，加之公司担保行为本身的特殊性，使得相关案件的裁判思路错综复杂。资本维持原则旨在调和债权人和股东之间的利益冲突，因而不应一概认定担保无效。资本维持原则能概括性地为所有债权人提供保护，因而无须证明特定债权人利益因案涉分配行为受到损害。资本维持原则具有强制性，公司依据《公司法》第十六条等规定经过了决议程序，也不能豁免资本维持原则的要求。应当着眼于商业实践中的具体场景，依据交易整体对公司持续盈利能力和偿债能力的影响，判断资本维持原则的触发时点。应当以法定资本标准作为公司担保中资本维持原则的判断尺度。探究公司担保中资本维持原则的适用逻辑，能为公司资本制度后端的改革以及公司资产流出环节的系统规制框架的完善提供重要启示。

关键词：公司担保　资本维持原则　债权人保护　法定资本制　偿债能力测试

一、 问题的提出

公司对外担保行为会对公司、股东及债权人利益造成重大影响，属于公司法特别规制的重大交易行为。担保是公司融资交易中的重要环节，适当赋予公司担保能力符合资本市场发展的客观需求，然而背离公司理性自治、违反受信义务、违背契约精神的公司担保可能严重损害公司、股东及债权人利益。我国《公司法》承认公司的担保能力，同时围绕公司担保设置了一系列限制。在程序方面，为防止公司法定代表人、董事、高级管理人员滥用职权以公司名义对外作保，《公司法》第十六条、第一百零四条、第一百二十一条、第一百四十八条第一款第三项规定了公司对外担保的内部决议程序。在实体方面，公司章程可以对担保数额作出限额规定，但是《公司法》上对公司担保实体条件的限制条款在司法实践中并未得到充分而准确的适用，在学理上也并未得到应有的重视。公司担保在实体方面的一个重要问题是：当公司为股东提供担保时，

* 谢肇煌，中国人民大学法学院博士研究生。

即债权人和/或债务人是公司股东时，公司担保行为可能构成不当的资产返还，违反资本维持原则及相关法律规则。在我国司法实践中，对于此种情形，有的法院以违反有关资本维持原则的《公司法》第三十五条、第七十四条为由认定担保合同无效。但也有法院出于不同理由认定担保合同有效，影响最大者当属“强静延与曹务波等股权转让纠纷案”（以下简称“强静延诉曹务波、瀚霖公司一案”）中最高人民法院作出的再审判决。“九民纪要”征求意见稿第10条一度采纳了最高人民法院在“强静延诉曹务波、瀚霖公司一案”中的立场，认定担保合同有效，但最终出台的“九民纪要”删除了该条，将该问题留待司法实践继续探索。

若要澄清公司担保案件中资本维持原则的适用逻辑，必须明确资本维持原则的构成要素，同时把握公司担保这一行为的特征。资本维持原则所约束的是公司资产流出环节，代表的是公司资本制度的后端。而我国《公司法》及其司法解释对于公司资本制度后端的重视不足，缺乏对公司资产流出环节的系统规制框架。公司为股东提供担保，可能导致公司资产向股东的单向流出，与利润分配、股份回购具有相同的经济实质，从而应当与利润分配、股份回购一样，属于美国《示范商事公司法》（*Model Business Corporation Act*）第6.40条“对股东的分配”的一种形式。然而，与利润分配、股份回购不同的是，公司为股东提供担保后所承担的是或然债务，也即公司在承担担保责任后，有权向债务人追偿。这使得资本维持原则在适用于公司担保时呈现出相应的特殊性。我国公司资本制度后端的缺失，加之公司担保行为本身的特殊性，使得相关案件的裁判思路错综复杂。本文旨在通过对我国司法实践中的裁判思路作出梳理，以公司担保案件为切入点，对资本维持原则的功能与性质、触发时点以及判断尺度这三方面的关键问题作出解析，为建立健全公司资产流出环节的系统规制框架提供参考。完善的公司资产流出环节规制体系，既要作为保护债权人利益的最后一道防线切实发挥作用，也要避免过度限制公司的经营自由以及股东获得投资回报的权利。

二、 我国司法实践中不同的裁判思路

（一）“担保合同无效说”

触发资本维持原则的公司担保案件，多数是公司作为担保人的股权转让纠纷案件。在这些案件中，多数法院依据《公司法》上有关资本维持原则的条款（主要是第三十五条和第七十四条）认定担保合同无效。持“无效说”的法院所采取的裁判思路可分为以下几类：

1. 依据《公司法》第三十五条。在“玉门市勤峰铁业有限公司、汪高峰、应跃吾与李海平、王克刚、董建股权转让纠纷案”（以下简称“玉门市勤峰公司一案”）二审判决书中，法院认为勤峰公司为其股东间股权转让提供担保的行为“不符合《公司法》第三十五条关于股东缴纳出资后不得抽回的规定”，将“导致股东以股权转让的方式从公司抽回出资的后果”，并指出“公司资产为公司所有债权人债权的一般担保，规定股东必须向公司缴纳其认缴的注

册资本金数额，公司必须在公司登记机关将公司注册资本金及股东认缴情况公示，在未经公司注册资本金变动及公示程序的情形下，股东不得以任何形式用公司资产清偿其债务构成实质上的返还其投资。"①

2. 依据《公司法》第七十四条。在"沈建忠与连云港北海房地产开发有限公司、张祖荣股权转让纠纷案"一审判决书中，法院认为"公司替股东之间的股权转让承担担保责任，可能会导致公司回购股份，公司资本不当减少，此行为违反了《公司法》中关于公司回购本公司股份的禁止性规定，也与公司资本维持原则相违背"，并指出"公司承担担保责任的前提应当是不存在新股东变相抽逃出资可能，如具备公司未分配利润金额或者新股东对公司享有应收款数额多于公司担保金额等情形。原股东应对上述情形承担举证责任，如不能举证，原股东要求公司承担担保责任的诉讼请求应当予以驳回。"②

3. 同时依据《公司法》第三十五条和第七十四条。这方面的案例有"刘志强与石磊、琼海磐龙实业开发有限公司股权转让纠纷案。"③

4. 同时依据《公司法》第十六条和上述有关资本维持原则的条款。在"李文中与茫崖涯美油田工程有限责任公司、徐勇股权转让纠纷案"中，法院适用的是《公司法》第十六条以及"公司法关于资本维持原则的强制性规定"。④ 在"周祖谦、杭州谛都置业有限公司破产债权确认纠纷案"中，法院同时适用了《公司法》第十六条和第三十五条。⑤ 在"汤猛与叶尚荣、封开县恒业房地产发展有限公司、佛山市三水汇方房地产开发有限公司股权转让纠纷案"中，法院同时适用了《公司法》第十六条、第三十五条和第七十四条。⑥

（二）"担保合同有效说"

少数法院持"有效说"，其依据的是资本维持原则以外的裁判理由，或是提出理由说明有关资本维持原则的《公司法》条款并不适用。持"有效说"的法院所采取的裁判思路可分为以下几类：

1. 无视《公司法》的规定。在"玉门市勤峰公司一案"一审判决书中，法院依据《担保法》第七条、第十八条、第二十一条、第九十三条，认定担保有效，而只字未提《公司法》的规定。在"林东、陆春莉诉江斌、凌力公司股权转让纠纷案"（以下简称"林东、陆春莉诉江斌、凌力公司一案"）一审判决书中，法院认为"现有法律未禁止有限公司为他人承担连带付款

---

① 参见最高人民法院（2012）民二终字第39号民事判决书。
② 参见江苏省连云港市中级人民法院（2017）苏07民初136号民事判决书。
③ 参见海南省第一中级人民法院（2018）琼96民再9号民事判决书。
④ 参见上海市浦东新区人民法院（2016）沪0115民初82264号民事判决书。
⑤ 参见浙江省杭州市中级人民法院（2019）浙01民终3836号民事判决书。
⑥ 参见广东省封开县人民法院（2018）粤1225民初712号民事判决书。

责任”，认定担保有效。[①]

2. 由于公司已经同意承担付款义务或者同意提供担保，因而认定担保有效。在“林东、陆春莉诉江斌、凌力公司一案”一审判决书中，法院认定担保有效的另一个理由是凌力公司的行为“表明其愿承担起支付股权转让款的义务”。在“陈伙官与胡升勇、广西万晨投资有限公司等股权转让纠纷案”（以下简称“陈伙官诉胡升勇、万晨公司一案”）二审判决书中，法院认定担保有效的理由之一是“万晨公司在一审过程中对于其承担连带责任并未提出异议。万晨公司承担连带责任系经过公司股东会决议，股东会决议系公司自治的体现，既然本案当事人均对此不持异议，法院主动对公司的自治情况进行司法干预不妥”。[②]

3. 公司承担保证责任属于或然债务，并不会必然导致公司财产减少。在“陈伙官诉胡升勇、万晨公司一案”二审判决书中，法院指出“本案中承担支付股权转让款义务的系胡升勇，万晨公司承担保证责任属于或然债务，并不必然发生，即使万晨公司承担了保证责任，也有权向胡升勇追偿，并不会导致公司财产的必然减少。”在“邓颖聪、谭剑波借款合同纠纷案”（以下简称“邓颖聪诉谭剑波一案”）一审判决书中，法院以同样理由认定圣都公司为股东间股权转让提供担保有效。[③] 在“郭丽华等与郑平凡等股权转让纠纷案”二审判决书中，法院指出“债权不具有物权的公示性质，无法为行为人所预期，公司资产是否能清偿债权，本身即属于市场风险的一部分，因而公司为股东间交易提供担保并不当然损害债权人权益。”[④] 这实际上是对上述裁判思路的另一种表述。

4. 股东投资使公司及全体股东受益，因而公司应当承担担保责任。在“强静延诉曹务波、瀚霖公司一案”再审判决书中，法院认定担保有效的理由是“强静延投资全部用于公司经营发展，瀚霖公司全体股东因而受益，故应当承担担保责任”。法院认为《公司法》第十六条的立法目的在于防止大股东滥用控制地位损害公司及中小股东权益，本案中瀚霖公司的担保行为有利于公司自身经营发展需要，并未损害公司及中小股东权益，不违反《公司法》第十六条的立法目的。[⑤]

5. 未达到抽逃出资的程度。在“邓颖聪诉谭剑波一案”一审判决书中，法院认为“从是否达到抽逃注册资本的程度看，圣都公司虽然提交了其《债务清单表》证明案涉股权转让当时圣都公司处于亏损状态，但该债务清单表载明公司债务为226802683.23元，而当时圣都公司名下有1200余亩土地，且圣都公司的注册资本仅为1240万元，故不存在抽逃出资的行为。”

① 参见福建省福州市中级人民法院（2013）榕民终字第3163号民事判决书。
② 参见福建省高级人民法院（2015）闽民终字第1292号民事判决书。
③ 参见四川省成都市中级人民法院（2017）川01民初2100号民事判决书。
④ 参见山西省高级人民法院（2017）晋民终79号民事判决书。
⑤ 参见最高人民法院（2016）最高法民再128号民事判决书。

6. 没有证据证明债权人受损。在“邓颖聪诉谭剑波一案”一审判决书中，法院还指出“但两案并非系圣都公司的债权人因圣都公司无财产履行债务给债权人造成损害而要求所谓抽逃出资的股东承担责任，且圣都公司主张的债权人利益受到了损害也无相应证据证明”。

三、 资本维持原则的功能与性质及其在公司担保中的体现

（一）资本维持原则的债权人保护功能

资本维持原则是两大法系公司法共有的原则，其核心要义在于防止公司资产被不当地返还给股东，使公司保有一定数额的资产，从而保护公司债权人利益，调和股东和债权人之间的利益冲突。① 在法定资本制②下，资本维持原则的核心要义在于公司应当保有与法定资本相当的资产，这部分资产不得分配给股东。在废除法定资本制，采用偿债能力测试的美国《示范商事公司法》和以其为蓝本的州公司法下，资本维持原则的理念也并未被废除，偿债能力测试依然要求公司保有一定数额的资产，只是公司保有资产的标准不再是法定资本，而是公司能否偿还到期债务以及公司资产是否大于负债。资本维持原则的债权人保护功能具有以下三方面特点：

首先，资本维持原则对债权人的保护，其实质是为了调和股东和债权人之间的利益冲突，而非对债权人的片面保护，更非对股东投资回报的随意剥夺。债权人和股东作为两种不同类型的投资者，具有不同的风险偏好和利益诉求，因而二者之间存在天然的利益冲突。债权人希望公司保有大量资产，并尽量少借债，从而保证他们的债权能获得清偿；股东却只想投入尽量少的资产，并希望公司多借债，从而充分发挥“杠杆效应”，提高投资回报率。债权人抗拒股东获得投资回报，在股东选举出来的董事会决定对股东分配资产时，债权人希望获得保护；而股东却想要尽快获得最大限度的投资回报。③ 包括资本维持原则在内的整个公司资本制度，就是为了在承认并肯定债权人和股东的不同风险偏好和利益诉求的基础上，调和债权人和股东之间的利益冲突。因此，资本维持原则所禁止的是公司将资产不当地分配给股东的行为，而非给予股东合法投资回报的行为，更非商业经营中的正常亏损行为。④ 并且，公司法必须明确认定上述“不当”分配行为的标准，也即资本维持原则的判断尺度。因此，不应一概以违反资本维持原则及相关法律规则为由认定担保合同无效。

---

① 参见朱慈蕴：《中国公司资本制度体系化再造之思考》，载《法律科学（西北政法大学学报）》2021 年第 3 期。

② 本文所使用的“法定资本制”一词，指的是公司法上规定公司资产流入与流出的具体数额标准的强制性规则，涵盖了公司资本形成、维持与不变的所有环节，而非仅仅指向公司资本的形成阶段。参见李建伟：《公司资本的核心概念疏证》，载《北方法学》2016 年第 1 期。

③ See Bayless Manning & James J. Hanks Jr., *Legal Capital*, *4th ed.*, Foundation Press 2013, p. 24.

④ 参见张保华：《资本维持原则解析——以“维持”的误读与澄清为视角》，载《法治研究》2012 年第4 期。

其次，资本维持原则对债权人的保护，是通过强制公司保有一定数额的资产，概括性地对公司的所有债权人作出保护，而非对特定债权人的保护。一旦公司资产低于公司法规定的数额标准，违反了资本维持原则，就可推定债权人整体利益受到了损害，而不必证明特定债权人的利益受到损害。即使是美国法上的偿债能力测试，其旨在确保的也是公司在作出分配后具有概括清偿所有债务的能力，而非清偿某一特定债务的能力。对于违反资本维持原则的担保合同，公司不必证明特定债权人的利益受到损害，即可拒绝债务人和担保债权人的履行请求，但这不影响合同法上缔约过失责任和违约责任的承担。

最后，资本维持原则是对公司行为的实体检验标准，其通过在实体层面检验公司行为的正当性来保护债权人利益。① 为保护公司、股东及债权人利益，公司所开展的任何交易，都必须受到公司法在程序（交易决策程序）和实体（交易实体内容）层面所设置的强制性规定的双重检验。② 非关联交易在程序层面由经理决定，在实体层面完全由公司自治。关联交易在程序层面需经由股东会或董事会决议，在实体层面受到董事忠实义务中的实质公平标准的约束。③ 公司与股东之间的交易作为特殊的关联交易，在程序层面同样需经由股东会或董事会决议，在实体层面受到资本维持原则的约束。④ 公司为股东提供担保，不仅在程序层面应当经过《公司法》第十六条、第一百零四条、第一百二十一条规定的决议程序，还应当在实体层面通过资本维持原则的检验，二者缺一不可。

（二）资本维持原则的强制性

资本维持原则最重要的特性就是强制性。资本维持原则下的相关规则，即利润分配、股份回购、公司为股东提供担保等行为的财源限制条款，都属于强制性规定。公司法需要解决三类代理问题：股东和其雇用的经理人员之间的代理问题；控股股东和非控股股东之间的代理问题；公司自身（包括其股东）和其他与公司之间有契约关系的利益相关者之间的代理问题。⑤ 由于代理人和被代理人之间存在信息不对称，被代理人面临集体行动问题导致缔约无效率或不公平，代理人的缔约行为极易损害被代理人的利益。因此，公司法应当提供强制性规则，对代理人施加法定义务，或者赋予被代理人法定救济权利并助力被代理人行使权利。⑥ 资本维持原则所要解决的就

① 资本维持原则在执行过程中需要董事和经理承担信息披露义务，这虽然属于程序上的要求，但这是资本维持原则的配套制度，而非资本维持原则本身。

② 参见贺剑：《对赌协议何以履行不能？——一个公司法与民法的交叉研究》，载《法学家》2021 年第1 期。

③ See John Armour, Luca Enriques et al. , *The Anatomy of Corporate Law: A Comparative and Functional Approach*, 3*rd*. , Oxford University Press, 2017, pp. 156 – 166.

④ 参见白江：《论资本维持原则和公司资产的保护》，载《社会科学》2007 年第 12 期。

⑤ See John Armour, Luca Enriques et al. , *The Anatomy of Corporate Law: A Comparative and Functional Approach*, 3*rd* . , Oxford University Press, 2017, pp. 29 – 31.

⑥ See Jeffrey N. Gordon, *The Mandatory Structure of Corporate Law*, 89 Columbia Law Review 1549, 1593 (1989).

是公司及其股东与债权人之间的代理问题。作为公司外部人的债权人，与作为公司内部人的股东及其选举出来的董事之间存在信息不对称，公司债权人的不特定性导致其难以开展集体行动，因此债权人的利益极易受到股东和董事的侵害。资本维持原则为股东和董事施加了保有特定数额公司资产的法定义务，以及相应的信息披露义务，从而保证债权能得到清偿。

首先，资本维持原则的强制性意味着公司章程及公司内部的任何决议、协议都不得取消或放弃资本维持原则。资本维持原则是对公司债权人的保护措施，公司内部人之间订立的章程、协议、决议无权剥夺公司债权人应当受到的保护。在公司担保的情形下，一方面，如前所述，《公司法》第十六条、第一百零四条、第一百二十一条属于程序检验，而资本维持原则属于实体检验，二者缺一不可，无法相互豁免；另一方面，若以公司依据《公司法》第十六条、第一百零四条、第一百二十一条通过了决议程序为由，将违反资本维持原则的担保认定为有效，则无异于股东通过决议剥夺了公司债权人应当受到的保护。① 换言之，即使公司依据《公司法》第十六条通过了决议程序，公司担保行为也必须受到资本维持原则的限制。

其次，资本维持原则的强制性还意味着债权人也不能放弃资本维持原则的保护。如前所述，资本维持原则是对所有公司债权人的概括保护，因此特定债权人无权代表其他债权人放弃资本维持原则的保护。债权人的不特定性也意味着经所有债权人同意放弃资本维持原则的保护在现实中并不可行。然而，债权人可以在借贷合同中将比资本维持原则更严格的要求作为借贷的条件，其他债权人也因此可以“搭便车”，受到比资本维持原则更高的保护。② 在资本维持原则的规制强度较低的法域（例如美国采用偿债能力测试的州），债权人更为经常地在借贷合同中对公司分配行为施加较法律更为严格的限制。③

四、 资本维持原则的触发时点及其对公司担保的应用

（一）公司担保中资本维持原则的触发时点问题

在司法实践中落实资本维持原则的一个关键问题就是资本维持原则的触发时点，即在公司和股东之间的交易进行到哪一步时，需要依据资本维持原则对该交易在实体层面的合法性作出判断。关键的时间点通常有两个：一是作出决议时，二是实施时。《公司法》及其司法解释对此并无规定。美国《示范商事公司法》第 6.40 条第（e）节针对不同形式的分配作出了不同规定：

---

① See Robert L. Phillips, *The Concept of a Corporation's Purchase of Its Own Shares*, 15 Alberta Law Review, p. 324, 378 – 382 (1977).

② See Luca Enriques & Jonathan R. Macey, *Creditors Versus Capital Formation: The Case against the European Legal Capital Rules*, 86 Cornell Law Review, p. 1165, 1172 (2001).

③ See Richard O. Kummert, *State Statutory Restrictions on Financial Distributions by Corporations to Shareholders – Part II*, 59 Washington Law Review, p. 185, 250 (1984).

对于回购、回赎或者其他形式的取得公司股份，衡量分配效果的时点是以下两个日期中更早的一个：现金或其他财产发生移转或者公司对股东负有的债务产生的日期；股东因股份被回购而停止具有股东身份的日期。对于债务的分配，衡量分配效果的时点是债务被分配的日期。对于其他形式的分配，则分为两种情况：如果对股东的支付发生在分配得到授权之后的120日内，衡量分配效果的时点是授权日；如果对股东的支付发生在授权日起120日之后，衡量分配效果的时点是支付日。由此可见，资本维持原则的触发时点应当视不同的分配形式分别确定。公司为股东提供担保这一行为较之利润分配、股份回购等典型的分配形式具有特殊性，这使得单独讨论公司担保中资本维持原则的触发时点成为必要。

公司为股东提供担保这一行为的特殊性在于，提供担保并不一定会造成公司资产的减损，因为公司享有对债务人的追偿权。公司承担担保责任会增加公司的债务，但这种债务属于或有债务，公司对债务人享有受法律保护的债权。若债务人有能力清偿债务，公司承担担保责任后能实现其追偿权，则公司提供担保只不过意味着资产形态的转变——从现实的资产转变为对债务人的债权，待实现追偿权后，又重新恢复为现实的资产。① 因此，如果将公司作出提供担保的决议时或者公司实际承担担保责任时作为资本维持原则的触发时点，而不考虑公司享有的追偿权，可能会过度限制公司的经营自由和股东获得投资回报的权利。然而，如果等到确定公司无法实现追偿权时才适用资本维持原则，则可能放任债权人利益受到损害。由此可见，公司担保中资本维持原则触发时点的选择，实质上是对资本维持原则规制强度的调适。②

这一点可与股份回购进行对比。公司回购自己股份的经济实质也是将资产无偿转让给股东，但公司可以将被回购的股份再度出售，从而弥补资产的减损，甚至实现资产的增值。然而，被回购的股份能否再度出售，具有高度的不确定性，公司对再度出售股份能换取的对价不享有任何在法律上已经确定的权利。③ 因此，公司回购股份所产生的债务是直接债务，而非或有债务，应当据此确定股份回购中资本维持原则的触发时点。值得注意的是，正因为公司为股东提供担保和股份回购之间存在重要区别，以不符合《公司法》第七十四条第一款规定的股份回购情形为由认定担保合同无效的裁判思路是不妥的。并且这一裁判思路反映了对《公司法》第七十四条制度定位的误解，以及对意定回购和法定回购的混淆：《公司法》第七十四条规定的是有限责任公司股东享有的法定退股权，而不是对有限责任公司意定回购的事由限制，对应的是法定回购

① 参见刘燕：《“对赌协议”的裁判路径及政策选择——基于PE/VC与公司对赌场景的分析》，载《法学研究》2020年第2期。

② 资本维持原则的规制强度取决于多个方面，除了触发时点的选择，还有适用范围和判断尺度。适用范围越宽，规制强度越大。以法定资本作为判断尺度的立法，通常比以偿债能力作为判断尺度的立法的规制强度更大。

③ See Artur Nussbaum, *Acquisition by a Corporation of Its Own Stock*, 35 Columbia Law Review 971, 993 (1935).

而非意定回购。[①] 有限责任公司为股东提供担保，以及有限责任公司和股东之间的意定回购，都不应适用《公司法》第七十四条。[②]

（二）资本维持原则触发时点的选择：对赌协议的启示

我国司法实践中围绕对赌协议的裁判思维，对于资本维持原则触发时点的选择具有重要启示。在"对赌协议第一案"也即"海富案"再审判决书中，最高人民法院以"这一约定使得海富公司的投资可以取得相对固定的收益，该收益脱离了世恒公司的经营业绩，损害了公司利益和公司债权人利益"为由，判决对赌条款无效。[③] 在后来的"华工案"再审判决书中，江苏省高级人民法院认定案涉对赌协议有效，指出"案涉对赌协议中关于股份回购的条款内容，是当事人特别设立的保护投资人利益的条款，属于缔约过程中当事人对投资合作商业风险的安排，系各方当事人的真实意思表示"；同时认定案涉对赌协议具备履行可能性，指出"扬锻集团公司在投资方注资后，其资产得以增长，而且在事实上持续对股东分红，其债务承担能力相较于投资方注资之前得到明显提高"。[④] 在直接涉及公司担保的"强静延诉曹务波、瀚霖公司一案"再审判决书中，最高人民法院认定案涉担保条款有效，指出"增资扩股、股权回购、公司担保本身属于链条型的整体投资模式"，"强静延投资全部用于公司经营发展，瀚霖公司全体股东因而受益，故应当承担担保责任"，强静延的投资"有利于瀚霖公司提升持续盈利能力"，"不仅符合公司新股东强静延的个人利益，也符合公司全体股东的利益"。

相较于"海富案"的判决，"华工案"和"强静延诉曹务波、瀚霖公司一案"的判决在以下两个方面更有可取之处：（1）考虑到公司分配行为发生的具体商业实践场景，洞悉当事人之间一系列交易的经济实质，充分尊重并鼓励商业实践中融资模式的创新，而非抽象笼统地以资本维持原则或保护公司及债权人利益为由否定当事人之间约定的效力。[⑤] 上述对赌协议中的增资、股份回购、公司担保条款构成一个整体的投融资模式，一概否定股份回购、公司担保条款的效力意味着对整个投资模式的否定，从而导致对公司融资的抑制。（2）在将增资、股份回购、公司担保条款视为一个整体的投融资模式的前提下，考察案涉投资对公司持续盈利能力和债务承担能力的实际影响，而非抽象笼统地认为股份回购、公司担保一定会损害公司的偿债能力。无论公司所获得的新融资是债权性质还是股权性质，只要有新的资产流入公司，就意味着有更多

---

① 参见"宋豫宾、长宁县正原化工有限公司股东资格确认纠纷案"，四川省宜宾市中级人民法院民事判决书，(2018）川15民终755号。

② 参见申文君、许建兴：《约定股份回购效力认定》，载《兰州学刊》2018年第1期。

③ 参见"苏州工业园区海富投资有限公司与甘肃世恒有色资源再利用有限公司、香港迪亚有限公司、陆波增资纠纷案"，最高人民法院（2012）民提字第11号民事判决书。

④ 参见"江苏华工创业投资有限公司与扬州锻压机床股份有限公司、潘云虎等请求公司收购股份纠纷案"，江苏省高级人民法院（2019）苏民再62号民事判决书。

⑤ 参见许德风：《公司融资语境下股与债的界分》，载《法学研究》2019年第2期。

改善公司财务状况，增强公司持续盈利能力和债务承担能力的机会，这将使公司、股东和债权人同时受益。①

借鉴上述围绕对赌协议的裁判思路，可以更为合理地确定公司担保中资本维持原则的触发时点，更为精准地调适资本维持原则的规制强度。若公司担保条款是公司和股东之间的投融资交易或其他关联交易的一部分，则应当着眼于交易的整体，判断整个交易是否程序严谨、信息透明、对价公允，整个交易对于公司持续盈利能力和债务承担能力是否有积极影响。若是，则公司承担担保责任时可不受资本维持原则的检验②，日后若公司无法实现追偿权，导致债权人利益受损，此时方可触发资本维持原则，股东和债权人还可以依据《公司法》第二十条、第二十一条、第一百四十七条至第一百四十九条的规定获得保护。若否，则应以公司承担担保责任时作为资本维持原则的触发时点。若公司担保条款不是公司和股东之间的投融资交易或其他关联交易的一部分，具有明显的单向利益转移特征，则应以公司承担担保责任时作为资本维持原则的触发时点。若公司担保条款具有明显的抽逃出资性质，例如公司明知债务人无力清偿而依然提供担保，甚至与债务人、债权人恶意串通转移、侵占公司财产，则应以公司作出担保决议时作为资本维持原则的触发时点，股东有权依据《公司法》第二十二条起诉请求认定担保决议无效。

五、 资本维持原则的判断尺度：以公司担保为切入点

（一）资本维持原则的判断尺度与适用范围之关系

关于资本维持原则，最为重要且最具争议性的问题，当属资本维持原则判断尺度的选择。大多数实行法定资本制的国家，如德国、日本，以法定资本数额作为资本维持原则的判断尺度。1980 年修订后的美国《示范商事公司法》和以之为蓝本的州公司法抛弃法定资本制，采用更为简明的偿债能力测试作为判断尺度。另有一些国家将法定资本标准和偿债能力测试相结合，如英国《2006 年公司法》总体上坚持法定资本标准，但在封闭公司股份回购的场合引入了偿债能力测试。我国《公司法》实行法定资本制，但缺乏对公司资产流出环节的系统规制框架，对于资本维持原则的判断尺度也并无规定。我国应当坚持传统的法定资本标准，还是全面引入偿债

---

① See Bayless Manning & James J. Hanks Jr. , *Legal Capital*, 4*th ed.* , Foundation Press 2013, p. 13.

② 比较法上也有立法例印证上述原理。依据英国《2006 年公司法》第 831 条第（1）（b）节，若公众公司的分配不会导致公司资产减少，则应当允许这样的分配 . See Companies Act 2006, § 831（1）（b）. 依据第 682 条第（1）（b）（i）节，若公众公司为购买自己股份的财务资助不会导致公司资产减少，则不应禁止这样的财务资助。See Companies Act 2006, § 682（1）（b）（i）. 依据德国《股份法》第 57 条，只有当公司和股东之间的交易对公司不利时，该笔交易才会因违反资本维持原则而被禁止。等值的资产交换不违反资本维持原则。参见［德］托马斯·莱塞尔、吕迪格·法伊尔：《德国资合公司法》（第 6 版），高旭军等译，上海人民出版社 2019 年版，第 389－390 页。

能力测试，抑或是在二者之间折中，是此次修改《公司法》的主要争点之一。

本文聚焦于如何在公司担保案件中实现资本维持原则。就公司担保这一非典型的分配形式而言，选择何种判断尺度更为适当？首先必须明确的是，法定资本标准和偿债能力测试这两种判断尺度，是否都能适用于公司担保这一非典型的分配形式，且二者对公司担保的规制效果有无实质性差异？更深层的问题是，资本维持原则的判断尺度和适用范围之间有何关系？1980 年修订后的美国《示范商事公司法》抛弃了声明资本、股份面额的概念，废除了和衡平偿债能力测试（equity solvency test）一起作为分配效果判断尺度的传统的声明资本或者营业盈余测试（stated – capital or earned – surplus test），形成现在的由衡平偿债能力测试和资产负债表测试（balance sheet test）组成的判断尺度，同时引入“大分配”概念用以统摄利润分配、股份回购以及其他分配形式。[①] 那么，引入“大分配”概念，与废除法定资本制，采用偿债能力测试的做法之间有无必然的对应关系？

通过考察英国、德国等国的公司资本制度，可以发现法定资本标准也可以适用于各类分配形式。英国《2006 年公司法》将“分配”规定在第 23 部分，而将股份回购、回赎以及为股份回购提供财务资助规定在第 18 部分。但是，该法第 829 条规定的“分配”并非仅指利润分配，而是包括变相分配，也即公司与股东之间的为了将价值从公司转移至股东的非公允交易。[②] 公司担保作为一种分配形式，可以被纳入第 18 部分第 2 章“为购买自己股份的财务资助”范畴[③]，也可以被纳入第 23 部分的“分配”范畴，受到资本维持原则的检验。因此，虽然英国《2006 年公司法》没有采纳“大分配”概念，但该法对于公司分配形式的规定是较为全面的。该法对于上述分配形式一以贯之地适用法定资本标准（除了封闭公司动用资本回购股份的例外情形）：依据第 686 条和第 691 条，只有运用可分配利润或者为了赎回或回购股份而新发行股份所获得的收益，才可以赎回或回购股份；依据第 681 条和第 682 条，运用合法的可分配利润作出的财务资助不被禁止；依据第 830 条，公司能对股东分配的，只能是“该目的项下的可分配利润”，也即公司的“未分配或未转为资本的累计已实现利润，减去未在以前减资或资本重组中冲销的累计已实现亏损”。

德国法采用的规制模式与英国法类似：适用情形具有概括性的资本维持条款，加上围绕股

---

① See Committee on Corporate Laws, American Bar Ass'n, *Changes in the Model Business Corporation Act – Amendments to Financial Provisions*, 34 Business Lawyer, p. 1867, 1867 (1979).

② See Paul L. Davies & Sarah Worthington, *Principles of Modern Company Law*, 10th edn., Sweet & Maxwell 2016, p. 522.

③ See e. g. South Western Mineral Water Co Ltd V. Ashmore (1967) 1 W. L. R. 1110; Carney V. Herbert (1985) A. C. 301 PC, on appeal from the Sup. Ct. of N. S. W. 在上述案件中，公司的股权将被收购，而股款的支付则由公司（在前一案中）或其子公司（在后一案中）的资产提供担保，公司作出的担保被认定为非法的财务资助。

份回购和为购买公司股份提供财务资助的规定，对各类分配形式一以贯之地适用法定资本标准，且没有任何例外。德国《股份法》第57条第1、3款规定，股份有限公司除了依据该法第59条、第60条、第174条规定向股东分配红利外，不得以任何形式将出资返还给股东，包括为股东提供贷款或担保、为股东清偿债务、免除股东欠公司的债务，等等。[①] 第71条第2款规定，只有在当公司取得自己股票时尚有相当于购买股票之对价的公积金，而且不会致使基本资本或者依据法律或者章程应提取的、不得支付给股东的公积金减少的情况下，才能允许公司取得自己股票。第71a条规定，以取得公司股票为目的，通过公司为他人提供预付担保或者贷款担保或者作出保证的法律行为无效。德国《有限责任公司法》第30条第1款规定，为维持基本资本所必要的公司财产不得支付给股东。只要是承担债法上义务的行为，就可构成"支付"，包括不公允对价的交易、贷款、担保、控制合同和利润划拨合同，等等。[②] 第33条第2款规定，只有在自有营业份额的出资已经全部缴付，在取得之时公司能够提取与对价等值的公积金，并且不会致使公司基本资本或者按照公司章程应提取的、不得支付给股东的公积金减少的情况下，才能允许公司取得自有营业份额。

如上所述，英国法和德国法虽然并未采用"大分配"概念，但由于其具有概括性的资本维持条款或分配条款，加上围绕股份回购的规定，英国法和德国法下资本维持原则的适用范围实质上与美国法是相同的。对于不同的分配形式，英国法和德国法统一适用法定资本标准。因此，"大分配"概念所代表的适用范围全面的资本维持原则，与废除法定资本制，采用偿债能力测试的做法之间没有必然的对应关系。对于公司担保这一非典型分配形式，法定资本标准和偿债能力测试这两种判断尺度都可以适用。

（二）资本维持原则判断尺度的选择：法定资本抑或偿债能力

法定资本标准和偿债能力测试二者具有不同的运作机制。如果对公司担保适用法定资本标准，意味着公司承担担保责任的数额不得超过股本和公积金之和。公司可以通过减资程序降低股本总额，从而使原本不合法的担保获得合法性，但减资决议能否得到股东会通过、债权人能否同意减资则是未知数。如果对公司担保适用偿债能力测试，则意味着董事必须保证公司承担担保责任后有能力清偿到期债务，且资产大于负债。董事对公司承担担保责任后是否具有偿债能力的判断，受到商业判断规则的保护。

---

① 参见［德］托马斯·莱塞尔、吕迪格·法伊尔：《德国资合公司法》（第6版），高旭军等译，上海人民出版社2019年版，第387页。

② 参见［德］托马斯·莱塞尔、吕迪格·法伊尔：《德国资合公司法》（第6版），高旭军等译，上海人民出版社2019年版，第743－745页。

法定资本标准和偿债能力测试分别代表了两种不同的债权人保护制度体系。[①] 根据毕马威会计师事务所受欧盟委员会委托完成的关于改革欧盟资本维持制度的可行性调研报告，这两种制度体系各有其长处和短处，在规制效果上并无明显差异。[②] 在法定资本标准下，股本、公积金等纯粹人为设定的数额被作为判断分配合法性的尺度，看似脱离经济现实，且可能对公司自治和股东权利造成过度的限制，然而法定资本标准最大的优势在于其明确性和可预期性。法定资本标准与高强度的会计准则、完善的信息披露制度等相结合，能有力地防止公司资产被不当地转移给股东，巩固债权人利益的最后一道防线。法定资本制下的减资制度虽然包括诸多要求，但的确在保护债权人的同时缓和了分配规则的刚性。在偿债能力测试下，公司的分配行为不再受制于股本、公积金等纯粹人为设定的数额，提高了公司经营的灵活性，使股东有机会获得更多投资回报，有助于降低股权融资成本。[③] 然而"偿债能力"这一标准本身的不确定性[④]，以及商业判断规则对董事的保护，意味着偿债能力测试具有明确性和可预期性不足的弱点从而易被滥用，且司法审查对此也无能为力。在采用偿债能力测试的法域，公司债权人利益实际上主要依靠其他法律制度得到保护，如合同法（主要通过债务契约）、破产法、欺诈性转让法、财务困境公司的董事对公司债权人负有的受信义务，等等。[⑤]

我国《公司法》及其司法解释中缺乏对公司资产流出环节的系统规制框架，同时整个法律体系中的债权人保护体系也远未成形。笔者认为在作出立法决断之前，应当立足整个债权人保护法律体系的构建，考虑到以下现实因素：（1）虽然我国《公司法》在 2013 年公司注册资本认缴制改革中放松了出资环节的资本约束，但法定资本制的基本概念和框架并未被废除，注册资本依然是公司信用的重要表征。[⑥] 偿债能力测试意味着法定资本制及相关观念和实践在公司分配领域的完全"退场"。如果我国采用偿债能力测试，可能会使原本薄弱的公司信用基础遭到进一步的削弱。[⑦]（2）偿债能力测试依赖董事基于公司整体利益的商业判断，但我国公司普遍具有高度集中的股权结构，常见的情形是控股股东、实际控制人大权独揽，公司治理机构和

---

① 参见刘燕、王秋豪：《公司资本流出与债权人利益保护——法律路径与选择》，载《财经法学》2020 年第 6 期。

② 参见［德］斯蒂芬·格伦德曼：《欧盟公司法（上册：基础、公司治理和会计法）》，周万里主译，法律出版社 2018 年版，第 194 页。

③ 参见朱慈蕴、皮正德：《公司资本制度的后端改革与偿债能力测试的借鉴》，载《法学研究》2021 年第 1 期。

④ See J. B. Heaton, *Solvency Tests*, 62 Business Lawyer (ABA), p. 983, 989 (2007).

⑤ See Massimo Miola, *Legal Capital and Limited Liability Companies: The European Perspective*, 2 European Company and Financial Law Review, p. 413, 460 (2005).

⑥ 参见刘燕：《公司法资本制度改革的逻辑与路径——基于商业实践视角的观察》，载《法学研究》2014 年第 5 期。

⑦ 参见冯果：《慎重对待"资本维持原则"的存废》，载《中国法律评论》2020 年第 3 期。

程序形同虚设。董事实际上是控股股东、实际控制人的附庸，难以获得自身的独立地位。[①] 我国有关受信义务的司法实践发展尚不充分，难以为非控股股东和债权人提供司法保护。[②] 如果我国采用偿债能力测试，可能难以遏制控股股东非法转移公司资产，侵害债权人利益的行为。(3) 由于相关社会配套制度的缺失以及社会观念的局限，我国《企业破产法》实施不畅，破产撤销权对于违法分配行为的约束有限。民法上的债权人撤销权在适用范围、救济措施、举证责任、责任主体等方面尚需进一步完善，难以发挥类似于美国欺诈性转让法的作用。[③] 在债务契约、财务困境公司的治理等方面，我国的法律制度和市场实践的积累也较为薄弱。通过引进偿债能力测试降低资本维持原则的规制强度，可能进一步扩大债权人保护法律体系的漏洞。因此，坚持传统的法定资本标准，同时通过完善减资制度缓和法定资本标准的刚性，可能是更具有现实可行性的改革路径。

六、 结语： 认真对待资本维持原则

公司为股东提供担保案件的裁判思路可提炼如下：(1) 资本维持原则旨在调和债权人和股东的利益冲突，因而不能一概以资本维持原则及相关法律规则为由认定担保无效。(2) 资本维持原则能概括性地为所有债权人提供保护，因而无须证明特定债权人利益因案涉分配行为受到损害。(3) 由于资本维持原则具有强制性，股东和债权人都无权取消或放弃资本维持原则对债权人的保护，公司依据《公司法》第十六条、第一百零四条、第一百二十一条经过了决议程序，也不能豁免资本维持原则的要求。(4) 应当着眼于商业实践中的具体场景，依据交易整体对公司持续盈利能力和偿债能力的影响，判断资本维持原则的触发时点。(5) 应当以法定资本标准作为公司担保中资本维持原则的判断尺度，即公司承担担保责任的数额不得超过股本和公积金之和。公司可以通过减资程序降低股本总额，从而使原本不合法的担保获得合法性。

公司为股东提供担保案件中的裁判难题，凸显了我国《公司法》中公司资本制度后端的缺失，证明公司资产流出环节的系统规制框架亟待建立健全。资本维持原则作为公司法上的核心原则之一，需要在立法、司法和学理上被认真对待。笔者以公司担保为切入点，围绕公司法上资本维持制度体系的完善提出以下几点管见：(1) 应当明确资本维持原则及制度的设计与贯彻既要实现对债权人利益的保护，也要为公司理性自治与股东权利实现保留空间。(2) 应当明确资本维持原则及制度具有强制性，相关公司法规定为效力性强制性规定，与之违反的章程条款、决

① 参见赵旭东：《公司治理中的控股股东及其法律规制》，载《法学研究》2020 年第 4 期。

② 参见王军：《公司经营者忠实和勤勉义务诉讼研究——以 14 省、直辖市的 137 件判决书为样本》，载《北方法学》2011 年第 4 期。

③ 参见赵树文：《公司资本规制制度研究》，人民出版社 2015 年版，第 284－290 页。

议、协议无效。(3) 应当为资本维持原则设定全面的适用情形，既可以选择引入“大分配”概念，也可以选择引入具有概括性的资本维持条款。(4) 应当依据各类分配形式的不同特点，立足于商业实践中交易的经济实质，确定资本维持原则对于各类分配形式在不同情形下的触发时点。(5) 应当考虑到我国公司资本制度、公司治理体系以及债权人保护法律体系的现状，坚持以法定资本标准作为判断尺度，并通过完善减资制度缓和法定资本标准的刚性。

潜在共有：夫妻持股“名实不符”公司法冲突的化解路径

■ 张兆函*

摘要： 婚姻关系当事人持有的股权（份）因婚后所得共同制产生了股东与股权所有者“名实不符”的问题，其症结在于对股东资格、股权和股权价值的过度绑定难以适应婚姻法实质性的财产思维，而公司法兼顾形式与实质的特征，为解释论的作业提供了可能。基于潜在共有理论，可以以夫妻是否分配共有股权（份）为界，将夫妻持股的不同情形区分为“潜在”和“显在”两个阶段，从“潜在”阶段到“显在”阶段的实质是婚姻财产关系与民事财产关系逐步合一。“潜在”阶段，夫妻股东个人相对于公司、其他股东和其他第三人均为独立主体，“显在”阶段则是夫妻表征实质财产关系的过程。公司法只需配套完善共有股权（份）制度即可。

关键词： 夫妻共有股权　潜在共有　公司法　一般财产法　两阶段

随着《民法典》的施行和《公司法》的修订被提上议程，夫妻持股导致股东和出资“名实不符”的问题又重新引起了学界和实务界的关注。① 人们再次意识到，北京当当网信息技术有限公司股东李国庆和俞渝夫妇的股权纷争及其背后“夫妻档”创业的现象并不是个例，而是普遍存在于社会生活中的事实。② 研究表明，夫妻关系对上市公司的绩效有着重大影响，③ 而我国上市公司股东夫妻离婚对上市公司经济影响会因离婚时财产安排而呈现出显著的不同。④ 在企业投资权益愈发成为夫妻共同财产内容的今天，⑤ 讨论妥当的缺省或强制性规则，意义重大。

---

* 张兆函，清华大学法学院2020级博士研究生。

① 例如参见冉克平、侯曼曼：《〈民法典〉视域下夫妻共有股权的单方处分与强制执行》，载《北方法学》2020年第5期。

② 参见梅慎实、洪坚雨：《当当夺权之争：尴尬的“会战”》，载《董事会》2020年第5期。

③ See G. Bertocchi, M. Brunetti and C. Torricelli, *Marriage and Other Risky Assets: A Portfolio Approach*, IZA Discussion Paper Series, No. 3975 (2009); W. E. Watson, L. D. Ponthieu & J. W. Critelli, *Team Interpersonal Process Effectiveness in Venture Partnerships and its Connection to Perceived Success*, 10 Journal of Business Venturing, p. 393, 411 (1995).

④ 参见徐莉萍、赖丹丹、辛宇：《不可承受之重：公司高管婚变的经济后果研究》，载《管理世界》2015年第5期。该文所称“高管”，实际上是指持有其任职上市公司股份的董事、经理、高级管理人员。

⑤ 参见王芳：《婚姻案件律师事务焦点问题解析》，人民法院出版社2012年版，第1页。

理论上，夫妻持股“名实相符”指的是夫妻公示的持股情形与出资是否为共同财产的情形相一致，即本属于夫妻共有的股权（份），全部登记于夫妻双方名下。但（夫妻）共有股权在我国工商系统中不能得到有效登记，① 夫妻持股的“名实不符”才是常态，体现在：其一，本属于夫妻共有的股权（份），被登记于夫妻一方名下；其二，本属于夫妻共同股权（份），分别被登记于夫妻双方名下，即使夫妻各自名下的股权（份）之比为“1:1”，但其实质仍是夫、妻各方名下均有一半股权（份）属于对方，并享有对方名下一半股权（份）的财产利益，而非彼此无涉。本文探讨的是夫妻一方或双方持有婚姻法意义上共有股权的情形，不涉及夫妻共同财产在婚姻法上的认定问题。因此，公司中的任何一个股东名下的股权，其实质都有可能是夫妻共有的股权。回顾历史，学界在2005年《公司法》修订时便有过对夫妻共同持股的讨论。② 妥善处理夫妻股权可能引起的困惑，十分必要。

本文认为，夫妻股东与股权所有者“名实不符”问题的根源在于夫妻持股的共有属性，主张引入潜在共有理论，以夫妻是否分配共有股权（份）为界，将夫妻持股的不同情形区分为“潜在”和“显在”两个阶段。潜在共有理论能够调和晚近婚姻法与公司法对于夫妻持股问题所形成的共识，配套完善共有股权（份）制度，有助于深化对股权的认识，推进纠纷的解决。

一、 夫妻持股规则适用之惑与问题的症结

理论上，内外区分是处理公司法律关系的重要思路，但在处理夫妻持股涉及的问题却并不十分容易。③ 夫妻持股名实不符的状态在许多案例中均有体现。

（一）夫妻持股规则适用的困惑

1. 关于夫妻公司股东的名实不符。夫妻公司股东的名实不符在早期的一则案例——广汉市万达城市信用社与广汉市拓新有限公司、陈道循、刘晓琴抵押借款合同纠纷案（以下简称拓新公司案）中即有所体现。

陈遵循、刘晓琴夫妻系有限公司拓新公司的股东，双方在婚前和婚后均未对财产制进行约定。原告广汉市万达城市信用社与被告之一的拓新公司签订借款合同。原告按约放款后，因被告违约主张提前偿还贷款本息未果，遂诉至法院，请求被告归还借款本息。被告刘晓琴辩称，借款情况属实，但她并未出资，只是名义上的股东，不应承担还款责任。就此，“名义”股东是不是股东？婚姻关系是否会影响到公司、合同等纠纷？

---

① 国家企业信用信息公示系统的网址为 http：//www.gsxt.gov.cn/index.html。这一判断也为律师实务文章佐证。参见北京京益律师事务所：《公司法上夫妻股权的法律关系》，2018年10月12日，https：//www.sohu.com/a/259003885_99922943。

② 例如参见蒋大兴：《公司法的观念与解释II：裁判思维》，法律出版社2009年版，第279－336页。

③ 参见周游：《股权利益分离视角下夫妻股权共有与继承问题省思》，载《法学》2021年第1期。

2. 关于夫妻所持股权的转让。关于夫妻所持股权的转让，在被最高人民法院列为“依法再审三起重大涉产权案件”[①] 的牧羊集团系列纠纷中的“李美兰与陈家荣、许荣华确认股权转让协议无效纠纷”（以下简称牧羊集团案）案中，许荣华于看守所中受到胁迫，低价转让其名下牧羊集团股权给陈家荣，许妻李美兰以股权为夫妻共有财产为由，主张丈夫单方转让未经过妻子同意属于无权处分，股权转让无效。扬州中院和江苏高院虽然在两审中均认定案涉股权属于夫妻共有财产，但驳回了李美兰关于认定“股权转让无效”的诉讼请求。[②]

这一案件最后因许荣华基于受胁迫主张撤销股权转让合同获法院支持[③]而许妻李美兰撤诉告结，[④] 但它留给我们的问题却是切实的：如果夫妻一方处分该共有股权，如何调和夫妻一方财产的保护与交易安全及商事交易效率之间的冲突？如果夫或妻一方对外负担个人债务，其债权人申请强制执行时，举债方配偶享有的股权份额是否足以排除强制执行？[⑤]

3. 关于夫妻所持股权的继承。共有股权问题本就复杂，再加入继承等其他因素，纠纷处理就可能得关注更多问题。在北京凯润出租汽车有限公司等与高淑仿等股东资格确认纠纷案（以下简称凯润公司案）中，张伟（高淑仿之夫）与其他四人为凯润公司股东，张伟持股比例为40%，为夫妻共同财产。张伟去世，其合法继承人只有高淑仿及女儿张瑾，凯润公司章程没有关于股东资格继承的排除或限制性规定。随后，高淑仿自愿放弃对该股权的继承权，并与张瑾一起请求法院确认两人为凯润公司股东，各享有该公司20%的股权。一审与二审法院均判决认为，高淑仿并未表示放弃其基于夫妻共同财产所享有的凯润公司20%股权的所有权，认定高淑仿与张瑾系凯润公司的股东，各享20%的股权。[⑥]

该案代表着司法实践对夫妻共有股权情形下股东资格继承的通常应对，但问题在于，在涉

---

① 参见罗书臻：《人民法院决定依法再审三起重大涉产权案件　两件由最高人民法院直接提审》，载《人民法院报》2017年12月29日第1版。

② 参见许荣华与陈家荣、范天铭股权转让纠纷一案，扬州市中级人民法院（2009）扬民一初字第0022号民事判决书、江苏省高级人民法院（2011）苏商终字第0093号民事判决书；彭飞、李硕秋：《江苏牧羊集团公权力导演的八年股权大战》，载《法人》2016年第12期。

③ 2018年8月31日，南京中院（重审）一审宣判，撤销许荣华与陈家荣签订的《股权转让协议书》，陈家荣、范天铭于本判决生效之日起15日内将牧羊集团5.51%股权返还给许荣华。

④ 参见丁国锋、罗莎莎：《江苏高院依法审结“牧羊案”驳回上诉请求维持原判　看守所内签订股权转让协议无效》，载《法制日报》2020年6月17日第6版。

⑤ 我国原《婚姻法》和《民法典》其实并未对夫妻共同债务如何在夫妻之间分配作出明确规定，但通常认为属于夫妻连带债务。参见黄松有：《婚姻法司法解释的理解与适用》，中国法制出版社2002年版，第65页。但是近年来有学者认为夫妻共同债务的责任财产应当由夫妻共同财产与举债方的个人财产所构成，不包括举债方配偶的个人财产。同时，举债一方所形成的夫妻共同债务也包括在内。参见汪洋：《夫妻债务的基本类型、责任基础与责任财产》，载《当代法学》2019年第3期。本文也持此种观点。

⑥ 参见北京凯润出租汽车有限公司等与高淑仿等股东资格确认纠纷案，北京市第二中级人民法院（2020）京02民终1505号民事判决书；北京市东城区人民法院（2019）京0101民初20178号民事判决书。

及夫妻共有关系的场合，张伟持有40%股权所对应的财产份额并非全为其遗产，其中一半属于其配偶所有，那么，这部分对应的20%股权比例，其配偶能否不经公司确认而取得？其他股东能否主张行使优先购买权？①

（二）股东资格、股权和股权价值的过度捆绑难以适应婚姻法实质性的财产观

关于股权性质的争论由来已久，受权利形式观念的影响，历史上存在对美国公司法上所有权（ownership）、所有者（owner）的讨论②和股权是物权还是债权之争，③ 最终形成目前的主流观点，股权是特殊的社员权④，或一组权利束⑤。

事实上，当究问股权究竟是何种权利时，人们在潜意识里便已将股权看成一种必须“被归类”的子权利，最终难以跳出以权利的“形式”来维护利益关系稳定的财产权框架。⑥ 但从类别股制度等股份（权）制度的发展历程⑦来看，股权内部各种利益并非不可分离的整体，未必必须将股权利益的享有与让渡进行过度捆绑。财产利益固然是股权的核心部分，但股东的人身权利、经营权的分离等仍是公司法上的重要内容。

相较而言，从婚姻法的视角来看，股东配偶更为关注的是股权可能带来的收益，主要包括股权价格收益及现金或其他形式的收益，其落脚点却未必是股东资格本身。⑧ 这是因为，婚姻法的财产观是高度实质化的，它并不在乎当事人共有的财产具体是什么，以什么形式的权利呈现，而只关心该标的是否具有金钱价值，⑨ 进而以夫妻共同财产制的价值理念予以评定和分配。以“权利”等概念作为利益的载体并编纂出体系化的法典是德国19世纪民法科学的重大成果，但法学仍有补充和

---

① 继承时的规则比较明确，根据最高人民法院《关于适用〈中华人民共和国公司法〉若干问题的规定（四）》（以下简称《公司法解释（四）》）第十六条规定，在有限公司自然人股东因继承发生变化时，其他股东原则上不得主张行使优先购买权。但存在不同观点，参见周游：《股权利益分离视角下夫妻股权共有与继承问题省思》，载《法学》2021年第1期。

② 相关讨论参见邓峰：《普通公司法》，中国人民大学出版社2009年版，第361页。

③ 参见郭锋：《股份制企业所有权问题的探讨》，载《中国法学》1988年第3期；王利明：《论股份制企业所有权的二重结构——与郭锋同志商榷》，载《中国法学》1989年第1期。

④ 参见王保树、崔勤之：《中国公司法原理》，社会科学文献出版社1998年版，第168页；朱慈蕴：《公司法原论》，清华大学出版社2011年版，第247页。

⑤ 参见刘俊海：《股份有限公司股东权的保护》（修订本），法律出版社2004年版，第48页。

⑥ 参见周游：《股权利益分离视角下夫妻股权共有与继承问题省思》，载《法学》2021年第1期。

⑦ 学界一般认为建立种类股制度是对股权平等原则的深入理解。参见任尔昕：《关于我国设置公司种类股的思考》，载《中国法学》2010年第6期。但种类股制度其实也是对股权利益可分的深入理解。

⑧ 当然，实践中也有许多夫妻共同参与经营的公司，夫妻都登记为股东，此时夫妻之间的股权转让或继承均为内部转让，争议较少。

⑨ 参见龙俊：《夫妻共同财产的潜在共有》，载《法学研究》2017年第4期，第31页。

发展制定法的使命。[①] 但德国家庭法却并未以债权、物权、知识产权等罗列夫妻共同财产，而是保留了财产和“标的”（Gegenstände）的概念，它既包括物，也包括权利，以及其他财产利益，[②] 因为用任何财产形式来界定它，都是失之过窄的。而在德国的法定财产制财产增加额共同制（Zugewinngemeinschaft）[③] 下，仅在离婚及特殊情况下，对双方在婚姻存续期间所获得的财产增加额予以均衡，[④] 其载体是法定继承份额补偿（德国《民法典》第1371条）和债法上的补偿请求权（德国《民法典》第1372－1390条）。[⑤] 这表明，婚姻法对财产权的表达，与一般财产法对财产权的表达，有着本质的不同，它不关心财产的形式，只关心财产的价值，故可谓是“实质”的。

类似地，商法也有以股东资格为基础的股权（特殊社员权）和股权利益分离的股权束等实质观念。

（三）结合近期婚姻法研究进展对已取得的共识进行阐释

事实上，婚姻法财产制对各类财产规则的渗透，不仅存在于公司法中，也存在于物权法、合同法等各个领域。这一现象已被学界归纳为婚姻法与其他财产法在财产归属、债务分担等方面呈现的不同。[⑥]

为解决以上问题，婚姻法学界形成了主要的思路：其一，特别法优先适用，坚持以夫妻伦理关系为中心；[⑦] 其二，强调夫妻之间物权意义上的“共同共有”，变通一般法的适用，例如变通物权公示原则在夫妻财产共有领域的适用；[⑧] 其三，强调一般法的普遍性，为了交易安全，婚姻法原则上应当让位于民法体系[⑨]。相较而言，夫妻持股问题涉及的一般法与特别法的

---

① 参见［德］霍尔斯特·海因里希·雅科布斯：《十九世纪德国民法科学与立法》，王娜译，法律出版社2003年版，第132－133页。

② 关于“标的”（Gegenstände）的概念，参见《德国民法典》，陈卫佐译注，法律出版社2015年版，第453页，脚注〔2〕。

③ 也称“净益共同制”“剩余共同制”，参见余延满：《亲属法原论》，法律出版社2007年版，第258页。

④ 德国《民法典》第1387条第1款：配偶一方的财产增加额超过配偶另一方的财产增加额的，超出之额的一半作为均衡债权归于配偶另一方。翻译参见《德国民法典》，陈卫佐译注，法律出版社2015年版，第453页。

⑤ 参见［德］迪特尔·施瓦布：《德国家庭法》，王葆莳译，法律出版社2010年版，第137页。

⑥ 参见裴桦：《夫妻财产制与财产法规则的冲突与协调》，载《法学研究》2017年第4期。

⑦ 例如参见赵玉：《司法视域下夫妻财产制的价值转向》，载《中国法学》2016年第1期。

⑧ 例如参见孙超：《论夫妻共有财产的公示与处分——兼议〈物权法〉与〈婚姻法〉的冲突和协调》，载《山东法官培训学院学报》2018年第4期；冉克平：《夫妻财产制度的双重结构及其体系化释论》，载《中国法学》2020年第6期。

⑨ 例如参见贺剑：《论婚姻法回归民法的基本思路——以法定夫妻财产制为重点》，载《中外法学》2014年第6期；贺剑：《夫妻财产法的精神——民法典夫妻共同债务和财产规则释论》，载《法学》2020年第7期，第21页；龙俊：《夫妻共同财产的潜在共有》，载《法学研究》2017年第4期。可以认为，“债权方案”和“潜在共有方案”都主张婚姻法财产制要让位于民法一般财产制和其他法财产制，前者主张将夫妻财产制限制于夫妻内部方面，因强调“对人性”，故以“债权”得名，而潜在共有方案更加明确地主张生活维持例外。

适用更为复杂，因为婚姻法和商法规则都处在相对于一般财产法规则的特别法地位，其逻辑上很难构成一般法与特别法的关系。在这种交集情形下，系争规范分别拥有另一规范所不具有的构成要件要素，仅就它们所特有要件而言，相对于对方取得特别与普通的关系。[①] 按照一般性的处理思路，由于公司法缺乏关于股权共有规定而婚姻法明确规定夫妻对共同财产享有平等的处理权，夫妻财产制中的股权转让规则相较于公司法股权转让规则相对具有特殊性，因而夫妻一方未经另一方同意处分共有股权（份）的，应优先考虑婚姻法维持家庭生活的目的。然而，倘若公司法增设相关规则，这种关系就没有那么清晰了，势必要进入构成要件的比较当中。

总的来说，强调婚姻法和商法关系根据调整对象不同而变化进而引起规范竞合时特别法优先适用或二者同时适用的差别[②]的观点固然有其道理，但提出一种基本处置思路仍有其意义。本文基于婚姻法、财产法规则将渗透于各种法律领域的普遍性以及法学概念体系的实用价值，主张尽可能降低婚姻法实质性财产观念对婚姻法之外的其他财产法的影响。因此，本文设想引入潜在共有理论来化解夫妻持股“名实不符”的问题。

二、 潜在共有理论与 “两阶段” 的分析思路

潜在共有理论诞生于日本法学界对婚姻财产制的思考。本文在此基础上进一步以夫妻决定“分配”为时点分出潜在和显在两个阶段，并指出潜在共有理论能够化解潜在阶段夫妻持股名实不符问题，而显在阶段则无须过虑。

（一）潜在共有理论的问题意识与基本思路

长期以来，我国婚姻法学界面对的问题是，夫妻一方处分登记在自己名下的不动产，而后另一方主张该不动产为夫妻共同财产，未经同意的不动产所有权处分无效，甚至主张合同无效。对这类案件，法院通常适用善意取得的构成要件进行裁判，其逻辑基础是认可夫妻一方未经他方同意处分不动产属无权处分。然而，这种思路有时却很容易产生荒谬的效果。

例如，在张林诉雷秉欧等房屋买卖合同纠纷案中，雷秉欧称自己未婚，将登记在自己名下的不动产出卖给第三人张林，房屋已交付张林使用3年，但尚未办理过户登记。后房价大涨，雷秉欧之夫李术宝主张案涉房屋为夫妻共同财产，雷秉欧的行为构成无权处分。一审法院判决买卖合同有效，二被告应当协助登记过户。二审法院基于共有不动产处分规则认定该合同有效，但雷

---

① 参见黄茂荣：《法学方法与现代民法》（第5版），法律出版社2007年版，第215－216页。

② 参见王涌、旷涵潇：《夫妻共有股权行使的困境及其应对——兼论商法与婚姻法的关系》，载《法学评论》2020年第1期，第93页。

秉欧的行为构成无权处分，因共有人李术宝未追认，撤销一审继续履行判项。[①] 本案显然不属善意取得，但既然不动产交付3年后配偶都未提出异议，说明该不动产肯定不是夫妻共同生活的唯一住房。此时与交易安全相比，似乎不存在其他值得保护的价值，而相对人能否取得房屋，完全取决于是否完成过户登记。正好相反，买受人张林对不动产登记簿的合理信赖却只能让位于隐蔽的夫妻财产制。尤其在此案中，买受人还要求出卖人披露婚姻状况。如此判决，无疑助长一些出卖人的不诚信行为。

即便如此，由于实践中有相当数量案件符合善意取得要件，这种裁判倾向仍被批评为不符合现代婚姻家庭法的价值取向。[②]

但真正的问题在于，为什么要在婚姻中限制一方的财产处分权？[③] 这个问题在结婚意愿逐年降低[④]的今天尤其具有现实意义。长期以来的基本思路是，财产是共有的，因此一方处分就是无权处分。这种思考方式与物权法理论保持了一致。但随着婚姻法学界研究的深入，人们逐渐意识到基于婚姻关系也可以独立地产生财产处分限制，[⑤] 这便与现今比较法上处理类似问题的思路类似。例如，在以分别财产制为夫妻法定财产制的日本，基于夫妻间的“生活保持义务”，一方的财产处分权可能受到限制。[⑥] 又如，在采取剩余共同制为法定财产制的德国，夫妻一方处分几乎其全部财产或虽为其单独所有当时供家庭共同生活消费的财产是被禁止的，[⑦] 而若选择共同财产

---

① 参见张林诉雷秉欧等房屋买卖合同纠纷案，北京市第二中级人民法院（2013）二中民终字第00379号民事判决书。

② 参见陈苇、黎乃忠：《现代婚姻家庭法的立法价值取向——以〈婚姻法解释（三）〉有关夫妻财产关系的规定为对象》，载《吉林大学社会科学学报》2013年第1期，第86页。

③ 参见龙俊：《夫妻共同财产的潜在共有》，载《法学研究》2017年第4期，第22页。

④ 参见张尼：《全国结婚率出现“五连降”晚婚、不婚已成趋势?》，中国新闻网2019年4月2日，http://www.chinanews.com/sh/2019/04-02/8797346.shtml。

⑤ “应该根据实际用途对不动产进行分类，区别对待：夫妻一方婚前借款购置的不动产可以有两大类用途：一是作为婚姻住所使用，或者作为家庭住所使用；二是作为非婚姻家庭住所使用。对于作为婚姻或家庭住所使用的房屋，应当特别慎重对待。”参见蒋月：《论夫妻一方婚前借款购置不动产的利益归属——对“〈婚姻法〉司法解释（三）征求意见稿”第11条的商榷》，载《西南政法大学学报》2011年第2期，第104页。

⑥ 参见龙俊：《夫妻共同财产的潜在共有》，载《法学研究》2017年第4期。

⑦ 德国《民法典》第1365条　对全部财产的处分

(1) 配偶一方只有经配偶另一方允许，才能担负处分自己的全部财产的义务。配偶该方不经配偶另一方同意而担负义务的，只有经过配偶另一方允许，才能履行该义务。

……

德国《民法典》第1369条　家庭用具的处分

(1) 配偶一方只有经配偶另一方允许，才能处分属于自己的婚姻家庭用具并对此种处分负担义务。

……

译文参见《德国民法典》，陈卫佐译注，法律出版社2015年版，第443-444页。

制，配偶一方不得处分其在共有财产中的应有部分，[①] 这些限制都属于绝对的处分禁止，第三人不能主张善意取得。[②] 从比较法的规则来看，当财产行为处分可能导致婚姻生活无法正常延续时，在利益衡量上，维持家庭生活自然有着优越于交易安全的地位；反之，在日常生活中，则应当尽量减少夫妻财产制对其他财产制度的冲击。

潜在共有理论旨在为婚后所得共同制提供一套系统的理论阐释。它主张在婚姻关系存续期间，夫妻“共有”财产的理据在于假定夫妻为财产的取得作出了平等的、不分彼此的贡献，这种“共有”无须显在地表示出来，只在离婚或者夫妻一方死亡等情况下，这种“潜在”才变为“显在”，以对夫妻财产进行清算，也即潜在共有理论区分财产的内外关系，在对外关系上属于分别财产制，在对内关系上属于共同财产制，且在确定是否构成潜在共有财产时，只考虑婚姻法考量的实质因素，不考虑一般财产法规定的权利“形式”。[③]

潜在共有理论的优势在于，它在夫妻关系内部分配的财产时只实质性地考虑取得财产的对价来源而不考虑其他因素，确认了现代家庭的经济功能，体现出维护夫妻之间的平等关系和亲密关系的理念；而在对外关系上完全以财产的名义人为准，避免因为婚姻法过分扰乱一般民事财产法秩序，既保护了交易安全，又通过确认处分自由维护了夫妻彼此之间的人格独立。针对夫妻单方处分名下股权的法律后果的研究可能将问题单纯地置于婚姻法与公司法对应的“婚姻利益”与“交易利益”之间进行利益衡量，[④] 而未深入发掘婚姻法框架内同样存在着的共同体维系与个人自由保持的张力，而后者不只是保护交易相对人的问题，更是婚姻主体独立人格的问题。以潜在共有理解夫妻财产制，是对婚姻法价值取向的重新发掘，进而为衡量婚姻法与公司法交叠地带的问题提供新的理解和思路。

通过对《民法典》相关条文的解释，潜在共有理论能够为我国现行法所容纳。其一，《民法典》第五编第三章第一节并未出现“股权”“财产权”“物权”“债权”等字样（尤其是第一千零六十二条、第一千零六十三条），相关表述一直是“财产”“投资”“经营”“补偿”，即只关注财产变动的原因，而不对具体财产形态进行指称，体现了实质性的财产观。其二，对待夫妻关

---

① 德国《民法典》第 1419 条 合手的共同关系

（1）配偶一方不得处分其在共同财产中的应有部分和在属于共同财产的各个中标的应有部分；配偶一方无权请求分割。

……

译文参见《德国民法典》，陈卫佐译注，法律出版社 2015 年版，第 454 页。

② 参见［德］迪特尔·施瓦布：《德国家庭法》，王葆莳译，法律出版社 2010 年版，第 125 页。

关于德国共同财产制下第 1419 条规则是否可以作为无权处分说的支持，参见下文讨论。

③ 参见龙俊：《夫妻共同财产的潜在共有》，载《法学研究》2017 年第 4 期。

④ 参见姜大伟：《夫妻单方处分名下股权效力认定的利益衡量及其规范路径》，载《北方法学》2021 年第 5 期。

系内外区分的规则，可以从《民法典》第一千零六十四条、第一千零八十九条等解释出来，前者是判断夫妻内部法律关系的规则，判断的主要依据是“用途”，后者则是处理夫妻与外部债权人之间的关系，判断的主要依据是“共债共签”或“用于夫妻共同生活、共同生产经营”。对“用于夫妻共同生活、共同生产经营”采用广义的解释，可将潜在共有理论作为债务规则的阐释机制。其三，作为潜在共有配套制度基于婚姻关系的财产处分限制规则，可以通过《民法典》第一千零五十九条第1款“互相扶养”解释出来。

（二）“潜在”与“显在”两阶段的分析思路

1. 利益状况与分阶段的分析思路。法学和司法应当服务于生活和人类社会的建构，[1] 而每个法律命令都建立在各种对立利益之间的相互作用之上。[2] 而对利益的考量有赖于具体的情景，需要将制度利益与具体情景相联系，[3] 需要从情景出发对法律的制度利益进行适当调试。[4] 考虑夫妻持股的主要情形，可以将夫妻持股一方或双方持有，划分为潜在和显在两个阶段（见表1）。

表1　潜在共有理论下夫妻持股的形态

<table>
<tr><th rowspan="2">阶段</th><th colspan="2">相对人眼中的夫妻股东
（例如以登记、知道为准）</th><th colspan="2">公司眼中的夫妻股东
（例如以公司认可为准）</th><th rowspan="2">股权收益</th><th rowspan="2">单方处分股权</th></tr>
<tr><th>配偶一方
作为股东</th><th>配偶双方
作为股东[5]</th><th>配偶一方
作为股东</th><th>配偶双方
作为股东[6]</th></tr>
<tr><td>潜在阶段</td><td>名实相符</td><td>名实相符</td><td>名实相符</td><td>名实相符</td><td>双方共享</td><td>有权处分</td></tr>
<tr><td rowspan="2">显在阶段</td><td>名实不符
（分割后可相符）</td><td>名实不符</td><td>名实不符</td><td>名实不符</td><td rowspan="2">双方共享
至分配时点</td><td rowspan="2">无权处分</td></tr>
<tr><td colspan="2">显在：例如相对人知晓</td><td colspan="2">显在：例如公司认可</td></tr>
</table>

在潜在共有理论下，只要夫妻之间仍实行共同财产制，夫妻对共有股权产生的收益均是共享的，这一点没有疑问。而作潜在和显在两阶段的划分是考虑到，由于信息状况的不同，相对人、公司的利益期待并不相同。潜在共有理论的优势在于，由于共有关系是“潜在”的，所以

---

[1] Rüthers, Hans Brox, ALS METHODENLEHRER – VON DER INTERESSEN – ZUR WERTUNGSJURISPRUDENZ, Rechtstheorie 41（2010）, S. 143. 转引自朱晓喆：《布洛克斯的〈德国民法总论〉及其法学方法论》，载《东方法学》2014年第1期。

[2] 参见［德］菲利普·黑克：《利益法学》，傅广宇译，载《比较法研究》2006年第6期。

[3] 参见梁上上：《制度利益衡量的逻辑》，载《中国法学》2012年第4期，第80－81页。

[4] 参见梁上上：《利益衡量论》（第2版），法律出版社2016年版，第181页。

[5] 如前文所述，受登记限制，配偶双方同时登记为股东者，在现实中似乎不存在。

[6] 由于公司内部对于股东的认定标准不以登记为准，不排除公司可以认可夫妻双方作为共有股权的共同股东。

登记或被公司认可的股东，就是股东，“名实不符”的问题被消解掉了，而仅在进入“显在”阶段时，才出现“名实不符”的问题，而这一阶段由于相对人、公司往往知晓情况，对它们的信赖也无须予以过度倾斜。公司和相对人都不必深究股东的婚姻情况和财产制情况。

2. 区分的标准：共同财产的“分配”。之所以说“显在”阶段由于相对人、公司是“往往”知晓情况，是因为在一些情形下，由于一些特殊原因，例如夫妻之间的共同财产关系破裂，但财产尚未清算，从而形成名实不符的状态，或是基于生活保持利益导致共有关系显在化，进而影响相关活动的法律评价，此时也属“名实不符”。由于前一种情形为夫妻主动放弃共同财产制而选择分割财产，而后一种情形多为因巨大负担导致共同生活面临威胁，我们可以将区别的时点统一称为“分配”。下文将分别讨论。

三、潜在共有阶段：夫妻双方的独立地位

在夫妻共同财产制度的潜在共有理论下，夫妻一方仍是独立的主体，相对人无须将婚姻关系当事人视为共同体，由此本文依次讨论股东资格认定、股权转让与继承、股权分割、控制权变动等问题。

（一）出资与股东资格

夫妻持股名实不符的问题在于，公司和其他股东认可的处在婚姻关系中的股东，其出资实为夫妻共同财产。但在潜在共有理论下，如何分配各种形式性的“权利”只是夫妻之间的内部安排，因此，股东资格完全根据公司和其他股东的认知确认即可。具言之，由于股东是向公司出资或者认购股份并记载在公司章程或者股东名册上的人，[①] 因此，只要夫妻一方或双方各自都向公司出资，该一方或双方各自均符合公司法上股东资格的实质要求，就是股东。理论上，夫妻双方可以以向公司共同缴纳出资形成共同持股关系，但《公司法》及其司法解释缺乏实定法上的配套制度。

这种纯粹以是否符合公司法意义上股东资格而完全不考虑婚姻法对股东资格可能的影响的思路，也可从法国《民法典》的修改过程中获得支持。我国与法国同为大陆法系国家，法国于1985年对法国《民法典》中的公司法支柱条文第1832条进行了大幅修改，[②] 其增加的第1832－

---

① 参见施天涛：《公司法论》（第4版），法律出版社2018年版，第241页。

② 主要是删除了“契约”相关表述，限缩了“参加公司的意愿”观念。尽管删除“契约”未必是放弃公司契约论的传统观点，而更多是为不存在双方或多方法律行为的一人公司提供可能性。参见罗结珍译：《法国公司法典》，中国法制出版社2007年版，第2－3页。关于公司是“产生法人的合同”的观念，参见［法］伊夫·居荣：《法国商法》，法律出版社2004年版。

2 条[①]第 2 款明确规定，夫妻二人中出资或取得股份的一方具有股东资格，其第 3 款更是明确规定了在股份不得自由转让的公司中，非股东的夫或妻一方主张对另一方股东名下的共同股权进行分配从而使得自己成为股东时，必须要按照公司章程规定的外部股东加入程序处理，且具有股东资格的一方配偶不具有投票权。

这种立场旨在防止夫妻共同财产制实质性的财产观念侵蚀公司法，从而维护对商事公示的信赖以及尊重封闭公司的人合性。在隐名持股场合，主流观点也认为名义股东是股东。[②]

据此，在拓新公司案中，拓新公司的全部股东就是陈道循和刘晓琴。

（二）股权的行使

如前所述，在潜在阶段，持股一方具有股东资格，未持股一方享有的是股权利益，而非股权。这是因为，公司法重视团体利益，为了使公司的团体决策可以顺利进行，股东身份通常以出资外观来确认。此时，应推定公司对真实情况不知晓，允许公司只承认持股股东，只让持股股东行使股东权利，这是符合效率原则的。[③]

未持股一方若想行使股东权利，必须由持股一方对股权进行分配，使未持股一方得以以实际出资人身份向公司主张成为股东。若公司知晓未持股一方的存在，并且已经认可其以股东身份行使股东权利，比如公司直接向该方分配红利或该方直接参与公司的经营管理，实际行使自益权和共益权，公司可以实质标准来确认其股东身份。[④] 此种情形理论上也称“不完全隐名”，[⑤] 在本文的分类中属于对公司“显在”，对相对人“潜在”。

（三）股权转让：原则上为有权处分

股权转让是争议较大的问题，关于持股方的争点在于处分是有权处分还是无权处分，尽管在高级人民法院、最高人民检察院层面，它们倾向于认定持股股东单方处分股权属有权处分，学

---

① 法国《民法典》第 1832－2 条：夫妻一方在事先未告知其配偶，且不能以文书证明其在已经进行告知的情况下，不得用夫妻共同财产作为向公司的出资或者取得不可流通的公司股份，违者依第 1427 条的规定进行处罚。

承认夫妻二人中出资或取得股份的一方具有股东资格。

告知公司其本人意欲作为股东的另一方配偶，承认其对已经认购或取得的股份之一半享有股东资格。如其在处置或者取得股份的当时即告知其意愿，其他股东的接受或认可对夫妻二人均有效力；如果是在出资或取得股份之后才进行告知，公司章程就此规定的条款对该一方配偶具有对抗效力。在审议是否认可该配偶一方享有股东资格时，具有股东资格的一方配偶不参加投票，其所持股份不计入会议要求应当达到的法定人数与多数。

本条规定仅适用于股份不得自由转让的公司，且仅在夫妻共同财产制没有解除之前适用。

参见罗结珍译：《法国公司法典》，中国法制出版社 2007 年版，第 10－11 页。

② 参见施天涛：《公司法论》（第 4 版），法律出版社 2018 年版，第 243－245 页。

③ 参见葛伟军：《股权代持的司法裁判与规范理念》，载《华东政法大学学报》2020 年第 6 期。

④ 参见冉克平、侯曼曼：《〈民法典〉视域下夫妻共有股权的单方处分与强制执行》，载《北方法学》2020 年第 5 期。

⑤ 参见李建伟、罗锦荣：《有限公司股权登记的对抗力研究》，载《法学家》2019 年第 4 期。

界却有相当多无权处分的主张。①

1. 隐名持股路径的不适用与启示。鉴于隐名持股与夫妻持股同样具有“名实不符”特征，理论界和实务界亦有按照隐名出资规则处理夫妻共有股权的观点。需要指出的是，股权共有与隐名持股在特定情形下可能存在相似之处，② 但隐名持股归根结底是名义持股人单独持股，二者有本质上的不同。虽然隐名持股路径并不适用，但仍能给我们以启示。实际上，关于名义股东未经实际出资人同意擅自处分所持股份是否为无权处分进而需要适用善意取得制度，不无疑问。尽管有坚持无权处分立场者，③ 但一般认为，这一规定的妥当性值得商榷。④

2. 核心问题：有权处分还是无权处分。一般认为，持股一方在缔结合同时是否享有股权，并不影响股权转让合同的效力。核心的问题还是在未持股方单方处分时的合同效力。

从法院的裁判理由来看，认定持股方单方处分行为构成有权处分的裁判文书，其主要论证思路如下：其一，股权兼具财产属性与人身属性，其各项具体权能应由股东本人独立行使，不受家庭干涉。⑤ 其二，股权转让合同的缔约主体是股东本人而非其所在的家庭，而未登记方配偶不是法定的股权共有人。⑥ 股东权利并非是夫妻的共同财产权，股东的配偶仅对股权取得的收益享有共同所有权。⑦ 认定无权处分的理由主要在于，股权属于夫妻共同财产，夫妻对共有股权均有平等的处理权，夫或妻非因生活需要对夫妻共同财产作重要处理决定，夫妻双方应当平等协商，取得一致意见。若夫或妻一方未经对方同意擅自处分股权，应属无权处分。⑧

由上可知，裁判理由的差异与侧重夫妻内部关系还是外部关系有关。

---

① 参见冉克平、侯曼曼：《〈民法典〉视域下夫妻共有股权的单方处分与强制执行》，载《北方法学》2020年第5期；杜甲华：《未经一方同意的夫妻共有股权转让合同效力的认定》，载《社会科学辑刊》2014年第6期；王涌、旷涵潇：《夫妻共有股权行使的困境及其应对——兼论商法与婚姻法的关系》，载《法学评论》2020年第1期，第93页。

② 实践中，有观点主张根据共有形式是否在公司股东登记簿作备注记载将其分为显名共有和隐名共有，相关讨论参见梁开银：《论公司股权之共有权》，载《法律科学》2010年第2期。

③ 参见王毓莹：《股权代持的权利架构——股权归属与处分效力的追问》，载《比较法研究》2020年第3期。

④ 参见施天涛：《公司法论》（第4版），法律出版社2018年版，第246页。

⑤ 参见谢青琴、福建省泉州市华兴集团有限公司与李跃进、长春市绿园区流通企业管理办公室、长春东北亚物流有限公司、王文贵第三人撤销之诉纠纷案，最高人民法院（2017）最高法民终281号民事判决书；叶芽香与孙新叶、周文庆确认合同无效纠纷案，浙江省高级人民法院（2018）浙民再83号民事判决书。

⑥ 参见张洪杰与李殿忠、李忠华、中国城市建设控股集团有限公司确认合同无效纠纷案，辽宁省高级人民法院（2017）辽民终1170号民事判决书。

⑦ 参见参见郝玉林与陈年勋、钟发秀、李瑞林、钟翔宇、新都大丰自来水厂确认合同无效纠纷案，四川省高级人民法院（2019）川民再482号民事判决书；杨梦月与何意路确认合同无效纠纷案，江苏省高级人民法院（2018）苏民申2371号民事裁定书。

⑧ 参见章德田与万玉仙、章冬、武汉市东西湖东花服装有限公司确认合同无效纠纷案，湖北省高级人民法院（2018）鄂民申2436号民事裁定书；瞿宝林、瞿建荣与乔明花股权转让纠纷案，上海市高级人民法院（2018）沪民申970号民事裁定书。

3. 潜在共有下的有权处分。根据本文观点，从逻辑推理上，问题便相当简单。基于潜在共有理论的视角，无论是对公司还是债权人，只要它们不知晓夫妻内部的财产安排、公司不认可潜在持股一方享有股东资格，潜在持股一方就不是股东，只有公示出来的持股一方是股东，由其独立行使权利，故而是有权处分。而相应地，潜在共有方并不享有股权，也不只是对股权的收益[①]享有共有权，而是对股权利益享有所有权，它既包括股权本体价值，也包括股利等增值价值。

4. 无权处分路径的排除。另一种观点则认为，对于具有明显人合性的有限责任公司，股权公示上有能力实现商法与婚姻法的兼容，应彰显夫妻“一致意见”在股权转让中的作用；对于公众公司的股份转让，则应当侧重于证券市场交易效率与安全保障的制度价值，设置商法优先的特殊规则。[②] 这种观点诚然考虑到了有限公司股权转让和股份公司尤其是上市公司股份转让的差异性，但人合性是否指称股东之间彼此知晓情况不无争议，[③] 即便作肯定性回答，其强弱似乎只影响夫妻股东与公司、与其他股东之间的关系，而并不影响夫妻股东内部的关系。它对外部转让相对人的影响，也只限于其他股东对是否接纳外部人成为股东的意愿。有限公司的“人合性”不能成为让股权转让相对人承担“夫妻不一致”时相关股权转让成为无权转让的风险的理由。

需要指出的是，德国法上对于夫妻共同财产制下配偶一方行使管理权时的处分权限制是极为严格的，在婚姻财产共同体情形下，由于其与夫妻之间的人身联结相对应，德国《民法典》第 1419 条第 1 款[④]禁止处分共同财产上的份额。[⑤] 这一观点似乎可以为管理股权的配偶一方未经配偶另一方同意擅自处分股权应为无权处分提供论据，但从功能比较进一步发展为精细化比较即关注法律实现机制的视角[⑥]来看，夫妻共同财产制在德国民法语境中的地位和作用与在我国民

---

① 对股权的收益享有共有权，参见参见郝玉林与陈年勋、钟发秀、李瑞林、钟翔宇、新都大丰自来水厂确认合同无效纠纷案，四川省高级人民法院（2019）川民再 482 号民事判决书；杨梦月与何意路确认合同无效纠纷案，江苏省高级人民法院（2018）苏民申 2371 号民事裁定书。

② 参见王涌、旷涵潇：《夫妻共有股权行使的困境及其应对——兼论商法与婚姻法的关系》，载《法学评论》2020 年第 1 期，第 93 页。

③ 人合性似乎应指股东对谁是股东的关注。参见［日］神田秀树：《公司法的精神》，朱大明译，法律出版社 2013 年版。

④ 德国《民法典》第 1419 条：合手的共同关系

（1）配偶一方不得处分其在共同财产中的应有部分和在属于共同财产的各个中标的应有部分；配偶一方无权请求分割。

……

译文参见德国《民法典》，陈卫佐译注，法律出版社 2015 年版，第 454 页。

⑤ 参见［德］格茨·怀克、［德］克里斯蒂娜·温德比西勒：《德国公司法》，殷盛译，法律出版社 2010 年版，第 50 页。

⑥ 参见梁上上、加藤贵仁、朱大明译：《中日股东提案权的剖析与借鉴——一种精细化比较的尝试》，载《清华法学》2019 年第 2 期，第 49 – 67 页。

法中的地位和作用完全不同，在这一点上我国未必需要追随德国民法的价值取向。

这是因为，其一，德国《民法典》规定的法定财产制是剩余所得共同制，而我国的是婚后所得共同制。法定财产制是立法者认为适应于大多数人或一般情形、适于立法的财产制，这种倡导有助于削减共同财产制带来的对财产法体系的冲击，尽管共同财产制似乎更符合现代婚姻伦理①。其二，德国设立有家庭财产制登记制度，② 而我国采取的是夫妻内部完全自由约定财产制③且在实践中没有配套的登记举措。德国法中的夫妻财产制的登记属于消极公示④，未登记时则产生有利于相对人的公示效力。⑤ 换言之，若想发生德国《民法典》第1419条第1款的绝对禁止效果，其前提是夫妻双方将实行共同财产制的相关事项登记于基层法院的婚姻登记簿。其三，德国的善意取得制度并不以"以合理的价款转让"⑥ 为要件，善意取得人取得所有权甚至不需要以有偿为前提。⑦ 因此，对配偶一方的处分权进行完全的限制有其合理性。由于共同财产制是选择财产制而非法定财产制，当事人选择进一步限制自己对财产的处分权，也有其合理性。但在我国的语境下，这只会增加过高的调查成本。

（四）强制执行：潜在共有理论维护一般财产法原则

依本文观点，在潜在阶段，夫妻持股实际是名实相符的，唯配偶的财产利益能否排除强制执行？现实中还会讨论的是，配偶的共有权或夫妻之间的财产分割协议能否排除强制执行。从"利益"和"权利"的比较来看，其强弱思路也可见一斑。

---

① 参见胡苷用：《婚姻合伙视野下的夫妻共同财产制度研究》，法律出版社2010年版。

② 参见德国《民法典》第1558－1563条。

③ 参见《民法典》第一千零六十五条。男女双方可以约定婚姻关系存续期间所得的财产以及婚前财产归各自所有、共同所有或者部分各自所有、部分共同所有。约定应当采用书面形式。没有约定或者约定不明确的，适用本法第一千零六十二条、第一千零六十三条的规定。夫妻对婚姻关系存续期间所得的财产以及婚前财产的约定，对双方具有法律约束力。夫妻对婚姻关系存续期间所得的财产约定归各自所有，夫或者妻一方对外所负的债务，相对人知道该约定的，以夫或者妻一方的个人财产清偿。

④ 参见德国《民法典》第1412条。

⑤ 参见［德］迪特尔·施瓦布：《德国家庭法》，王葆莳译，法律出版社2010年版，第123－124页。

⑥ 这一表述参见《民法典》第三百一十一条第一款第二项。

《民法典》第三百一十一条：无处分权人将不动产或者动产转让给受让人的，所有权人有权追回；除法律另有规定外，符合下列情形的，受让人取得该不动产或者动产的所有权：

（一）受让人受让该不动产或者动产时是善意；

（二）以合理的价格转让；

（三）转让的不动产或者动产依照法律规定应当登记的已经登记，不需要登记的已经交付给受让人。

受让人依据前款规定取得不动产或者动产的所有权的，原所有权人有权向无处分权人请求损害赔偿。当事人善意取得其他物权的，参照适用前两款规定。

⑦ "在这里，它是有偿取得的还是无偿取得的则无关紧要（但是参见第816条第1款第2句：通过不当得利请求权予以平衡！）。"参见［德］鲍尔、［德］施蒂尔纳：《德国物权法（下册）》，申卫星、王洪亮译，法律出版社2006年版，第396页。

司法裁判中对于共有股权能否排除强制执行的观点比较集中，要么是出于商事外观主义原理，否认夫妻内部的股权归属、夫妻内部的离婚财产分割协议（甚至已在民政部门备案①）对强制执行的对抗，② 要么基于夫妻共有股权虽登记在一方名下，但在婚姻法上夫妻共有股权就是夫妻共有股权，案外人只享有一半的份额。③

强制执行夫妻共同股权清偿债务在财产法上属于对消极财产的执行。对此，本文前述的立场是是否有益于夫妻共同生活。对于有益夫妻共同生活的债务，则可以以夫妻共同财产为执行标的，除非受到婚姻法“生活保持义务”对其他民事活动的限制。④

四、 共有显在化阶段： 分割、 登记与显名

共有显在化阶段，是夫妻双方由婚姻共同财产的持有人还原为彼此为普通的两个自然人主体的过程，婚姻关系的当事人对股权的利益逐渐彰显，待公司认可程序经过后即正式表征为股权。共有的显在化是一个过程，夫妻股东可以先向公司主张显在化，即分割共同股权，将之分配为双方的个人财产，根据各自个人财产比例向公司请求变更股东身份。当然，此时发生人合性公司人合性保障的问题，是这部分的重点。此外，夫妻还可以请求公司变更股东登记、向债权人披露共同财产等，在不同程度上使得“潜在”的夫妻共有关系被“显在”出来，并显现为夫妻共有、夫妻各自独立所有等具体形态。以上这些主要是夫妻主动地将真实的持股情况“显在”出来，可谓潜在共有的主动“显在化”。而与之相对，基于生活保持义务限制配偶一方处分权进而使得交易相对人同样承担无权处分效力待定后果等情形，可以称之为“潜在共有被动显在化”。

（一）潜在共有被动显在化：生活保持义务对处分权的限制、有益标准对共同债务的限制

潜在共有的显在化可能是被动的，其常见的缘由是基于生活保持义务对婚姻关系当事人的处分权的限制，也可能是有益标准排除了夫妻共同债务存在的可能。当然，这两种情形都不会太过常见。在具体标准的把握上，仍需要借助利益衡量。

以生活保持义务对处分权限制导致相对人面临无权处分“效力待定”时的利益衡量为例。设想持股一方为帮助公司融资，将股权全部抵押给了相对人，而股权的出资来源于夫妻共同借

---

① 参见武丽娜与王珍全、招商银行股份有限公司昆明金星支行案外人执行异议之诉案，云南省高级人民法院（2017）云民终815号民事判决书。

② 参见庞某某、司某某等典当纠纷、案外人执行异议之诉，山东省高级人民法院（2015）鲁民一终字第152号民事判决书。

③ 参见曹会与张谦、杨兴模案外人执行异议之诉案，重庆市高级人民法院（2019）渝民终335号民事判决书。

④ 例外的情形是，倘若债务是夫妻一方的个人债务，在利益衡量方面债权人没有特殊的利益需要额外保护，则尽管该股权登记在一方名下，也应当允许另一方以对股权的利益排除强制执行。

入的款项，该笔股权是夫妻名下的主要共同财产。此时，制度利益是家庭生活的维持与交易安全之间的冲突，只能根据社会公共利益来进行评价（见表2）①。

表2　股权处分影响生活维持时的利益衡量

选择保护对象	当事人利益		群体利益		制度利益		社会公共利益
	未持股一方	相对人	未持股一方群体利益	相对人群体利益	家庭生活维持	交易安全	婚姻关系当事人正常参与社会交往
未持股一方	✓	×	✓	×	✓	×	✓
相对人	×	✓	×	✓	×	✓	×

注：表格中的“✓”表示该利益得到法律保护；“×”表示没有得到法律保护或不能得到法律保护。

除强调家庭价值优位的观点之外，一般的共识是，要在保护家庭和保持婚姻关系当事人正常参与社会交往之间进行平衡。鉴于一方处分主要共同财产可能导致婚姻生活难以持续，故而应当认定其为无权处分，但又为平衡交易安全，允许相对人善意取得之，而非德国共同财产制下的绝对禁止。在设例中，为他人担保显然不属于获得了合理的价款的情形，因而相对人取得抵押权存在瑕疵，抵押权无效。

这些例外意味着婚姻关系的确可能对日常交易造成影响，但限度是可控的。

（二）处置共同股权（份）分割的思路

随着共有从潜在到显在，其中最关键一步是对股权进行分割，夫妻双方将股权分配为一方或彼此的个人财产，此时股东资格可能发生变动。

1. 夫妻分配股权可能的无偿情形为《公司法》第七十一条提出难题。夫妻对于股权的分配，有可能是有偿的，也有可能是无偿的。

通常情况下，夫妻分割共同财产时，会依据财产价值进行清算。夫妻内部之间对股权形成的价格将作为其他股东行使优先购买权时“同等条件”的依据。在夫妻之间类推适用共有人优先购买权与其他股东行使优先购买权发生冲突时，股权的特性决定了其他股东的优先购买权居于优位。

然而，婚内所得共同制的意涵在于，夫妻双方对财产拥有平等的处分权，也拥有自由的处分权，双方可以就任何一方或双方共同对财产进行管理的权限作出决定，② 在共同股权场合，也即可以直接变更财产归属从而实现财产管理权限的变更，而且，夫妻之间也可以互相赠与股权，在

---

① 关于制度利益与社会共同利益之间的互动关系，参见梁上上：《利益衡量论》（第2版），法律出版社2016年版，第174页。

② 参见德国《民法典》第1421条。

这些情形下，夫妻对股权的分配属于无偿行为。一般认为，《公司法》第七十一条规定的其他股东优先购买权适用于股权外部赠与，[①] 即一方为公司股东，另一方只是公司“潜在”的共有股权股东的情形。这种情形下，可以考虑参照一般股权转让时对“其他因素”的认定“同等条件”。[②] 对此可再作讨论。

更加值得关注的是，在夫妻双方未能就股权处分达成合意时，能否以直接分割股权份额并将其在夫妻之间平均分配的方式加以处理？实践中有持此观点的案例，[③] 也有观点认为，因为夫妻共有股权分割并非真正意义上的股权转让，本质上是“共有物”的分割，并未涉及有限责任公司的人合性，故而股权可以直接分割。[④] 由此，有必要探讨分割股权诸方案的顺序。

2. 公司法上多人持股配套机制的空缺。首先考虑的方案是共有股权在公司法上的定位，但遗憾的是，我国《公司法》中并无关于共有股权的规定。《公司法解释（三）（征求意见稿）》曾探索过股份公司股权共有的相关规则，其第七条规定：“（第一款）两个或者两个以上的民事主体共同持有公司股份，公司、公司股东或者公司债权人主张股份共有人承担连带缴纳股款责任的，人民法院应予支持。（第二款）两个或者两个以上的民事主体共同持有公司股份的，共有人应当确定代表人行使股权。股份共有人没有确定行使股权代表人，公司主张对其中一人发出的通知或者分配，效力及于全体共有人，其中一人行使股权的效力及于全体共有人的，人民法院应予支持。”这一规定在体系上认可了多人共有股权的情形，完善了公司法有关多人持股规则的有关规定。其在内容和规则上与德国[⑤]、日本[⑥]、韩国[⑦]等法域对于作为其立法现象的一般情形的股份公司的共有股权制度的规定基本一致，均规定共有人应指定

---

① 参见刘俊海：《论有限责任公司股权转让合同的效力》，载《法学家》2007 年第 6 期。

② 参见方璐莹：《股权赠与下股东能否行使优先购买权》，载《黑龙江省政法管理干部学院学报》2019 年第 2 期。

③ 参见何某 1 与何某 2 离婚后财产纠纷案，浙江省瑞安市人民法院（2017）浙 0381 民初 3057 号民事判决书。

④ 参见王彬、周海博：《夫妻共有股权分割制度探析》，载《社会科学研究》2013 年第 1 期。

⑤ 参见德国《股份法》第 69 条。

⑥ 《日本公司法典》第 106 条：共有人的权利行使。

股份属于 2 人以上共有时，共有人若不将其中的 1 人确定是为有关该股份的权利行使人，并将其的姓名或者名称通知给股份公司，就不得行使有关该股份的权利。但股份公司对行使该权利已表示同意时，不在此限。

译本参考王作全译：《新订日本公司法典》，北京大学出版社 2016 年版，第 37 页。

⑦ 韩国《商法》第 333 条：股份共有：

（1）数人共同认购股份时，承担连带缴纳的责任。

（2）股份归数人共有时，共有人应当规定一人来行使股东的权利。

（3）没有规定行使股东权利的人时，对共有人中一人通知或者催告即可。

译本参考王延川、刘卫锋译：《最新韩国公司法及施行令》，法律出版社 2014 年版，该版本依据为 2014 年版，第 44 页。

代理人行使权利，共有人对出资负连带责任，公司在共有人未指定代理人时各类行为产生的效力，但最终未能成型。①

由于股权能否共有或如何共有的问题，《公司法》及相关司法解释付之阙如，学界对于如何处理相关问题就有了不同看法。有学者认为，既然《公司法》无特殊规定，则应适用关于股权转让的一般规定。②

实践中，关于未持股方转让股权是否有效的问题，由该方是否为有权处分转向该方是有权代理还是无权代理，其实质也是在缺乏共有股权制度下的一种选择。针对这一问题，司法机关多从未持股一方是否显在化来判断该方是否有权代理。一般的逻辑是，当未被登记为股东的一方已实际参与公司的经营管理，比如代持股一方签署公司相关股东会决议，则认定有权代理。③ 针对一些特定情形，虽然法院认为未持股一方单方处分股权属于无权代理，但结合生活常理及公司对未持股一方的认可（比如该方拥有公司的公章），使得交易相对人有理由相信未持股一方为有权代理时，也会认定其行为属于表见代理。④ 此处值得关注的当然类案不同判的问题，即对于前述“不完全隐名”或本文所述对公司“显在”共有股权，对相对人“潜在”不持有股权的事实，究竟是评价为持股一方对未持股一方的授权，还是表见代理，涉及了民法上的“容忍代理”问题，⑤ 但仍可作其他角度的分析。

对于无权处分合同的效力，过去认为合同效力待定，但现在以合同原则上有效、例外效力待定或无效为主流观点，⑥ 如此则无权处分合同的出卖人是要承担违约责任的。尽管未能实际履行，但买受人仍可获得较为充分的赔偿，这也是相关观点变迁的实质理由。然而，一些买受人却力图将股权转让合同纠纷往代理方面引导，自然是想取得股权，故而以未持股配偶为持股配偶的代理人、合同成立于自己与持股配偶之间作为路径。这种做法有两种解释方向，其一是承认夫妻持股是对股权的共有，参照共有权人对共有物的处理规则，主张一方代理整个共有人群体；其二是不承认夫妻持股是对股权的共有，单纯主张一方是否能代理另一方出让股权。相较而言，后一种方向显得颇为矛盾。

---

① 参见《公司法解释（三）》、《公司法解释（三）》(2020 修正)。

② 范健、王建文：《公司法》(第 5 版)，法律出版社 2018 年版，第 301 页。

③ 参见马红其与黄舒、李国柱、新世纪医疗投资管理有限公司股权转让纠纷上诉案，江西省高级人民法院(2015) 赣民四终字第 9 号民事判决书；黄运娇与罗家斌、宣承文、陈良青、张伯成股权转让纠纷案，广西壮族自治区高级人民法院（2014）桂民提字第 35 号民事判决书。

④ 参见海南陵水宝玉有限公司、李振龙、千红花与三亚志成彩色印刷有限公司、徐丽、王薇、李祥宇及陈志琦、李树明、马利国股权转让纠纷案，最高人民法院（2019）最高法民终 424 号民事判决书。

⑤ 参见冉克平、侯曼曼：《〈民法典〉视域下夫妻共有股权的单方处分与强制执行》，载《北方法学》2020 年第 5 期，第 62－63 页。

⑥ 参见王利明：《民法典合同编通则中的重大疑难问题研究》，载《云南社会科学》2020 年第 1 期。

因此，公司法未对股权共有问题予以回应，不能被认为是公司法有意留白同时尊重当事人意思自治，而是公司法的不完善之处。

3. 比较法上的思路：股权共有与股权信托。从比较法上看，大陆法系国家多已确立了股权共有制度（见表3）。

表3　大陆法系部分国家共有股权立法例

国别	依据	内容
德国	《股份法》第69条	（1）一张股票属于数个权利人的，数个权利人只能通过一个共同的代理人行使该股票上的权利。 （2）对于该股票的出资，数个权利人作为连带债务人承担责任。 （3）公司需向股东作出意思表示的，如果权利人未向公司制定共同代理人，则向一个权利人作出表示即可。一个股东有数名继承人的，此规定仅适用于继承发生时起满一个月后作出的意思表示。
日本	《日本公司法典》第106条	股份属于2人以上共有时，共有人若不将其中的1人确定是为有关该股份的权利行使人，并将其姓名或者名称通知给股份公司，就不得行使有关该股份的权利。但股份公司对行使该权利已表示同意时，不在此限。
韩国	《商法》第333条	（1）数人共同认购股份时，承担连带缴纳的责任。 （2）股份归数人共有时，共有人应当规定一人来行使股东的权利。 （3）没有规定行使股东权利的人时，对共有人中一人通知或者催告即可。

公司法之所以有必要对共有股权予以关注的理由在于，共有人的连带缴纳股款的责任、共有人股东资格的确认、共有股权的行使等是公司法上的特殊问题，民法共有规则一般不会有相关规定。

申言之，其一，关于共有人股东资格的确认，必须遵循商法外观主义的调整方法①，共有人若要取得相对于公司或对抗第三人的股东资格，必须公示出来，否则按照本文的观点，就只能是“潜在”共有。当然，公司法也应当完善共有股权的配套制度，使得股东名册、工商登记上能够记载全体共有人的姓名、住所及共有关系。② 其二，由于股权主体为复数，共有股权的行使需要综合考虑共有人的利益和公司的利益。尽管对股权和股份可以允许分别表决，但考虑到股份公

① 参见施天涛：《商事关系的重新发现与当今商法的使命》，载《清华法学》2017年第6期。

② 参见［韩］李哲松：《韩国公司法》，吴日焕译，中国政法大学出版社2000年版，第228页。

司一股不再可分，这种分别表决只能限于股权共有人内部，而非针对公司，出于经营效率需要，比较法上多要求共有人推选一人对公司行使股权。理论上，该代理人对全体共有人承担受信义务。

美国《统一商法典》和《标准公司法》均无关于股权共有的规定。从功能比较和探寻共性的视野来看，大陆法系国家委任代理人行使共有股权，潜在共有理论下股东资格按照持股股东认定，两种情形下的其他共有人享有的权利近乎于剩余分配权，共有股权较为接近于股权信托的结构。[①] 英、美、法系由于有发达的信托法传统，其成文公司法较少有对股权信托的直接规定。《澳大利亚公司法》第1070（3）（b）条规定，股票由信托人为其受益人所持有，公司可以只把股东名册上的人当作股东，不问其他人对股权是否具有任何利益。公司可以只与股东名册上的股权持有人交往。[②] 但共有与信托总归在实质上有本质区别，例如《信托法》第10条规定信托需要登记等。不过，股权信托在处理内外关系方面富有启发性。

4. 处置思路：维持显名股东、分割股权（份）、拍卖股权（份）与股权信托。离婚等情形下须分割夫妻共有股权时，法院对夫妻共有股权的分配的主要方式包括另案处理、不分割但折价补偿、分割出资额、分割股权份额、分割股权价值、分割股权收益、拍卖并分割转让款等。[③] 夫妻、公司、其他股东之间若能对分割共有股权达成共识自是最好，但若产生纠纷，设置相应的处理顺序有其意义。

一般认为，有限公司中，股东之间的人合性是较为重要的利益，在分割股权时，最好尽量减少股东的变动。而针对上市公司持有股份的董事、经理的管理学研究表明，股东离婚时，如果离婚双方签订了表决权委托协议，则公司的估值水平提高，同时股票价格波动增加，资本支出减少，资产负债率增加；而没有签订表决权委托协议的公司股票估值降低，因此表决权委托的签订协议可以降低部分不确定性。[④] 因此，对公司来说，尽量维持稳定的持股状态，是较为有利的。

对法院来说，分割的效率也是值得考虑的。《〈民法典〉婚姻家庭编解释（一）》第七十三条的规定部分可资赞同。潜在共有理论下，“潜在”阶段，夫妻共有股权对应的股东完全根据公司认可或登记的股东认定，因此，在分割共同财产时最简便的做法是维持共同持股的状态，维持持股股东作为共有人的代理人，继续担任股东。鉴于股权信托能够实现类似的功能，但考虑到尽

---

① 我国在考虑隐名持股制度时也参考的是股权信托制度。参见最高人民法院民二庭编著：《最高人民法院关于公司法解释（三）、清算纪要理解与适用》，人民法院出版社2011年版，第374页。

② 参见王毓莹：《股权代持的权利架构——股权归属与处分效力的追问》，载《比较法研究》2020年第3期。

③ 参见王琦：《离婚时夫妻共有股权的处分规则——以夫妻共有股权的价值评估为中心》，载《河南财经政法大学学报》2020年第3期。

④ 参见徐莉萍、赖丹丹、辛宇：《不可承受之重：公司高管婚变的经济后果研究》，载《管理世界》2015年第5期。

量减少裁判直接变动股权的公示不及时①的影响，也可以在调解时告知经济关系未破裂的夫妻可以设立股权信托。若双方信任关系破裂，则持股股东应当将股权中未持股一方的应有部分折价补偿未持股一方，最大限度维持公司股东的确定性。但考虑到折价通常需要评估，不如也允许夫妻竞价妥当。倘若持股一方竞价失败或无折价补偿能力，必须分割股权时，应当充分尊重有限公司的人合性，将未持股一方的应有部分按照股权转让对待，有限公司的其他股东得行使优先购买权。直接拍卖股权并分配折价款，应排在最后。

（三）共同股权（份）的继承

继承场合，争议主要集中在有限公司。《公司法》第七十五条规定的是自然人股东之合法继承人通常可以继承股东资格。该条但书基于维护公司人合性的考量允许公司章程就此作出特殊规定，但实践中公司章程往往并无约定，以至于在案例中，在继承开始时，一些公司往往通过股东会决议阻止继承人成为股东。② 针对这一纠纷，《最高人民法院关于适用〈中华人民共和国公司法〉若干问题的规定（四）》（以下简称《公司法解释（四）》）第十六条原则上不允许其他股东在继承场合行使优先购买权。

在理论依据上，有观点认为，当有限公司的人合性与特定亲属身份发生冲突时，应对特定亲属关系优先照顾，③ 这或许是对实务界常见观点的一种解释。德国《有限责任公司法》的相关规定表面上与此相仿，但有研究已发掘出德国法侧重继承法的倾向，即德国理论界认为不能基于德国《有限责任公司法》以公司章程等方式来排除或变更继承法关于遗产继承顺序的规定，公司只能按照该法第 60 条第 2 款解散，或者按照该法第 34 条在章程中设定在不破坏资本维持原则的一定条件（例如股东死亡）下收回股权。④

从潜在共有理论和股东异质化⑤的视角来看，一方夫妻股东死亡后，另一方夫妻股东涉及的是同时对共同财产的分割和对对方财产的继承，该方取得的是股权利益，而非股东资格。《公司法》第七十五条的意图明确是对“股东资格”的继承问题进行规定。潜在共有理论下，不必将股东资格本身视为分割或继承的客体，而只需由潜在共有人和继承人基于股权利益请求公司确认其股东资格并变更股东名册、公司章程、工商登记等，从而完成股东身份的变更。日本公司法

---

① 随着裁判文书公开制度不断完善，通过判决直接变动物权、股权的公示不再是一个显著的问题，但由于裁判文书上网时间不定，相比于工商登记还是有一定的不确定性。

② 有法院认为公司决议不能违反《公司法》第七十五条的规定，故判决继承人可以继承股东资格。参见北京市宣武炊事食品机械有限公司与徐佳等股东资格确认纠纷案，北京市第二中级人民法院（2015）二中民（商）终字第 04210 号民事判决书。

③ 参见赵旭东主编：《公司法学》（第 4 版），高等教育出版社 2015 年版，第 259 – 260 页。

④ 参见周游：《股权利益分离视角下夫妻股权共有与继承问题省思》，载《法学》2021 年第 1 期。

⑤ See Robert C. Clark, *The Four Stages of Capitalism: Reflections on Investment Management Treatises*, 94 Harvard Law Review, p. 561 (1981).

修改后，非公开的股份公司可在章程中规定，经股东大会决议，请求因继承而获得转让受限股份的继承人向公司出售其股份，而公司不能依此方式实现回购股份时，公司还可依章程规定强制取得该股份。① 持股份公司中，更是需要在章程中选入继承人可以成为股东的条款。②

总的来说，《公司法》第七十五条对“股东资格”继承的规定，应理解为继承人基于实质性的股权利益主张的股东身份变动。至于《公司法解释（四）》第十六条的立场，可依照对封闭公司人合性的考量作辨析。

五、 结论

本文试图通过引入潜在共有理论缓解夫妻持股的共有属性带来了股东与股权所有者“名实不符”的问题，即将管理财产一方视为财产的所有者，而另一方为“潜在”的共有者，消解掉一般情形下婚姻法实质财产观念对公司法的侵扰，最终实现“公司法的归公司法，婚姻法的归婚姻法”的效果。考虑到夫妻持股“名实不符”问题的症结在于捆绑股东资格、股权和股权价值，这些概念松绑后，公司法便能够与晚近婚姻法的研究成果产生契合。

将潜在共有理论运用于夫妻持股场合，以夫妻是否分配共有股权（份）为界，可以将夫妻持股的不同情形区分为“潜在”和“显在”两个阶段，从“潜在”阶段到“显在”阶段的实质是婚姻财产关系与民事财产关系逐步合一。“潜在”阶段，夫妻共有股权对应的股东完全根据公司认可或登记的股东认定，未经一方同意的股权转让合同有效，处分行为有效。“显在”阶段，

---

① 《日本公司法典》第 174 条　股份公司，可以在章程中规定对通过继承及其他一般承继取得该股份公司股份（限于转让受限股份）者，请求将该股份出售给该股份公司之意。

译本参考王作全译：《新订日本公司法典》，北京大学出版社 2016 年版，第 67 页。

《日本公司法典》第 175 条规定应由股东大会作出决定，第 176 条规定了公司请求出售股份的相关规定，第 177 条规定了股份的买卖价格。

② 《日本公司法典》第 608 条　（有关继承以及合并情形的特殊规则）

（1）份额公司，可在章程规定其股东已死亡时或者因合并已消灭时，该股东的继承人以及其他一般承继人承继该股东出资份额之意。

（2）虽有第 604 条第 2 款的规定，但根据前款的规定章程有规定时，同款所规定的一般承继人（限于股东以外者）已承继同款所规定的出资份额时，成为所持该出资份额的股东。

（3）有第 1 款所规定的章程的规定时，同款所规定的一般承继人已承继出资份额时，视为已进行与该一般承继人相关的章程变更。

（4）第 1 款所规定的一般承继人（限于通过继承已承继出资份额者，且未全部或者部分履行有关出资的缴纳或者交付者）有 2 人以上时，该一般承继人连带承担履行有关该出资的缴纳或者交付的责任。

（5）第 1 款所规定的一般承继人（限于通过继承已承继出资份额者）有 2 人以上时，一般承继人若不确定 1 人为有关已承继出资份额权利的行使人时，则不得行使有关该出资份额的权利。但份额公司对行使该权利已表示同意时，不在此限。

译本参考王作全译：《新订日本公司法典》，北京大学出版社 2016 年版，第 247 页。

由于夫妻因分割共同财产等原因须改变财产形态的，应履行股东变更程序，有限公司其他股东可行使优先购买权。夫妻因离婚分割财产时，应按照维持显名股东、分割股权（份）、拍卖股权（份）的次序处理，亦可建议经济方面仍存信任的夫妻办理股权信托，由此离婚并不当然导致股东资格变动。潜在共有理论能够调和晚近婚姻法与公司法对于夫妻持股问题所形成的共识。未来，《公司法》应当配套完善共有股权（份）制度等多人持股规则，公司登记中应当增设共有股权（份）登记的事项。

不过，虽然商事登记名实相符是理想状态，但是潜在共有理论极大缓和了夫妻持股名实不符可能造成的交易风险，目前公司股权登记规则也无须为确保夫妻股权名实相符而作出除配套完善共有制度外的较大调整。倒是对于公司的人合性问题，有待更深入的思考。本研究更多的是试图为公司法中的一些长期困惑提供一套更加清晰、简明的解释路径，为未来公司法理论的发展提供一些思路。

有限公司股东资格继承规则之省思与完善

——兼评《公司法》第七十五条

■ 沈友平*

摘要：现行《公司法》第七十五条规定过于简单抽象，在具体操作层面举步维艰，致使司法实践中同（类）案不同判的现象频频发生。究其原因，一方面，逻辑基础尚未厘清，将股权继承和股东资格继承相混淆；另一方面，具体规则尚付阙如，导致司法裁判标准不统一。基于此，在逻辑基础方面，须确立股东资格继承的正当性；在具体规则方面，可从模式转变、实质要件、形式要件、适用范围以及继承方式五个层面对股东资格继承规则进行构建，进而建立起我国完善的股东资格继承制度。

关键词：股东资格继承　股权继承　继承权　人合性

党的十九大报告明确提出深化商事制度改革，2019 年 10 月国务院颁布的《优化营商环境条例》是细化商事制度改革的重要举措之一。2020 年 5 月国家正式推出《中华人民共和国民法典》（以下简称《民法典》），在继承篇中相较于《中华人民共和国继承法》（以下简称《继承法》）增加了第一千一百二十条——国家保护自然人的继承权，体现国家对自然人继承权的极度重视。股东资格继承制度正是公司法和继承法相互碰撞而产生的法律制度，该种制度的构建和完善不仅牵系着自然人继承权的法律保护，而且关涉着商事制度改革的深化推进。

一、 问题的提出

随着市场经济的繁荣发展和商事实践的日趋活跃，股权的身份权属性逐渐被人们所重视，由此引发的股权继承纠纷案件快速增加，① 与此同时，法学界对股权能否作为继承客体也存有极

* 沈友平，中南财经政法大学博士研究生。

① 在北大法宝中输入关键词“股权继承”，结果显示该纠纷案件一共 1330 例，从 2005 年的 2 例增至 2019 年的 227 例。输入关键词“股东资格继承”，结果显示该纠纷案件一共 243 例，从 2006 年的 1 例增至 2019 年的 64 例。

大争议。在此种时代背景下，2005 年修订的《中华人民共和国公司法》（以下简称《公司法》）第七十六条①应运而生，由此初步确立了我国的股东资格继承制度。但该条规定只是简单抽象地规定合法继承人可以承继股东资格，公司章程另有规定除外，却未明晰股东资格如何继承，② 导致其在司法适用中可操作性不强，同（类）案不同判的现象亦是频频发生。基于此，笔者对股东资格继承纠纷的典型案件中存在的争议问题进行梳理归纳（见表 1）。

表 1　股东资格继承纠纷案件中司法争议的问题归纳统计

<table>
<tr><th rowspan="2">序号</th><th colspan="3">争议问题</th><th rowspan="2">典型案例</th></tr>
<tr><th colspan="2">具体问题</th><th>裁判观点</th></tr>
<tr><td>1</td><td colspan="3">“股东资格继承”与“股权继承”混用</td><td>（2018）最高法民终 88 号/（2020）豫 01 民终 1155 号/（2019）津 01 民终 6213 号</td></tr>
<tr><td rowspan="2">2</td><td colspan="2" rowspan="2">是否应遵循股权转让的规定</td><td>是</td><td>（2019）京 0101 民初 2424 号</td></tr>
<tr><td>否</td><td>（2018）苏 1012 民初 7734 号/（2019）浙 0324 民初 7815 号/（2019）皖 01 民终 1172 号</td></tr>
<tr><td rowspan="5">3</td><td rowspan="5">公司章程</td><td rowspan="2">排除或限制的内容问题</td><td>只能及于身份权部分，不能及于财产权部分</td><td>（2019）粤 0232 民初 197 号</td></tr>
<tr><td>不排除继承顺序的规则或者对其进行变动</td><td>（2019）粤 0232 民初 197 号</td></tr>
<tr><td rowspan="3">例外规定的效力问题</td><td>有效</td><td>（2019）鲁 05 民终 1324 号/（2019）京 0102 民初 37330 号/（2016）浙 04 民终 1268 号</td></tr>
<tr><td>无效</td><td>（2019）陕 01 民终 15328 号/（2016）苏 0104 民初 10596 号/（2006）钟民二初字第 636 号</td></tr>
<tr><td>不适用</td><td>（2007）常民二终字第 1 号</td></tr>
<tr><td rowspan="2">4</td><td colspan="2" rowspan="2">股东变更登记的效力问题</td><td>生效效力</td><td>（2018）豫行再 159 号/（2019）京 0101 民初 2424 号/（2016）豫 01 行终 913 号</td></tr>
<tr><td>对抗效力或公示效力</td><td>（2019）皖 01 民终 1172 号/（2019）川 13 民终 3749 号/（2019）浙 0324 民初 7815 号</td></tr>
</table>

① 需要注意的是，2013 年修正的《公司法》将 2005 年《公司法》的第七十六条调整至第七十五条，条款序号及条文内容至今没有变化。一些法院法官可能并未意识到这些变化，所以在股份转让或股份回购等纠纷案中仍沿用 2005 年《公司法》第七十五条规定，如最高人民法院（2016）最高法民终 34 号民事判决书、青海省西宁市中级人民法院（2020）青 01 民终 1334 号民事判决书、云南省普洱市中级人民法院（2020）云 08 民终 82 号民事判决书、四川省凉山彝族自治州中级人民法院（2019）川 34 民终 1298 号民事判决书等。

② 参见王勇华：《有限责任公司股份自由继承的理论基础》，载《法学》2005 年第 10 期；刘向林，李和平：《有限责任公司股权继承的法律分析》，载《广西社会科学》2005 年第 2 期。

续表

序号	争议问题		典型案例
	具体问题	裁判观点	
5	继承的范围问题	全面概括[①]的继承	（2019）津01民终6213号/（2019）赣07民终2983号/（2019）鲁02民终7769号
		只能继承财产权部分	（2019）粤01民终14841号/（2016）豫0191行初92号/（2019）赣0203民初680号

从上述整理的司法争议来看，《公司法》第七十五条虽已对股东资格继承的问题作出明确规定，但由于该条规定过于抽象，导致司法实践中法官的理解出现不同程度的偏差，以致司法裁判标准不统一。基于上述裁判争议，可以看出我国股东资格继承制度存在以下两个方面的问题：第一，股东资格继承的逻辑基础问题。无论是在学术界抑或实务界，将股东资格继承与股权继承相混淆使用的现象非常普遍，而二者的区分正是股东资格继承规则厘清的逻辑基础。第二，股东资格继承的具体规则阙如。《公司法》第七十五条在具体操作层面存在诸多问题和争议，其背后的重要原因就是我国目前尚且缺乏一套完整、全面的股东资格继承规则，这也是本文的重要价值所在。

二、 股东资格继承的逻辑基础厘清

（一）股东资格≠股权

股东资格是出资人因与公司之间建立取得股份的法律关系而具有的法律地位或身份，[②] 是基于股东这种特定的身份关系而衍生出来的，属于一种身份权。股权是指基于股东资格，依据公司法和公司章程的规定从公司获取财产利益并参与公司治理的权利，包括自益权和共益权。[③] 有些学者认为股权虽具人身权属性，但该种属性是派生于财产权属性的，股权本质上是财产权。[④] 笔者认为，此种观点值得商榷，股权虽是基于股东出资而产生的一种权利，但不能因出资属于财产性质，而将股权也定性为财产性质，在出资人基于出资成为公司股东那一刻起，股权即脱离出资而独立成为一

① 全面概括的继承，是指在公司章程没有例外性规定的前提下，对股权中财产权部分和身份权部分一体继承，不能分割。

② 我国法学界存在一个吊诡现象：大多学者均对股东资格的认定和取得等问题兴致浓厚，此类文章也是俯拾即是。但其中涉及股东资格概念界定的却寥寥无几，施天涛教授在其著书中有所提及，但表述依旧是模糊不清，从其将股东资格与股东地位的关系来看，股东资格似乎是指股东这种身份或地位。此外，笔者在沈阳师范主办的一书中发现其对股东资格的概念进行了较为明晰、合理的界定。参见施天涛：《公司法论》，法律出版社2018年版，第237－241页；沈阳师范大学主办：《法律文化论丛》（第8辑），知识产权出版社2018年版，第56页。

③ 参见雷兴虎主编：《公司法学》（第二版），北京大学出版社2012年版，第169页；刘俊海：《现代公司法》（第三版）上册，法律出版社2015年版，第273页。

④ 参见王勇华：《有限责任公司股份自由继承的理论基础》，载《法学》2005年第10期，第70页。

种兼具财产权和身份权性质的新型民事权利。不考虑股权的共益权性质而片面强调其财产权的做法，只能是割裂二者的密切联系，最终将导致股东权益的损害。[①] 综上所述，就性质而言，股东资格属于身份权，股权属于身份权和财产权二者兼有的独立民事权利，二者不可相提并论。

（二）股东资格继承≠股权继承

笔者在研究过程中发现，诸多学者和法官采用是的“股权继承”，而非“股东资格继承”一词。为此，笔者分别在“中国知网”和“北大法宝”上对二词进行检索，以文献标题是否含有“股权继承”或是“股东资格继承”一词为判断标准，[②] 检索结果如表2所示。

表2　“股权继承”和“股东资格继承”的使用频率统计

序号	文献目录	数量统计	
		采用“股权继承”一词	采用“股东资格继承”一词
1	法学期刊	5[③]	2[④]
2	裁判文书	7[⑤]	4[⑥]
3	博士论文	2[⑦]	2[⑧]
4	硕士论文	66	14

① 参见张大海：《有限责任公司股权继承法律问题研究——兼评我国〈公司法〉第76条》，载《法律适用》2008年第4期。

② 由于博士论文的特殊性，论文标题均未含有“股权继承”或“股东资格继承”，故笔者在已有的检索范围内，对其以摘要或论文大纲中是否含有二词为判断标准。

③ 参见孙瑞玺：《有限责任公司章程限制或排除股权继承的内容及效力》，载《法学论坛》2010年第6期；张大海：《有限责任公司股权继承法律问题研究——兼评我国〈公司法〉第76条》，载《法律适用》2008年第4期；王跃龙：《有限责任公司股权继承之析》，载《政治与法律》2007年第6期；张澎：《论公司章程在有限责任公司股权继承中的作用》，载《法律适用》2007年第1期；赵万一，王兰：《有限公司股权继承法律问题研究》，载《华东政法学院学报》2006年第2期。

④ 参见楼建波：《论有限公司股东的股权继承与股东资格继承》，载《当代法学》2007年第5期；袁秀挺：《股东资格继承及其例外之司法解读　陶某诉某有限公司股东权纠纷案》，载《法律适用》2007年第5期。

⑤ 参见河北省清苑县人民法院（2019）冀0608民初2512号民事判决书；山东省青岛市黄岛区人民法院（2014）黄商初字2644号民事判决书；广东省深圳市中级人民法院（2013）深中法商提字第5号民事判决书；上海市松江区人民法院（2009）松民二（商）初字第1829号民事判决书；上海市松江区人民法院（2009）松民二（商）初字第1829号民事判决书；上海市松江区人民法院（2009）松民二（商）初字第1830号民事判决书；上海市第一中级人民法院（2008）浦民二（商）初字第2541号民事判决书。

⑥ 参见黑龙江省哈尔滨市南岗区人民法院（2015）南执字第1496号民事判决书；黑龙江省哈尔滨市南岗区人民法院（2014）南民三商初字第353号民事判决书；江西省抚州市临川区人民法院（2014）临民初字第1547号民事判决书；江苏省常州市中级人民法院（2007）常民二终字第1号民事判决书。

⑦ 参见周海博：《股权转让论》，吉林大学2009年博士学位论文；宋良刚：《有限公司股权转让问题研究》，中国政法大学2004年博士学位论文。

⑧ 参见朱川：《有限责任公司股东资格确认问题研究》，复旦大学2012年博士学位论文；周荃：《有限责任公司股东资格法律制度研究》，武汉大学2010年博士学位论文。

现行《公司法》第七十五条明确规定了股东资格的可继承性，但为何大多数学者却弃“股东资格继承”，而采“股权继承”一词？究其原因，主要有以下两点：第一，股权虽然具有身份属性，但其本质仍为财产权，故具有可继承性；第二，自然人股东死亡后，继承人只能继承股权中的财产权，股权中的身份权属性应随着股东死亡而消灭。① 笔者认为，以上两点均存有疑问：第一，上文已进行阐析，股权是一种兼具财产权属性和身份权属性的整体性权利，这两种属性中何者为根本、基础，通常而论是财产权属性。但就股东资格继承而论，其是一种兼具民法典继承篇法理和公司法理的产物，不能因股权的财产权性质为本质属性，而弱化乃至磨灭其身份权性质，否则继承人的合法利益无从得到保护。第二，《公司法》第七十五条已明确规定股东资格具有可继承性，但股东资格继承不等于股权继承，公司章程可以排除或限制股东资格的继承，却不能排除或限制股权的继承，因为股权包含有财产权的属性，而股东资格只具有身份权属性。第三，自然人股东的死亡并不意味着股权的消失，而只是产生股权的继承或其他变更。②

（三）股东资格继承的正当基础

股东资格继承具有其合理的正当基础。第一，根据《现代汉语词典》，“继承”（或“承继”）的含义之一是指依法承接死者的遗产或权利。③ 而在《元照英美法词典》中，“Inherit”“Succession”均可以表示“继承”之意，根据“Succession”一词的解释，“继承”既包括依照继承分割法而转移财产所有权的继承行为，也包括从其前任取得法定的或官方的职位、荣誉、财产或职能。④ 基于这两部词典的解释，“继承”一词之意，从广义上讲，既包括传统《民法典》继承篇意义上遗产等合法财产的继承，也包括公司法上股东资格等身份权的继承。第二，《民法典》继承篇无法解决股东资格的继承问题。《民法典》继承篇规范的是财产继承关系，对于具有身份权属性的股东资格继承问题，《民法典》继承篇无法解决。而基于民法和商法是一般法和特别法的关系，股东资格的继承问题可交由作为特别法的公司法予以规定，二者并行不悖。第三，《公司法》第七十五条前后逻辑一致。就该条规定前半句而言，股东资格可以继承，继承人取得股东资格后，当然享有并承担股东的全部权利和义务；就后半句而论，公司章程可排除或限制股东资格的继承，但不会妨碍继承人对股权价值的继承，不会和《民法典》继承篇之间形成规范冲突。

---

① 参见王跃龙：《有限责任公司股权继承之析，载《政治与法律》2007 年第 6 期；赵万一、王兰：《有限公司股权继承法律问题研究》，载《华东政法学院学报》2006 年第 2 期。

② 参见徐强胜：《〈公司法〉第七十五条规定的逻辑》，载《河南财经政法大学学报》2020 年第 2 期。

③ 参见唐文辞书编委会编：《唐文多功能现代汉语词典》，湖南教育出版社 2013 年版，第 279 页。

④ 根据《元照英美法词典》，“继承”一词，虽然在制定法上的定义仅指取得他人在死亡时无遗嘱处分之财产的行为，但其实际含义常常更为广泛，统指由于他人死亡而取得其权利的行为。在大陆法系，它既指转让死者的财产、权利和义务、负担给其继承人的事实，也指继承人所享有的取得死者遗产的权利，死者的遗产既包括各种财产（现有的或可以主张的），也包括其债务和其他义务。参见薛波主编：《元照英美法词典》，北京大学出版社 2013 年版，第 1305 - 1306 页。

三、 股东资格继承的具体规则构建

（一）模式转变：从股权转让到股权移转

在股东资格的继承模式上，根据股东资格的继承是否要经过其他股东的同意并履行公司法上的相关程序，可将学术界的观点划分为“股权转让模式”和“股权移转模式”。前者认为，股东资格继承会导致公司股东的变更，继承人在未经其他股东同意的情况下即加入公司，显然会损害有限责任公司的人合性，破坏股东之间的信任关系，主张应参照《公司法》第七十一条的规定适用，需经过其他股东过半数同意。① 后者认为，股东资格继承在本质上并非转让，而是继承，无须经过其他股东过半数同意，原则上继承人在自然人股东死亡之时即可承继股东资格。② 在司法实务界中，也是分为这两种观点。③ 但随着 2017 年 8 月《最高人民法院关于适用〈中华人民共和国公司法〉若干问题的规定（四）》（以下简称《公司法解释四》）第十六条规定的出台，以及股东资格继承纠纷案件的快速增加，“股权转让模式”暴露出来的弊端日趋明显，“股权移转模式”反而更能兼顾保护有限责任公司人合性和自然人继承权的双重价值。笔者认为，股东资格继承应从“股权转让模式”向“股权移转模式”转变，具体理由如下：

一方面，“股权转让模式”的局限性突出。第一，股东资格继承是为继承，而非转让。④ 继承和转让均是股权继受取得的方式之一，但二者之间有着本质上的区别。股权转让是股东将其对公司所有的股权转移给受让人，受让人成为新股东的法律行为。⑤ 而股东资格继承是在自然人股东死亡之后，继承人依照法律规定或章程约定承继股东资格的事实行为。二者至少存在以下三个区别：一是法律性质不同。前者为一种契约行为，⑥ 后者是一种事实行为；二是激发诱因不同。前者的激发诱因主要是基于股东转让股权的意愿，而后者是基于自然人股东死亡这一事实

---

① 参见中国法制出版社编：《中华人民共和国公司法配套解读与案例注释》，中国法制出版 2015 年版，第 145 页；薛冰：《公司法视野下公证制度的建构》，载《法学杂志》2018 年第 12 期，第 131 - 140 页；彭冰：《股东优先购买权与间接收购的利益衡量——上海外滩地王案分析》，载《清华法学》2016 年第 1 期；赵万一、王兰：《有限责任公司股权继承法律问题研究》，载《华东政法学院学报》2006 年第 2 期，第 53 页。

② 参见徐强胜：《〈公司法〉第七十五条规定的逻辑》，载《河南财经政法大学学报》2020 年第 2 期，第 63 - 64 页；李曙光：《股权继承立法的评析与完善》，载《湖北警官学院学报》2011 年第 6 期，第 56 - 57 页；楼建波：《论有限公司股东的股权继承与股东资格继承》，载《当代法学》2007 年第 5 期。

③ 在司法实务中，和“股权转让模式”观点一致的案例有北京市东城区人民法院（2019）京 0101 民初 2424 号民事判决书等，和“股权移转模式”观点一致的有浙江省永嘉县人民法院（2019）浙 0324 民初 7815 号民事判决书、安徽省合肥市中级人民法院（2019）皖 01 民终 1172 号民事判决书、江苏省扬州市江都区人民法院（2018）苏 1012 民初 7734 号民事判决书等。

④ 参见徐强胜：《〈公司法〉第七十五条规定的逻辑》，载《河南财经政法大学学报》2020 年第 2 期，第 63 - 64 页。

⑤ 参见施天涛：《公司法论》，法律出版社 2018 年版，第 273 页。

⑥ 参见［日］前田庸：《公司法入门》（第 12 版），王作全译，北京大学出版社 2012 年版，第 109 页。

的发生；三是主体不同。前者是活着的两个人以特定方式进行的交易活动，后者是继承人之间及继承人与公司之间进行的一种活动。① 第二，与《公司法解释四》第十六条的规范目的相抵牾。《公司法解释四》第十六条已明确排除在股东资格继承的情形下其他股东的优先购买权（公司章程另有规定或全体股东另有约定的除外），其他股东的优先购买权和同意权在本质上均是维护有限公司人合性的一种手段，② 最高人民法院通过司法解释的方式对其他股东优先购买权予以排除的目的，应是减少人合性对股东资格继承造成的重重阻碍，弱化有限公司人合性和自然人继承权之间的价值冲突，从而形成一种良性互动的关系。据此，对股东同意权的排除也应在《公司法解释四》第十六条目的的涵摄范围之内。而且从《公司法》第七十五条及《公司法解释四》第十六条的但书规定来看，对股东优先购买权和同意权的排除，并非是对有限公司人合性的削弱，而是统合至公司章程的例外性规定这一手段对人合性予以保护，③ 彰显了公司法的任意法性格。④

另一方面，“股权移转模式”更具合理性。第一，“股权移转模式”与民法典继承篇相衔接。《民法典》第一千一百二十一条规定，继承时间应从被继承人死亡时开始。“股权移转模式”同样认为，原则上股东资格自自然人股东死亡之时即移转至合法继承人，此种做法具有以下两个优点：一是有利于保护继承人的继承权。相较于“股权转让模式”需经其他股东同意及履行公司法上的烦琐程序，在“股权移转模式”中，继承人能简便、及时地以股东的身份对侵害其股东权利的行为予以回应；二是缩短股东资格权属不确定状态的期限，保障商事活动的交易安全和交易效率。自然人股东死亡之后，至继承人取得股东资格这一期限，股东资格权属将处于空白或虚置的不确定状态，⑤ “股权转让模式”无疑会拉长这一期限，增加股东资格继承过程中的商事风险。而“股权移转模式”将自然人死亡的时间点与继承人取得股东资格的时间点重合，明显缩短了股东资格权属不确定状态的期限，进而有利于保障商事交易安全和交易效率。第二，股权移转是对已故股东股权的整体移转。我国《公司法》尚未有移转取得的规定，参照民法学界的主流观点，移转取得，是就他人的物权依其原状而取得，在继承中取得被继承人的一切物权。⑥ 在股东资格继承中，继承人在取得已故股东的股东资格之后，应对其生前的股东全部权利和义务“原封不动”地进行承继，即使出资存在瑕疵或股东权利受到限制等，亦应消极承受。

① 转引自赵万一、王兰：《有限责任公司股权继承法律问题研究》，载《华东政法学院学报》2006 年第 2 期，第 53 页。

② 参见徐琼：《论有限责任公司股东的同意权和优先购买权》，载《河北法学》2004 年第 10 期。

③ 参见刘俊海：《现代公司法》（第三版）上册，法律出版社 2015 年版，第 502 页。

④ 参见汤欣：《论公司法的性格——强行法抑或任意法?》，载《中国法学》2001 年第 1 期。

⑤ 参见楼建波：《论有限公司股东的股权继承与股东资格继承》，载《当代法学》2007 年第 5 期，第 72 页。

⑥ 参见王泽鉴：《民法物权》（第 2 版），北京大学出版社 2010 年版，第 55 页。

第三，与域外立法经验相吻合。《法国商法典》第 223 - 13 条第 1 款规定，“有限责任公司的股份可以通过继承自由移转（transmissible）……”① 此外还通过第 2 款、第 3 款、第 4 款规定公司章程可以在程序、方式、主体等方面对股份继承进行合理的限制。在股东资格继承上，法国立法同我国立法相似，采取的是“法律原则上允许继承，公司章程另有规定除外”的立法结构，但不同的是，法国明确规定原则上的股份继承为自由移转，即公司或其他股东不能以维护有限公司人合性等为理由设置“关卡”，阻碍此种股份的移转。《日本公司法》第 608 条第 2 款规定，“……依前款的章程规定，且同款的一般承继人（限于社员以外的人）承继同款份额的，即成为持有该份额的社员。”② 结合第 608 条第 1 款规定，③ 可以看出，在份额继承上，日本采取的是“法律原则上不允许继承，公司章程另有规定除外”的立法结构，不同于我国和法国，但从第 608 条第 2 款来看，公司章程若允许份额继承，自然人股东死亡的，继承人应即时取得份额，公司或其他股东不能予以阻碍。因此，在继承人取得份额的时间上，日本和法国的立法模式应是和“股权移转模式”相吻合，对我国股东资格继承的规则构建具有重要的借鉴价值。

（二）适用范围：不能排除或限制股权价值的继承

根据《公司法》第七十五条，公司章程可以对股东资格予以例外性规定，但这种规定不是肆意的、没有限制的，否则就容易导致公司将自身利益凌驾于继承人的合法利益之上，进而破坏《公司法》和《民法典》继承篇之间的法益平衡。故应当对《公司法》第七十五条的适用范围进行限缩，即对公司章程例外性规定的内容进行合理的限制。笔者分别对学术界、实务界的观点以及域外的立法经验进行考察和分析：

第一，根据公司章程对股东资格继承的限制标准，可以将学术界的观点分为有“股权对外转让说”、“财产权利无效说”及“强行性规范说”等。“股权对外转让说”认为应当借鉴法国公司法的做法，公司章程对股东资格继承的限制条件不得高于股权对外转让的标准。④ “财产权利无效说”认为公司章程可以对具有身份权性质的股东资格（或共益权）继承予以排除，但不得排除具有财产权性质的股份继承，否则当属无效，因其违反了合法财产继承的原则。⑤

---

① 罗结珍译：《法国商法典》（上册），北京大学出版社 2015 年版，第 219 - 220 页。

② 吴建斌编译：《日本公司法》（附经典判例），法律出版社 2017 年版，第 309 - 310 页。

③ 《日本公司法》第 608 条第 1 款：“份额公司可以规定其社员死亡时或因合并消灭时，该社员的继承人及其他一般继承人，承继该社员份额。”参见吴建斌编译：《日本公司法》（附经典判例），法律出版社 2017 年版，第 309 页。

④ 参见王艳丽：《对有限责任公司股权转让制度的再认识——兼评我国新〈公司法〉相关规定之进步与不足》，载《法学》2006 年第 11 期，第 22 页。

⑤ 参见王雷：《公司决议行为瑕疵制度的解释与完善——兼评公司法司法解释四（征求意见稿）第 4 ~ 9 条规定》，载《清华法学》2016 年第 5 期，第 182 页；孙瑞玺：《有限责任公司章程限制或排除股权继承的内容及效力》，载《法学论坛》2010 年第 6 期，第 149 页。

“强行性规范说”认为公司章程例外性规定的内容不得违背法律的强行性规范。[①] 笔者认为，股权对外转让在转让场所、转让方式等均受到严格的限制，而股东资格的继承在继承主体、继承方式以及适用的法律规范均不同于股权的对外转让，二者之间不具有可比性，不能因二者均属于对公司以外第三人移转股权而将股东资格继承取得的限制标准类比股权对外转让的限制标准，故“股权对外转让说”不够妥当。由于所有的立法规定均不能违背法律的强行性规范，故“强行性规范说”对股东资格继承取得限制标准的范围界定仍较为广泛。相比之下，“财产权利无效说”更为合理。至于有学者认为，公司章程中对股份继承的限制可以视为被继承人对自身财产的处分，其效力类似于遗嘱。[②] 笔者认为，此种观点值得商榷，有限责任公司的章程修改必须经代表2/3以上有表决权的股东通过，[③] 即公司章程并非简单类似于民法中的契约合同，也不能反映每一位股东的真实意志，而是建立在资本多数决基础上的全体股东的共同意志。极有可能出现大股东不赞成继承财产权，大多数中小股东却赞成继承财产权的情形，根据公司中资本多数决的法则，很容易导致中小股东的个人利益受到侵害。因此，对于具有财产权性质的股权价值继承问题宜交由自然人股东以遗嘱方式按照民法典继承篇的规定予以安排，而不能交由公司章程进行规定。

第二，为了解司法实务中的态度，笔者对相关的司法案例予以整理，具体如表3所示。

表3　公司章程对股东资格继承的限制内容及效力

序号	公司章程例外性规定的内容	法律效力	案号
1	由股东大会决议是否限制股东资格的继承	有效	（2019）冀0928行初23号/（2019）京0102民初37330号/（2018）豫0105民初18838号
2	对继承人身份要件和履行程序要件予以限制		（2017）粤0306民初28607号
3	股东死亡后，其股份由公司予以回购		（2015）綦法民初字第09684号/（2019）鲁05民终1324号
4	遵照股权转让的规定		（2019）京0102民初37330号/（2016）浙04民终1268号
5	允许继承，其他股东不得对抗和妨碍		（2018）新2323民初2110号

① 参见张澎：《论公司章程在有限责任公司股权继承中的作用》，载《法律适用》2007年第1期，第49页。
② 参见王勇华：《有限责任公司股份自由继承的理论基础》，载《法学》2005年第10期，第73页。
③ 参见刘俊海：《现代公司法》（第三版）上册，法律出版社2015年版，第139页。

续表

<table>
<tr><th>序号</th><th>公司章程例外性规定的内容</th><th>法律效力</th><th>案号</th></tr>
<tr><td>6</td><td rowspan="2">股东死亡后，对公司章程进行修改，对股东资格继承予以限制</td><td>不适用</td><td>（2007）常民二终字第 1 号</td></tr>
<tr><td>7</td><td rowspan="3">无效</td><td>（2006）钟民二初字第 636 号</td></tr>
<tr><td>8</td><td>原公司章程没有规定，股东死亡后，其他股东召开股东会作出限制股东资格继承的决议，未通知继承人</td><td>（2016）苏 0104 民初 10596 号/（2019）粤 02 民终 1141 号</td></tr>
<tr><td>9</td><td>禁止财产权利的继承</td><td>（2019）粤 0232 民初 197 号/（2016）粤 1284 民初 1543 号</td></tr>
</table>

笔者认为，对于表 3 中第 1 项公司章程的规定，不能当然认定公司章程的该项规定有效或无效，应对股东会决议的合法性和有效性进行审查后才能予以认定。对于第 2 项规定，原则上认为该项规定有效，但也需法院审查公司章程对继承人的身份或履行程序的限制是否违背法律的强行性规范。对于表中第 6 项，应分两种情形予以分析：第一种，股东死亡之前的公司章程没有或虽有限制股东资格继承的规定，但修改之后的规定加重或严格了继承人的继承条件，此种规定应当归于无效；① 第二种，股东死亡之前的公司章程虽有排除或限制股东资格继承的规定，但修改之后的规定减轻或放宽了继承人继承的条件，此时应尊重符合原公司章程继承条件的继承人意愿，如其同意，则修改之后的规定有效，如不同意，则应适用原公司章程的规定。对于法院认为公司章程的该项规定与本案无关，故不予适用，笔者认为此种裁判理由不合理，法院应从平衡双方利益出发，根据情况予以裁判，而不是一律不予适用。对于第 8 项规定，除公司章程另有规定外，股东死亡之后并非其他股东作出的所有股东会决议均属无效，而是没有体现继承人意志的股东会决议不发生效力。

第三，从域外立法例来看，法国和日本的公司立法均对公司章程可以规定的内容进行了明确的限制。《法国商法典》第 223－13 条第 2 款、第 3 款、第 4 款分别规定了公司章程的限制性内容。② 第 2 款规定，公司章程可以规定股份继承应经其他股东过半数同意。但为了平衡公司与继承人之间的利益，该款同时规定了公司审议的最长期限以及公司拒绝通过的处理办法。第 3 款规定，公司章程可以规定，股东死亡后，公司仍继续存在的，死亡股东的继承人可成为公司股东，也可由仍然健在的股东继续经营。但若拒绝认可死亡股东的继承人成为公司股东，继承人对自然人股东的股权价值仍享有权利。第 4 款规定，公司章程也可以规定，由死亡股东的配偶或一名或多名继承人成为公

① 参见孙瑞玺：《有限责任公司章程限制或排除股权继承的内容及效力》，载《法学论坛》2010 年第 6 期，第 152 页。

② 参见罗结珍译：《法国商法典》（上册），北京大学出版社 2015 年版，第 219－220 页。

司股东，或由公司章程指定的人成为公司股东，或由死亡股东通过遗嘱的方式予以确定。由此可以看出，法国非常注重在有限责任公司的人合性维持与继承人的继承权保护之间保持平衡，即公司章程可以拒绝继承人成为公司股东，但必须保护其对股权价值的享有权。

《日本公司法》第608条第1款规定，公司章程可以规定股东死亡后，由其继承人或其他一般继承人承继其份额。① 但第608条对此进行了适当的限制：第2款规定，继承人在承继死亡股东的份额时，即成为公司股东；第4款规定，承继人为2人以上的，自然人股东存在瑕疵出资的，应当对此承担连带责任；第5款规定，当继承人为2人以上的，原则上只能确定1人成为公司股东，否则均不能行使股东权利，但公司同意的除外。由此看出，日本公司立法原则上规定继承人不得成为公司股东，但是公司章程可以规定由继承人成为公司的股东，但同时为保障继承人的合法权益，其在第611条第1款对不能承继份额的继承人予以退还相应的财产价值。②

综合上述学术界、实务界的观点以及域外的立法经验，可以得出一个共性的结论，三方均认为公司章程可以对具有身份性质的股东资格予以排除或限制，但不能对股权的财产价值予以限制。因此，公司章程在不违反法律强行性规范的前提下，可以对股东资格的继承取得予以排除或限制，但公司章程拒绝继承人承继股东资格的，应当对相对应的股权价值予以返还。此外，公司章程不得排除或限制继承人对已故股东股权价值的承继，否则该项规定应归于无效。

（三）实质要件：具备股东资格继承的各项条件

明晰股东资格继承取得的实质要件是研究股东资格继承规则的重要基础。根据《公司法》第七十五条的规定，继承人欲承继股东资格，应当同时具备以下条件：

第一，公司章程对股东资格的继承无例外性规定，或继承人符合公司章程对股东资格继承的限制条件，是继承人取得股东资格的首要条件。在“李某1、李某2法定继承纠纷再审审查与审判监督案”③ 中，二审法院经审查，在李某某去世后，由于其所在公司的公司章程对于股东资格的继承未作出额外约定的情况下，故其法定继承人应当有权继承该公司的股东资格。而在“曾润君与深圳市民治樟坑股份合作公司股东资格确认纠纷案”④ 中，被告的公司章程对合作股之股东资格的继承条件作出了限制，包括继承人身份条件和履行程序条件，原告虽然符合其身份要件，但不符合程序要件，故法院对原告要求公司确认其股东身份并变更股东登记的诉讼请求不予支持。

---

① 参见吴建斌编译：《日本公司法》（附经典判例），法律出版社2017年版，第309-310页。

② 参见吴建斌编译：《日本公司法》（附经典判例），法律出版社2017年版，第309-310页。

③ 参见辽宁省大连市中级人民法院（2020）辽02民申559号民事判决书。此类案件还有广东省广州市中级人民法院（2020）粤01民终2299号民事判决书；北京市第二中级人民法院（2020）京02民终1505号民事判决书；湖南省溆浦县人民法院（2020）湘1224民初58号民事判决书；天津市第二中级人民法院（2019）津02民终853号民事判决书等。

④ 参见广东省深圳市宝安区人民法院（2017）粤0306民初28607号民事判决书。

第二，被继承人应为自然人。有限责任公司的股东不仅包括自然人，而且还包括国家、企业法人、不具备法人资格的独资企业和合伙企业等。对于自然人以外的公司股东能否成为股东资格的继承主体，《民法典》继承篇和公司法均未给出明确规定。在“五弘线缆集团有限公司、天津市天缆小猫电缆有限公司股东资格确认纠纷案”① 中，一审法院认为公司法对于法人股东注销后的股东资格继受问题未作出规定，公司章程中也没有此类规定，且法人股东注销与自然人股东死亡在法律后果上是有明显区别的。因此，无论是从公司立法的规定，还是从司法实践的角度，均应认定股东资格继承取得的条件之一是被继承人为自然人，而不能是被注销的法人。

第三，被继承人是公司股东。若被继承人不具有股东身份，继承人当然不能取得股东资格。此外，根据其姓名或名称是否在公司章程或股东名册中予以记载，可以将股东分为显名股东和隐名股东。在被继承人是显名股东抑或是隐名股东时，其继承人是否可以继承股东资格？应当视情况而论：

当被继承人是显名股东时，继承人原则上可以承继股东资格。此时，应当视实际出资人是否要求成为公司的正式股东：若实际出资人要求成为公司的正式股东，应根据《公司法解释三》第二十四条第三款经过公司其他股东半数以上同意，其他股东半数以上不同意时，显名股东的继承人可以继承股东资格。其他股东半数以上同意时，那么此种情形可以成为阻碍显名股东的继承人取得股东资格的合法事由，即显名股东的继承人不能取得股东资格；若实际出资人没有要求成为公司的正式股东，在不考虑其他因素的情况下，继承人当然可以继承取得股东资格。

当被继承人是隐名股东时，其继承人是否可以承继股东资格？即公司法如何处理隐名股东继承人和显名股东之间的关系，学术界和司法实务界对此均存有争议：有学者认为，如果隐名股东和继承人之间就股东资格问题发生争议，应当先进行协商解决，如协商不成，再向法院起诉。② 该种观点没有提供解决隐名股东继承人能否继承取得股东资格的问题的根本之策，较为含糊。司法实务中，在“陈某与如东县长沙镇滨海村滩涂养殖有限公司股东资格确认纠纷案”③ 中，法院认为被继承人陈晓琴系实际出资人，并非公司股东，故继承人陈某主张继承其母亲陈晓琴的股东资格，缺乏事实和法律依据。相反，在“邓廷见等诉临武县舜城物业管理有限公司股东资格确认纠纷案”④ 中，法院认为被告的公司章程未对隐名股东死亡后，其合法继承人承继股

① 参见天津市第一中级人民法院（2019）津01民终7412号民事判决书。此类案件还有天津市西青区人民法院（2019）津0111民初9211号民事判决书；新疆维吾尔自治区巴音郭楞蒙古自治州中级人民法院（2017）新28民终1751号民事判决书；新疆维吾尔自治区高级人民法院生产建设兵团分院（2017）兵民再21号民事判决书等。

② 参见薛冰：《公司法视野下公证制度的建构》，载《法学杂志》2018年第12期，第136页。

③ 参见江苏省高级人民法院（2019）苏民申4071号民事判决书。

④ 参见湖南省临武县人民法院（2016）湘1025民初848号民事判决书。此类赞成隐名股东的继承人可以继承股东资格的案例还有浙江省金华市中级人民法院（2018）浙07民终3770号民事判决书；浙江省金华市中级人民法院（2018）浙07民终3770号民事判决书。

东资格进行除外约定，且继承人承继股东资格并不为法律所排斥，故原告可以继承被继承人的股东资格。

综上所述，笔者认为，《公司法》第七十五条中的自然人股东应包括隐名股东和显名股东，以保护实际出资人的合法利益。当被继承人是隐名股东时，其继承人当然可以继承隐名股东资格，但若其要显名于股东名册和工商登记，应在取得隐名股东资格后，依据《公司法解释三》第二十四条第三款需经公司其他股东过半数以上同意。当被继承人是显名股东时，基于实际出资人与显名股东的信任关系，应优先保护实际出资人的利益，在实际出资人未主张或公司过半数股东不同意其名称记载于股东名册和工商登记的，显名股东继承人原则上可以继承股东资格，公司章程另有规定的除外。

第四，继承人身份合法。继承人身份合法，主要是指继承人符合《民法典》继承篇中关于继承主体资格的要求，包括法定继承、遗嘱继承及遗赠等。然而，有些继承人由于自身职业对经商的限制要求，如公务员、军人等，此种情形下的继承人只能继承股权的财产价值，而不能继承股东资格。① 此外，继承人的行为能力能否成为阻碍其继承取得股东资格的因素？笔者认为，此种情形应当遵循《民法典》继承篇的法理，继承行为属于事实行为，而非法律行为，继承人的行为能力不能成为阻碍其继承取得股东资格的理由，即限制行为能力人也可继承取得股东资格。② 司法实务中也是持此种观点，如在“吴京子、罗杰、罗静与岳阳金博机床制造有限公司及原审第三人付猛波等请求公司收购股权纠纷案”③ 和“杨燕梅与崇左市长绿科技种植开发有限公司股东资格确认纠纷案”④ 中，法院均认为法律并未限制未成年人成为公司股东，如继承人属于限制民事行为能力人或者无民事行为能力人，由其监护人代为行使股东权利、承担股东义务，以该继承人的财产承担民事责任。综上所述，除继承人自身职业对经商有限制及公司章程另有规定外，符合《民法典》继承篇相关规定的继承人均可以继承股东资格。

（四）形式要件：通知 + 股东变更登记

根据上文的“股权移转模式”，在自然人股东死亡之时，原则上已故股东的股东资格即移转至继承人。为避免公司对其股东在事实的变更上处于消极被动的地位，及股东名册、工商登记上的股东名称与实际股东名称不一致而给商事活动带来不必要的风险，笔者认为可将“通知—认可”的程序嵌入股东资格继承制度，即要求继承人在事实上承继股东资格之后，应当以书面的形式通知公司已发生股东变更的事实，公司可根据公司章程的规定对其股东资格的取得决定是

---

① 参见薛冰：《公司法视野下公证制度的建构》，载《法学杂志》2018 年第 12 期，第 136 页。

② 参见张影：《有限责任公司股权继承的分析与探讨》，载《海峡法学》2010 年第 3 期，第 39 页。

③ 参见湖南省岳阳市中级人民法院（2017）湘 06 民终 662 号民事判决书。

④ 参见广西壮族自治区江州区人民法院（2019）桂 1402 民初 1946 号民事判决书。

否予以认可。此项“通知”蕴含四个层面的意义：第一，此种通知程序可以让公司及时了解股东的变更情况，以及主动表示自己的意思，以维护公司和股东之间的信赖关系；① 第二，公司在接到通知后，经审查，如果认为公司章程已排除股东资格的继承或继承人不符合公司章程规定的股东资格的继承条件，抑或认为其不符合股东资格正常继承的条件，可予以抗辩；第三，继承人在自然人股东死亡之时取得股东资格后，也可通过通知程序引发公司办理股东变更登记的义务，即将公司接到通知的时间点作为公司在一定期限内办理股东变更登记的时间起算点；第四，公司在接到通知后，既不办理或恶意拒绝办理股东变更登记事项，也不提出抗辩事由的，不影响股东资格已发生移转的事实，且此项书面的通知即可产生对抗公司的效力。②

若继承人不通知公司已发生股东变更的事实，又将产生什么样的法律效果？《韩国公司法》第219条规定，若继承人在自己知道继承开始之日起的3个月内不向公司发出继承或放弃的通知，应视为放弃成为社员的权利。笔者认为，韩国的此种做法既有值得借鉴的地方，即规定了继承人作出通知的时间，避免公司长时间不清楚股东发生变更的事实，有利于维护商事交易安全；也有与上文“股权移转模式”不相契合之处，即原则上继承人在自然人股东死亡之时已取得股东资格，根据《公司法》第七十五条，阻碍其股东资格继承取得的唯一事由应当是公司章程另有规定，而不能以继承人未通知公司的事由剥夺其股东资格。但若放任继承人不予通知，造成公司登记在册的股东名称与实际股东名册长期不一致的情况，也不能为商法所允许。故笔者建议，若公司不以公司章程另有规定的事由予以抗辩，继承人应取得股东资格，但继承人若未通知公司，其可以行使股东权利，但不得以此对抗公司，此种设计目的在于敦促继承人积极履行通知义务，维护商事交易安全。

在公司法中，根据《公司法》第三十二条规定及商法学界主流的观点，③ 股东变更登记的效力是一种确权效力、公示效力及对抗效力。在股东资格继承制度中，股东变更登记也应同时具有该三种效力。司法实务中，诸多法官也是支持此种观点，如在“811 潘某、周某与吴国平、江苏扬州建工建设集团有限公司损害股东利益责任纠纷案”④ 中，法院认为股东的工商登记具有公示效力和对抗效力，不影响继承人承继已故股东的股权，也不妨碍继承人基于所承继的股权受到侵害而主张权利。股东变更登记作为形式要件的三大效力，正好与前文股东资格继承取得的实

---

① 参见李建伟：《有限责任公司股权变动模式研究》，载《暨南学报（哲学社会科学版）》2012年第12期。

② 参见徐式媛、李志刚：《股权变动模式法律问题研究》，载《北京工商大学学报（社会科学版）》2014年第4期。

③ 参见王远明、唐英：《公司登记效力探讨》，载《中国法学》2003年第2期；李建伟、罗锦荣：《有限公司股权登记的对抗力研究》，载《法学家》2019年第4期；张雅光、王妍：《公司登记效力的价值及其构造》，载《中国政法大学学报》2011年第3期。

④ 参见江苏省扬州市中级人民法院（2018）苏10民终811号民事判决书。类案还有江西省宁都县人民法院（2018）赣0730民初2981号民事判决书；北京市第三中级人民法院（2017）京03民终12998号民事判决书等。

质要件相呼应。结合继承人的通知义务，若继承人履行通知行为，但公司不办理股东变更登记，也不提出抗辩事由时，继承人可以提起股东资格确认之诉，要求公司在合理期限内办理股东变更登记。但在公司接到通知之后，至股东变更登记完成之前的这段时间内，继承人所进行的商事交易行为可以对抗公司，但不得对公司以外的第三人。

综上所述，在股东资格继承制度中嵌入“通知 + 股东变更登记”的形式要件，既可以与上文的“股权移转模式”遥相呼应、彼此衔接，又可以敦促继承人和公司及时行使权利，并办理股东变更登记，以减少或避免因股东资格继承而产生的商事交易风险。

（五）继承方式：分割继承为原则，章程规定为例外

在已故股东有数个继承人，且公司章程没有排除或限制股东资格继承，抑或数个继承人均符合公司章程的限制条件时，为兼顾数个继承人的利益，在司法实践中，通常会对股权进行分割，如在“上海富来企业发展有限公司与冯芝芬、谢斌等股东资格确认纠纷案”① 中，法院最终判定，对于自然人股东谢新生持有的富来公司 60% 的股权，六位继承人按照继承份额可以分别继承 40%、12%、2%、2%、2%、2% 的股权，且均可以成为富来公司的股东。有些学者认为，此种分割方式势必会导致公司股东人数迅速膨胀，以致最终背离《公司法》第二十四条有关股东人数为 50 人以下的法律强行性规范。② 我国公司法对此并无相关规定，从域外立法例来看，存在三种模式——“开放模式”、“限制模式”及“股权代持模式”。

第一，韩国采取的是“开放模式”。《韩国商法》第 545 条规定，社员总数不得超过 50 人，但因继承或遗赠导致社员人数变动的例外。③ 第二，法国采用的是“限制模式”。《法国商法典》第 223 - 3 条规定，有限责任公司的股东人数不得超过 100 人，但若股东人数超过 100 人的时间持续一年的，应当采用以下三种方式予以解决：其一，解散公司；其二，在上述期限内将公司股东人数恢复至 100 人以下；其三，将有限责任公司转型为其他类型的公司。④ 第三，日本采取的是“股权代持模式”。《日本公司法》第 608 条第 5 款规定，若一般继承人为 2 人以上，在继承人未确定一人承继份额权利之前，不得行使承继份额的权利，但公司同意行使该权利的除外。⑤

---

① 参见上海市第二中级人民法院（2018）沪 02 民终 1767 号民事判决书。类案有天津市宁河区人民法院（2018）津 0117 民初 1047 号民事判决书、山西省阳城县人民法院（2018）晋 0522 民初 156 号民事判决书、江苏省宜兴市人民法院（2017）苏 0282 民初 1294 号民事判决书、山东省胶州市人民法院（2018）鲁 0281 民初 8466 号民事判决书等。

② 参见薛冰：《公司法视野下公证制度的建构》，载《法学杂志》2018 年第 12 期；李曙光：《股权继承立法的评析与完善》，载《湖北警官学院学报》2011 年第 6 期，第 56 - 57 页；孙瑞玺：《有限责任公司章程限制或排除股权继承的内容及效力》，载《法学论坛》2010 年第 6 期，第 148 - 152 页。

③ 参见吴日焕译：《韩国商法》，中国政法大学出版社 1999 年版，第 147 页。

④ 参见罗结珍译：《法国商法典》（上册），北京大学出版社 2015 年版，第 219 - 220 页。

⑤ 参见吴建斌编译：《日本公司法》（附经典判例），法律出版社 2017 年版，第 310 页。

就我国现有的公司立法而言，《公司法》第二十四条并未对股东人数超过 50 人的情形作出例外性规定，若移植韩国的“开放模式”，势必要对我国《公司法》进行立法层面的修改，且笔者认为，随着公司的长期发展，此种模式也会导致有限责任公司的股东人数无上限地增加，甚至极可能超过股份有限公司的人数，因此会导致有限责任公司沦为“躯壳”，故笔者认为此种模式不符合我国公司立法现状。就法国的“限制模式”而言，对于其中“解散公司”的方式，由于股东人数超过 50 人不是我国《公司法》第一百八十条规定的法定解散事由，故同样不可取。对于“将股东人数恢复至法定人数以下”的方式，在我国有由股东会作出决议、股权转让以及公司回购等方式，笔者认为，该三种方式属于“治标不治本”的策略，在公司章程没有例外规定的情形下，若剥夺导致股东人数超过法定上限的继承人承继股东资格的权利，抑或将现有的部分股东转换成隐名股东，势必会加剧公司的内部矛盾和冲突，反而不利于公司的长期发展，故此种方式也不可取。对于“公司转型”的方式，笔者认为是既兼顾到继承人的继承权保护和对我国《公司法》第二十四条强行性规范的维持，也不会造成公司内部的冲突，故符合我国公司立法的现状。就日本的“股权代持模式”而言，此种模式虽能保证公司股东人数不会因继承而增加，在一定能程度上能够避免因继承人数过多而造成对有限责任公司人合性的冲击。但我国若采取此种模式，在公司章程没有例外规定的前提下，势必要对《公司法》第七十五条进行立法修改，且各继承人承继股东资格的目的不一，易造成继承人之间的冲突，故也不可取。

此外，股权分割是就股权的数量而言，不能将股权分割成财产权和身份权两部分。自益权和共益权只是属于股权的两个权能，而不是独立的权利。[①] 此外，股权中的自益权虽主要体现为财产权，但是其不等于股权价值。前者是包括股东利润分配请求权等在内的权利束，[②] 后者只是纯粹的债权，在自然人股东死亡之时即已确定。继承人若放弃继承股东资格，并不意味着放弃股权价值，通常情形下应对其所继承部分的股权进行估价，由其他继承人或其他股东购买，抑或由公司回购等。

综上所述，在公司章程对股东资格的继承方式没有例外性规定的前提下，数个继承人可分割继承已故股东的股权，且均可以成为公司股东。公司股东人数超过法定人数的，有限责任公司应当转型成其他组织形态。

四、 结语

对于我国股东资格继承的问题，我国学术界和司法实务界目前处于治丝益棼的状况。笔者认为，在股东资格继承规则的构建中，可以从两个方面着手：第一，在逻辑基础层面：必须厘清

① 参见雷兴虎主编：《公司法学》（第二版），北京大学出版社 2012 年版，第 197 页。

② 参见刘俊海：《现代公司法》（第三版）上册，法律出版社 2015 年版，第 275 页。

股东资格继承与股权继承二者之间的差异，前者是指股东身份或地位的继承，后者是对兼具财产权和身份权两种性质的股权的继承。从民法和商法是一般法和特别法的关系入手，《民法典》继承篇主要解决财产关系的继承问题，对属于身份权性质的股东资格的继承问题，交由作为特别法的商法予以规定更为适宜，二者并行不悖。若采取股权继承，极有可能导致民法典继承篇和公司法之间产生规范冲突，进而造成二者规范领域的混乱。第二，在具体规则方面：其一，就股东资格的继承模式而言，股东资格继承在本质上是为继承，而非转让，故不应适用“股权转让模式”，应改采用“股权移转模式”更为合理；其二，就实质要件而言，继承人欲承继股东资格，必须同时具备《公司法》第七十五条规定的股东资格继承取得的各项条件，缺一不可；其三，就形式要件而言，应当将“通知—认可”程序嵌入股东资格继承制度，同时结合股东变更登记的形式要件，敦促继承人和公司及时行使权利，减少或避免因股东资格的继承而给商事交易带来不必要的风险；其四，就适用范围而言，《公司法》第七十五条中的公司章程只能排除或限制股东资格的继承，而不能排除或限制继承人对股权价值的继承；其五，就继承方式而言，在股东资格继承中，可采取股权分割的方式，在公司章程没有例外规定的前提下，数个继承人均可承继股东资格，成为公司股东，当公司股东人数超过法定上限时，有限责任公司应转为其他组织形态。

股东第三人撤销之诉原告资格研究

——兼评指导案例 148 号

■ 吴维锭*

摘要：当民事诉讼成为一种新型中小股东损害方式，股东第三人撤销之诉及其原告资格问题逐渐引起重视。以“法律上的利害关系缺乏”和“股东可寻求公司法救济”为主要论据的原告资格否定论未全面理解相关公司法制度，对股东的公司法救济与民诉法救济之间的关系也认识不足。股东第三人撤销之诉有助于改善公司治理、补充乏力的中小股东救济措施，也得到了比较法和我国司法实践的支持，而股东滥用诉权的风险则可通过现有法律制度和借鉴域外经验予以化解。具体个案中股东第三人撤销之诉原告资格有无的判定，需要依托对“法律上的利害关系”的法解释学分析。受福利国家思潮和接近正义运动的影响，指导案例 148 号对“法律上的利害关系”之认定存在扩大化趋势，但需注意其隐患。对“法律上的利害关系”这一授权漏洞应当运用利益衡量和类型化两种途径进行填补，前者主要在中小股东利益和公司经营秩序之间展开；后者包括狭义型和虚假诉讼型，而对剩余类型的认定应持谨慎态度并进行利益衡量。

关键词：第三人撤销诉讼　法律上的利害关系　指导案例 148 号　公司治理　中小股东保护

一、 问题的提出

中小股东保护是公司法中一个永恒的主题。资本多数决和代理机制下中小股东面临着来自公司控股股东和内部控制人的多重剥削。剥削中小股东的形式多种多样，借助民事诉讼机制损害公司并最终损害中小股东的形式并不新颖，却未得到公司法学界的关注。民诉型中小股东损害形式理应得到重视，因为此种损害形式杂糅了司法权这一公权力背景。相比其他纯粹私主体间的损害形式，身披司法权这一公权力外衣的民诉型损害对中小股东造成的损害更为深远。

---

* 吴维锭，中国人民大学法学院博士研究生，本文系中国人民大学 2021 年度拔尖创新人才培育资助计划成果。

作为防范民诉型损害的有力制度，第三人撤销之诉在2012年正式被引入我国《民事诉讼法》。那么能否引入股东第三人撤销之诉对民诉型中小股东损害进行防范？回答此问题必先分析股东第三人撤销之诉原告资格问题，即股东对公司法人与他人之间的民事诉讼生效裁判（以下简称“涉公司裁判”）是否具有提起第三人撤销之诉的原告资格？这一问题随着指导案例148号的出台,[①] 再次进入学界视野。对于这一问题，学界探讨不多，但在司法实践中屡屡被涉及且裁判路径和结果差异较大。依据我国《民事诉讼法》第五十六条第三款，有权提起第三人撤销之诉的原告必须为原案的第三人，具体又可以分为有独立请求权第三人和无独立请求权第三人。前一情形在实践中争议不大，本文不予讨论；后一情形则是本文探讨的核心，司法实践关于股东对公司诉讼结果是否具有“法律上的利害关系”这一问题聚讼纷纭。在“股东—公司”这一场域下如何解释和认定“法律上的利害关系”，需要综合公司法和民事诉讼法两大法学领域的基本理论，平衡实体法中的中小股东权利保护和公司经营秩序维护与程序法下的司法裁判稳定性等多重目标。

二、 对股东原告资格否定论的反思：从司法实践切入

通过中国裁判文书网,[②] 笔者一共获致涉及股东原告资格问题的裁判文书171件，其中持否定论的裁判文书125件，持肯定论的裁判文书46件（见表1）。在持否定论的125件裁判文书中，一共出现了七类论据（见表2）。在这七类论据中，“公司具有独立的法律人格”和“股东利益被公司代表”两大论据往往被用来补强“法律上的利害关系缺乏”，故以下不再单述。股权不同于债权，股东也不是公司债权人，故“非依法应特别保护的债权人”[③] 论据争议不大，也不讨论。而“不属于虚假诉讼”反映了虚假诉讼情况下，股东可能具有涉公司裁判的第三人撤销之诉原告资格，此论据争议也不大，在此也不予讨论。“维护公司正常经营秩序”论据则忽视了中小股东权利的保护，故也无须讨论。下文着重探讨和反思“法律上的利害关系缺乏”和“股东可寻求公司法救济”两大论据。

---

① 指导案例148号否定了股东对涉公司裁判第三人撤销之诉具有原告资格。该案从有独立请求权第三人和无独立请求权第三人两个方面分别展开论证。考虑到前一方面的论证争议不大，本文集中探讨后一方面的论证。在论证股东无法作为无独立请求权第三人对公司诉讼提起第三人撤销之诉时，指导案例148号从“法律上的利害关系”、“股东利益被公司代表”和“公司法救济”三个方面进行剖析。虽然持股东原告资格否定论，但指导案例148号的出台也预示着我国司法实践对于“股东—公司”场域下“法律上的利害关系”解释路径之某种细微转变，这将成为股东第三人撤销之诉的发展契机。

② 检索日期为2021年6月7日，检索方式为在“理由”框设置“股东”、在“全文”框设置“第三人撤销之诉”并“公司”并“《中华人民共和国民事诉讼法》第五十六条第三款”。

③ 依据《九民纪要》第120条之规定，特殊债权人具有第三人撤销之诉原告资格。

表 1　裁判文书检索情况总览　　单位：件

立场	最高院	高院	中院	基层法院	总计
支持型	2	14	18	12	46
反对型	9	32	58	26	125
总计	11	46	76	38	171

表 2　否定论裁判文书论据总结①　　单位：件

论据	最高院	高院	中院	基层法院	总计
法律上的利害关系缺乏	9	31	60	26	126
公司具有独立的法律人格	5	25	24	18	72
股东利益被公司代表	5	6	9	7	27
股东可寻求公司法救济	3	3	10	6	22
不属于虚假诉讼	1	2	/	/	3
非依法应特别保护的债权人	2	/	/	/	2
维护公司正常经营秩序	/	1	/	/	1
总计	25	68	103	57	253

（一）法律上的利害关系缺乏

法律上的利害关系的有无是股东第三人撤销之诉原告资格问题的核心。否定论的主要论据也正在于否认股东对公司与他人诉讼的生效裁判具有法律上的利害关系。具体而言，司法实践在法律上的利害关系缺乏的认定上存在两种截然不同的裁判路径。

1. “法律/事实”二分裁判路径及问题。第一种裁判路径为“法律/事实”二分路径。这种路径对法律上的利害关系和事实上的利害关系进行了区分，认为法律上的利害关系是指，作为当事人争议诉讼标的的法律关系与第三人参加的另一法律关系有牵连，前一法律关系的裁判结果，会影响到第三人的权利、义务和责任实质，或者对第三人权利行使、义务履行和责任承担的方式产生作用。② 在司法实践中一般表现为以下几种情形：一是第三人在原诉讼中有可能被直接判令承担民事责任；二是原诉讼结束后，第三人在后诉中有被追偿的风险和可能；三是原诉讼的

① 每个案件可能运用多种论据，所以案件数小于论据数。

② 参见中华人民共和国最高人民法院民事裁定书（2019）最高法民终 246 号。

裁判结果与第三人参加的后诉之间具有先决关系，第三人参加的后诉要以原诉讼的裁判结果作为基础和依据；四是第三人的实体权利义务关系要受到原诉讼裁判结果的约束；等等。[①]

公司法人制度和有限责任制度下，公司具有独立法人地位，公司与股东在人格、财产和法律责任上相互独立，“公司的债权人一般不能突破股东的有限责任向股东追索债务”，[②] 公司与他人诉讼的裁判结果并不会影响到股东的权利、义务和责任实质，也不会对股东权利行使、义务履行和责任承担的方式产生作用。所以，股东对涉公司裁判不具有法律上的利害关系。当然，公司财产的波动的确会影响到股东的收益，但是这种经济上的利害关系只是一种事实上的利害关系。

“法律/事实”二分裁判路径存在两方面的问题。首先，“法律/事实”二分裁判路径对“法律上的利害关系”所持观点并非通说，即便是经济上的联系也可能构成法律上的利害关系。最高人民法院即指出“原则上案件的处理结果影响到第三人的利益的，都可以作为无独立请求权第三人”。[③] 对“法律上的利害关系”进行宽松界定的趋势也开始在学界蔓延，比如分别有学者从实体救济[④]和程序救济[⑤]的角度论证了宽松界定“法律上的利害关系”的必要性。此外，第三人撤销之诉制度具有其特殊的规范目的，必须在该制度的具体语境下解释“法律上的利害关系”，不能“将第三人撤销之诉的原告范围与诉讼参加第三人的范围画等号”。[⑥]

其次，即便按照“法律/事实”二分裁判路径对“法律上的利害关系”作狭义理解，股东在某些情形下依然可能获得第三人撤销之诉的原告资格。有限责任制度虽然切割了公司债权人穿透公司实体向股东追索的可能，但是在公司法中有限责任制度依然存在若干例外，借由这些例外情形，股东的权利和义务即可能受到不利影响。比如依据我国《公司法》第二十条第三款，公司面纱被刺破时，股东需要对公司债务承担连带责任。再如我国《公司法司法解释二》第二十二条第二款规定，公司解散时，若公司财产不足以清偿债务，未缴出资股东以及公司设立时的其他股东或者发起人在未缴出资范围内须对公司债务承担连带清偿责任。同样，我国《破产法》第三十五条对公司破产情形下股东的出资期限利益的限缩也有类似规定。

2. “直接/间接”二分裁判路径及问题。第二种裁判路径为“直接/间接”二分路径。这种路径将法律上的利害关系细分为“法律上的直接利害关系”和“法律上的间接利害关系”，相比“法律/事实”二分路径下，这种裁判路径实际上扩大了“法律上的利害关系”之认定，即将

---

① 参见江伟等主编：《民事诉讼法》，中国人民大学出版社 2015 年版，第 147 页。

② 中华人民共和国最高人民法院民事裁定书（2016）最高法民终 355 号。

③ 沈德咏主编：《最高人民法院民事诉讼法司法解释理解与适用》，人民法院出版社 2015 年版，第 777 页。

④ 参见吴泽勇：《第三人撤销之诉的原告适格》，载《法学研究》2014 年第 31 期，第 159 页。

⑤ 参见刘东：《论无独立请求权第三人的识别与确定——以“有法律上的利害关系”的类型化分析为中心》，载《当代法学》2016 年第 2 期，第 141 – 142 页。

⑥ 吴泽勇：《第三人撤销之诉的原告适格》，载《法学研究》2014 年第 31 期，第 159 页。

"法律/事实"二分路径下部分属于"事实上的利害关系"的利害关系划入了"法律上的利害关系"。指导案例 148 号即采取这种区分框架，认为"公司的对外交易活动、民事诉讼的胜败结果一般都会影响到公司的资产情况，从而间接影响到股东的收益权利。从这个角度看，股东与公司进行的民事诉讼的处理结果具有法律上的间接利害关系。"但即便"抽象意义"上的法律上的间接利害关系成立也并不意味着股东最终具有第三人撤销之诉的原告资格，因为股东对公司诉讼裁判结果具有的"一般抽象"的法律上的间接利害关系可能在"特殊具体"的个案中被排除。指导案例 148 号即提出，在个案中，"股东利益被公司代表"可以否定抽象意义上的法律上的间接利害关系的成立，即"由于公司利益和股东利益具有一致性，公司对外活动应推定为股东整体意志的体现，公司在诉讼活动中的主张也应认定为代表股东的整体利益。因此，虽然公司诉讼的处理结果会间接影响到股东的利益，但股东的利益和意见已经在诉讼过程中由公司所代表和表达，则不应再追加股东作为第三人参加诉讼。"

虽然没有亲自参与诉讼，但是如果主体的利益已经在诉讼中被充分代表，则根据程序正义之原则，此主体自无提起第三人撤销之诉的必要。这一论据肇端于法国，通过类推解释，也可以在我国民诉法中找到相关依据。① 在个案中，判断第三人利益在前诉中是否被代表并无统一标准，需要综合多种因素进行考量。② 如果前诉中当事人未能提出全部攻击防御方法维护第三人的合法权益，则第三人应当被赋予提起撤销之诉的权利。③ 同理在涉公司诉讼中，个体股东的利益在个案中是否被公司代表需要更为细致地分辨，不可泛泛而论。

现代公司的运行以"资本多数决"和代理机制为底层逻辑，作为公司权力中心的股东（大）会的决议的作出无须遵从"股东一致同意"原则。而现实中，一致同意表决通过公司决议的概率极小。所以不难发现，公司不代表所有股东的意志是公司法的常态而非例外。当然，股东加入公司即意味着对资本多数决表决机制的接受，④ 也意味着股东向第三人作出了"全面服从由代表人进行的、有关公司诉讼的结果"的默示承诺，⑤ 所以即便表决结果和公司诉讼结果违反其意志，也应当视为该股东已经被公司代表。然而，股东对资本多数决机制的接纳也有其前提，即控股股东不可滥用资本多数决损害公司和其他股东之利益。遗憾的是，资本多数决在实践中极易

---

① 具体而言，是对《民事诉讼法》第五十六条第三款之"因不能归责于本人的事由未参加诉讼"进行类推解释。

② 参见刘东：《回归法律文本：第三人撤销之诉原告适格再解释》，载《中外法学》2017 年第 5 期，第 1303 页。

③ 参见刘君博：《第三人撤销之诉原告适格问题研究——现行规范真的无法适用吗?》，载《中外法学》2014 年第 1 期，第 268 页。

④ 参见［加］布莱恩·R. 柴芬斯：《公司法：理论、结构和运作》，林华伟、魏旻译，法律出版社 2001 年版，第 71 页。

⑤ ［日］新堂幸司：《新民事诉讼法》，林剑锋译，法律出版社 2008 年版，第 512 页。

异化，成为控股股东损害公司和其他股东的工具。[①] 而且从法人机关理论来看，作为法人的公司并不像自然人，没有生物学意义上的大脑和四肢，其意志之形成、表达和执行都必须借助法人机关。[②] 在诉讼中，没有物质实体的公司也不可能亲自参与诉讼，而必须由法定代表人代表参与诉讼。[③] 但法定代表人和公司毕竟不是同一主体，法定代表人可能违背公司意志和利益参与公司诉讼。[④] 所以，考察股东利益是否被公司代表，应当以公司在原诉中的答辩意见与理由是否已经全面地、实际地代表了股东在第三人撤销之诉中的诉讼请求与理由为标准，谨防原被告借助虚假诉讼，损害其他股东的利益。[⑤]

从代理法理来看，股东利益被公司代表的论断也绝非公理。一方面，股东是否具有由公司代表其利益的代理意思表示尚存争议，故代理法律关系不一定成立。[⑥] 另一方面，即便代理法律关系成立，也不意味着代理效果必然及于作为被代理人的股东。“任何人都不能代表受其欺骗的人”,[⑦] 同样，依据我国《民法典》第一百五十四条和第一百六十四条第二款，虚假诉讼中，公司对股东利益的代表行为不仅归于无效，公司和对方当事人还需因从事恶意串通行为为股东的损失承担连带责任。

事实上，从比较法来看，“股东利益被公司代表”的论点在法国司法实践中也开始动摇。早期法国司法实践往往以股东与公司间存在委托关系，二者构成“利益共同体”，因而股东利益已被公司代表为由否定股东的原告资格。[⑧] 但是法国破毁法院（La Cour de Cassation）[⑨] 在近几年的裁判中逐渐转变观念，认为利益共同体之存在，不见得足以表征代表关系的存在（la communauté d'intérêts ne saurait suffire à caractériser une représentation）,[⑩] 提起诉讼第三人的利益是否在原裁判

---

① 参见朱慈蕴：《资本多数决原则与控制股东的诚信义务》，载《法学研究》2004 年第 4 期，第 108 – 110 页。

② 参见施天涛：《公司法论》，法律出版社 2018 年版，第 299 页。

③ 参见《民事诉讼法》第四十八条第二款。

④ 此处仅仅从客观事实层面论证股东利益可能不被公司代表，至于法定代表人不代表公司的风险在股东和公司的对方当事人之间的分配，需要借鉴代理法理。

⑤ 杨力：《与公司利益一致之股东不得另行提起第三人撤销之诉》，载《人民司法（案例）》2016 年第 5 期，第 74 – 75 页。

⑥ 代理法律关系的成立要件参见王泽鉴：《民法总则》，中国政法大学出版社 2001 年版，第 448 – 452 页。

⑦ ［法］让·文森、［法］塞尔日·金沙尔：《法国民事诉讼法要义》，罗结珍译，中国法制出版社 2001 年版，第 1284 页。

⑧ 参见［法］洛伊克·卡迪耶：《法国民事司法法》，杨艺宁译，中国政法大学出版社 2010 年版，第576 页。

⑨ 我国学者巢志雄翻译为“最高法院”，参见巢志雄：《法国第三人撤销之诉研究——兼与我国新〈民事诉讼法〉第五十六条第三款比较》，载《现代法学》2013 年第 3 期，第 165 页。

⑩ 参见 Cass. civ. 2e, 5 mai 1993 ; SARL Chalmaj et a. c. Meicler et a. 转引自黄源浩：《法国民事第三人撤销诉讼——要件及诉讼利益》，载《辅仁法学》2017 年第 54 期，第 155 页。

被代表，仍然要以个案情形观察。①

（二）股东可寻求公司法救济

“股东可寻求公司法救济”也常常被裁判文书用来论证否定论，如指导案例148号即指出“至于不同股东之间的分歧所导致的利益冲突，应由股东与股东之间、股东与公司之间依法另行处理。”但是问题在于，即便股东可以寻求公司法之救济，也不意味着股东对涉公司裁判的第三人撤销之诉原告资格之丧失，后者的判断标准是原告资格的构成要件是否满足，而与公司法救济渠道的有无并无直接联系。而且吊诡的是，“股东可寻求公司法救济”的论述正承认了股东之利益未被公司代表，否则股东何须寻求救济？

在否定论看来，股东的公司法救济对股东救济而言已经足够，无须启动第三人撤销之诉。但是问题在于，股东的公司法救济途径可能失灵。依据具体案情和求偿对象，否定论裁判文书将股东的公司法救济分为三类：对董监高的直接诉讼（《公司法》第一百五十二条）和派生诉讼（《公司法》第一百四十九条、第一百五十一条）、② 对滥权股东的直接诉讼（《公司法》第二十条第二款）③ 和对侵犯公司合法权益之他人的派生诉讼（《公司法》第一百五十一条第三款）④。这三大救济渠道都面临着法律标准不确定因而法律诉求不被法院支持的风险，比如有学者建议细化《公司法》中小股东保护相关制度。⑤ 特别地，派生诉讼还存在前置程序这一繁杂要求，而前置程序存在较大的道德风险，即在控股股东控制下，董事会和监事会串通一气，导致派生诉讼彻底失效。⑥ 如果实际中公司法救济确实失灵，为何不能为股东提供第三人撤销之诉这种民诉法救济途径？在“牟其强、北京润佳华商投资管理中心第三人撤销之诉再审审查与审判监督民事裁定书”⑦（以下简称牟其强案）中，最高人民法院指出，公司处在控股股东实际控制之下这一事实使得公司法救济效果有限，第三人撤销之诉对小股东保护而言是必要的。

否定论区分股东的公司法救济和民诉法救济的二元路径看似兼顾中小股东保护、公司经营秩序维护和司法裁判稳定性等多重目标，却存在一个核心的逻辑漏洞，即如何解释裁判正当性和相关主体有责性之间的矛盾。具言之，否决股东的第三人撤销之诉原告资格意味着对原诉裁判结果的认可，但如果原诉是正确的，那么允许股东通过公司法追究相关主体法律责任的正当

① 参见黄源浩：《法国民事第三人撤销诉讼——要件及诉讼利益》，载《辅仁法学》2017年第54期，第154－155页。

② 如案件名，中华人民共和国最高人民法院民事裁定书（2015）民申字第3309号。

③ 如案件名，湖北省襄阳市中级人民法院民事裁定书（2018）鄂06民终3515号。

④ 如案件名，重庆市第一中级人民法院民事裁定书（2017）渝01民终2546号。

⑤ 参见刘俊海：《推动公司法现代化，优化营商法律环境》，载《法律适用》2020年第1期，第82页。

⑥ 参见刘俊海：《公司法学》，法律出版社2020年版，第183页。

⑦ 中华人民共和国最高人民法院民事裁定书（2019）最高法民申4851号。

性何在？

从更深层次来看，这里涉及的问题是股东的民诉法救济和公司法救济之间的关系。或许用“补充”而非“排斥”来定义股东的民诉法救济和公司法救济之间的关系更为适宜。一方面，第三人撤销之诉是源头阻断型救济，即从源头阻断损害之发生，而公司法则为股东提供事后补救型救济。另一方面，第三人撤销之诉中获取的相关证据材料，可以用于支持后续的公司法救济程序。两种救济相互补充，为股东提供更为完善和有效的法律保护。

三、 股东原告资格肯定论的合理性

（一）公司治理的改善

股东原告资格肯定论的第一个重要理由是，从公司法视角来看，第三人撤销之诉是一种有益的公司治理机制，能够促进中小股东保护目标的实现，[①] 提升公司治理水平。在公司法中，中小股东保护问题是一个永恒的难题。资本多数决逻辑和代理机制下，公司被控股股东及其控制的董事和高管掌控，中小股东受压制现象较为严重，这个问题在封闭公司中尤为突出。[②] 赋予股东第三人撤销之诉原告资格，使得中小股东获得对公司行为的一种“否定性”的“外部”控制权，从而与控股股东、董事和高管对公司的“肯定性”的“内部”控制权形成制衡。借助第三人撤销之诉获得的对公司的否定控制权，中小股东能够防止控股股东、董事和高管借助虚假诉讼损害公司和其他股东的利益。而即便败诉，股东第三人撤销之诉依然有其独特价值，即成为中小股东了解公司具体经营状况和财务状况、行使知情权的有力途径。通过诉讼中的陈述、举证和辩论，第三人撤销之诉成为中小股东获取公司内部信息并向控股股东、董事和高管等人问责的有力渠道。如此，第三人撤销之诉不仅仅增进了中小股东对公司的了解和信任，又对损害公司和中小股东的不法行为产生了威慑。

（二）替代措施的乏力

股东原告资格肯定论的合理性也与公司法和民诉法的中小股东保护制度供给不足、替代救济措施乏力有关。如前文所述，公司法为中小股东提供的救济途径面临法律标准不确定、派生诉讼易失效和证据获取困难的问题。相比公司法的事后补救性救济，第三人撤销之诉属于事先预防性救济，能够从源头切断损害。而且更为重要的是，第三人撤销之诉可以作为证据获取来源，为中小股东进一步寻求公司法救济提供证据支撑。

民诉法也未提供合适的救济措施，无论第三人参加诉讼、另行起诉、执行异议抑或申请再

---

① 当然第三人撤销之诉不仅仅可以保护中小股东，也可以保护控股股东免遭内部控制人的损害。

② 参见李建伟：《股东压制的公司法救济：英国经验与中国实践》，载《环球法律评论》2019 年第 3 期，第 148－151 页。

审，都无法为受损的中小股东提供充足救济。中小股东作为第三人参加公司诉讼的困境在于，现实中中小股东往往对公司即将进行的虚假诉讼并不知情而无法申请参加。股东作为第三人参加公司诉讼也并非通行做法，所以法院也不会主动将中小股东作为第三人纳入公司诉讼。执行异议制度适用于进入执行阶段的给付之诉，对未进入执行阶段的案件，或者对于确认之诉和形成之诉无法适用。① 再审申请人限于原案当事人，案外人无资格申请再审。② 此外，公司是独立法人，股东与本案之间没有直接的利害关系，也无法另行起诉。股东第三人撤销之诉则可以直接挫败控股股东和内部人利用虚假诉讼损害公司和其他股东利益的不法行为。

（三）比较法上的成例

1. 法国法经验。事实上，股东原告资格肯定论也逐渐被作为第三人撤销之诉发源地的法国所认可，这在法国学术界和司法界都有体现。学术界的重要变化根源于19世纪后半叶至20世纪中叶法国民诉法学者对裁判既判力和执行力两种效果之区分。既判力相对性理论认为判决的确定效力仅仅局限于诉讼两造之间，但这只在理论上成立，与判决被执行或履行后所产生的实际效力不符。表面上仅仅牵涉诉讼两造的裁判行为，也可能具有相当广远的射程范围。第三人撤销之诉制度的目的即在于救济因为执行或履行裁判对第三人造成的实际上的损害（effets substantiels）。③ 借助虚假诉讼损害公司利益导致公司资产减少，将降低股东收益，对股东造成实际损害，因而属于第三人撤销之诉的适用范围。

法国的司法实践也开始发生转变。早期司法实践中，法国法院认为股东无法对公司参与的诉讼提起第三人撤销之诉，是因为股东与公司之间存在委托合同关系，在原诉讼中股东利益已经被公司代表。④ 但随着《欧洲保障人权和基本自由公约》的签署和生效，法国的司法实践逐渐发生变化。依据该公约第6条第1款关于公正审判的规定，任何民事权利或者义务受到影响的个人都有权获得公正审判的权利。“倘若特定第三人的利益确实会受到法院判决之影响，而未提供法律上途径使其主张得以被法院所听取，则与欧洲人权公约前揭规定有所不符：无论其在法律上是否为判决之既判力所直接涉及。”⑤ 在公约该条款的影响下，法国司法实践逐渐承认股东的

---

① 参见全国人大常委会法制工作委员会民法室编：《〈中华人民共和国民事诉讼法〉条文说明、立法理由及相关规定》，北京大学出版社2012年版，第86－87页。

② 《关于适用〈中华人民共和国民事诉讼法〉审判监督程序若干问题的解释》（法释〔2008〕14号）第5条曾规定案外人在特殊情形下有权申请再审，但是2020年修订后的版本中（法释〔2020〕20号），该条被删除，意味着案外人无权申请再审。

③ 参见黄源浩：《法国民事第三人撤销诉讼——要件及诉讼利益》，载《辅仁法学》2017年第54期，第123页。

④ 参见CA Rouen，3 avr. 2007；JurisData n°2007－333698. 转引自巢志雄：《法国第三人撤销之诉研究——兼与我国新〈民事诉讼法〉第56条第3款比较》，载《现代法学》2013年第3期，第165页。

⑤ 黄源浩：《法国民事第三人撤销诉讼——要件及诉讼利益》，载《辅仁法学》2017年第54期，第126页。

第三人撤销之诉原告资格，例如，在2006年的一个判例中，下级审法院以公司之一般股东的利益已经由股东和公司法律上负责人间的委任关系（le mandataire social）所代表为由否定了股东的原告资格。但案件进入法律审上诉程序后，法院却指出如果不考虑公司清算裁判对股东的实际权利（le droit effectif）所造成的侵害，则与《欧洲保障人权和基本自由公约》第6条第1款相违，最终支持了股东的原告资格。①

法国学术界和司法界关于股东第三人撤销之诉态度的转变对我国具有重要的借鉴意义。超越理论上的既判力相对性，关注执行或履行层面裁判文书对第三人的实际影响，更能保障人权，实现《中华人民共和国宪法》第三十三条第三款规定的“国家尊重和保障人权”要求和履行《世界人权宣言》第十条之审讯权保护义务。

2. 日本法经验。类似地，日本《公司法》第853条规定的追究董事责任诉讼的再审诉讼也从侧面支撑了原告资格肯定论。依据该条规定，在董事责任追究诉讼中，如果原被告以合谋损害公司权利为目的让法院作出了判决时，股东有权对生效终审判决提起再审之诉。② 所谓以欺骗损害公司权利为目的所作的判决，是指原告通过不适当的诉讼推进故意败诉，或只对部分内容胜诉而对其他部分败诉等情况。③ 虽然名为再审之诉，但是从功能上来看，日本的第三人再审之诉与法国的第三人撤销之诉都是为了保护受裁判影响的案外第三人的权益，④ 故日本的第三人再审之诉制度中所蕴含的利益衡量过程和结果值得参考借鉴。日本《公司法》第853条虽然将再审之诉的对象限制于公司与董事的责任追究之诉等有限情形，但是依据规范目的和利益状态的相似性来看，⑤ 该条款可以被类推适用于公司部分股东或内部人与任何第三人合谋损害公司和其他股东利益的情景。

（四）司法实践的支持

股东原告资格肯定论也得到了我国司法实践的支持。在笔者收集的171份裁判文书中，有46份持肯定论立场，囊括最高院、高院、中院和基层法院四层级法院。肯定论论据可以总结为五类（见表3），对前述否定论司法裁判论据进行了针锋相对的回应。

---

① 黄源浩：《法国民事第三人撤销诉讼——要件及诉讼利益》，载《辅仁法学》2017年第54期，第127页。

② 参见吴建斌编译：《日本公司法》，法律出版社2017年版，第455页。另可参见［日］近藤光男：《最新日本公司法》，梁爽译，法律出版社2016年版，第323页。

③ 参见［日］前田庸：《公司法入门》，王作全译，北京大学出版社2012年版，第341页。

④ 参见杨卫国：《案外第三人撤销之诉研究》，中国法制出版社2015年版，第138页。另参见徐一楠：《第三人撤销诉讼制度研究》，人民法院出版社2018年版，第38页。

⑤ 参见［德］卡尔·拉伦茨：《法学方法论》，黄家镇译，商务印书馆2020年版，第479－480页。

表3　肯定论裁判文书论据总结①　　单位：份

论据	最高院	高院	中院	基层法院	总计
具有法律上的利害关系	2	5	13	2	22
股东权益保护	2	5	2	10	19
股东合法权益受虚假诉讼侵害	/	1	4	2	7
必要的法律救济途径	2	1	/	1	4
非普通对外经营活动	2	/	/	/	2
总计	8	12	19	15	54

第一类论据是股东对涉公司裁判文书具有法律上的利害关系。具体而言，肯定论立场法院存在两种不同的认定路径。第一种路径遵照“直接/间接”二分框架，以股东和公司之间的经济关联为“法律上的间接利害关系”认定“法律上的利害关系”成立。② 第二种路径则遵照“法律/事实”二分框架，依照“法律上的利害关系”的传统理解进行认定。此种路径又包括两种不同案型。第一种案型是“前后诉存在先决关系”，比如在“牟其强案”③ 中，原案裁判认定明豪公司对牟其强负有债务，随后牟其强以润佳投资中心（明豪公司的股东）未尽清算义务为由要求其承担原裁判确定的明豪公司的全部债务。由于股东参加的后诉以原诉讼的裁判结果作为基础和依据，原诉裁判结果与股东参与的后诉之间具有先决关系，故法律上的利害关系成立。同理，“鄢仁文、昌乐闽泰房地产开发有限公司第三人撤销之诉二审案”④（以下简称鄢仁文案）中，天将公司的资产已经被处理且具体分配给了各个股东，之后，公司不存在办公场所，只是作为法人尚处于存续状态，各股东将实际承担公司的对外债务，故法院认定股东与公司诉讼的裁判结果具有法律上的利害关系。此外，在“钟其秀与云昌照等第三人撤销之诉二审案”⑤ 中，股东作为原诉的被申请执行人来执行，因而被法院认定与原诉具有法律上的利害关系。第二种案型是“第三人的实体权利义务关系受原诉裁判结果的约束”，这主要体现在股东身份和占股额度确认纠纷中，比如“廖锦泽、王振荣第三人撤销之诉二审案”⑥（以下简称廖锦泽案）中，法院指出“股东汇力公司所占化州水电设备有限公司股份份额的多少，必将影响其他股东所占化州水电设备有限公司股份份额的多少，故该判决的结果在法律上与廖锦泽等八人有直接的利害

① 每个案件可能运用多种论据，所以案件数小于论据数。
② 参见案件名称，云南省红河哈尼族彝族自治州中级人民法院民事判决书（2016）云25民撤4号。
③ 案件名称，中华人民共和国最高人民法院民事裁定书（2019）最高法民申4851号。
④ 案件名称，山东省滨州市中级人民法院民事判决书（2020）鲁16民终3184号。
⑤ 案件名称，海南省三亚市中级人民法院民事判决书（2016）琼02民终1580号。
⑥ 案件名称，广东省茂名市中级人民法院民事判决书（2017）粤09民终1060号。

关系”。

第二类和第三类论据都聚焦于股东权益保护，不同之处在于前者关注第三人撤销之诉对股东权益所具有的一般意义上的保障价值，而后者特别从虚假诉讼角度论述了第三人撤销之诉保障股东权益的重要性。第四类论据则更进一步，从替代救济措施缺乏的角度陈述了第三人撤销之诉对股东权益的必要性。“牟其强案”① 中，公司控股股东违反《公司法》规定控制公司为自身债务提供担保，考虑到小股东润佳投资中心是控股股东之外的唯一股东，最高人民法院认定第三人撤销之诉对股东的合法权益之保障是必要的。另有裁判文书从再审救济缺乏②和公司法救济失效③角度进行了陈述。

（五）制度之间的类推

1. 从债权人到股东。《九民纪要》第120条特别规定三类债权人具有第三人撤销之诉原告资格，包括法律明确给予特殊保护的债权人、撤销权受影响的债权人和受虚假诉讼损害的债权人。债权人对涉债务人民事诉讼提起第三人撤销之诉的动因也是原诉导致债务人责任财产减少，最终可能影响到债权人债权的获偿。这与股东第三人撤销之诉的动因并无二致，即原诉导致公司财产减少，最终影响股东的资产收益权。如果“特殊情形”下，同属经济利害关系的债之法律关系可以作为“法律上的利害关系”，“类似特殊情形下”的股之法律关系为何不可成立“法律上的利害关系”？换言之，为何在给定的特殊情况下，公司债权人可对涉公司裁判提起第三人撤销之诉，而同等情况下的公司股东却无原告资格？这和在与公司财产的经济关联性上股东远大于公司一般债权人的认知不符，④ 也违背了股东相比债权人对公司运营介入更深的公司法常识。所以，受特殊保护之股东和受虚假诉讼损害之股东亦应当被赋予对涉公司诉讼的第三人撤销原告资格。总之，股东第三人撤销之诉并非在任何情况下都不成立，而这正是资格否定论的谬误所在。

2. 从股权归属到股权价值。从收集的裁判文书来看，司法实践对于股东对涉及股权归属的诉讼结果具有第三人撤销之诉原告资格并无太大争议。⑤ 甚至是在股权代持纠纷中，隐名股东对于显名股东处分股权的司法裁判结果具有第三人撤销之诉的原告资格也争议不大。⑥ 如果承认股东对影响股权归属之裁判结果具有法律上之利害关系，考量到股东将因公司具体财产的损失而

---

① 案件名称，中华人民共和国最高人民法院民事裁定书（2019）最高法民申4851号。

② 案件名称，浙江省高级人民法院民事裁定书（2016）浙民终11号。

③ 案件名称，广东省佛山市禅城区人民法院民事判决书（2017）粤0604民撤3号。

④ 参见马更新：《论股东对公司财产的保险利益》，载《法学杂志》2019年第8期，第82页。

⑤ 参见案件名称，广东省高级人民法院民事裁定书（2016）粤民撤1号。

⑥ 参见案件名称，山东省高级人民法院民事裁定书（2017）鲁民终986号；中华人民共和国浙江省高级人民法院民事裁定书（2017）浙民终15号。

带来的分红权和剩余索取权的减损，为何股东对减损股权价值之裁判结果却没有法律上的利害关系？从“全有全无”的股权归属到“程度性”的股权价值，二者不应该存在逻辑断层。故股东对部分影响股权价值的涉公司裁判也应当具有第三人撤销之诉原告资格。

（六）诉权滥用的防范

对于原告资格肯定论最大的担忧来自股东滥用第三人撤销之诉的机会主义行为，即原告股东出于不正当目的干扰公司正常的诉讼行为。但需指出的是，这种滥用诉求的机会主义行为在现有制度框架下十分受限。首先，依据我国《民事诉讼法》第二百九十九条，除非原告提供担保并且经过法院考量准许，原诉裁判文书才能被中止执行。所以，从诉讼效果来看，一般情况下第三人撤销之诉的提起并不能中止原诉的执行。其次，从判决效果来看，依据我国《民事诉讼法司法解释》第三百条，即便第三人撤销之诉中原告的请求成立，也仅仅意味着裁判文书中错误的部分被撤销，而文书内容未改变或者未撤销的部分继续有效。

从立法论上来看，我国也可借鉴域外经验进一步完善股东滥用第三人撤销之诉的法律责任制度，包括司法处罚、刑事责任和民事责任。法国《民事诉讼法》第581条就一般诉讼中的拖延诉讼和滥用诉权行为规定了相应的司法罚款，该条对滥用第三人撤销之诉行为亦可适用。意大利《民事诉讼法》第408条更规定第三人裁判异议之诉（opposizione di terzo）被不予受理或存在诉讼障碍，或者因为缺乏依据被驳回的，相关法院“应当”予以异议人2欧元罚款。[①] 我国《民事诉讼法》第一百一十二条也规定了妨害民事诉讼行为的相应法律责任，包括司法罚款、拘留和刑事责任。但是该条以当事人恶意串通为前提，无法用于规制第三人撤销之诉滥用行为。[②] 笔者建议参照国内外经验，对第三人撤销之诉滥用行为的司法处罚和刑事责任转介进行特别规定。此外，参考法国《民事诉讼法》第581条，还应当赋予原诉当事人对滥用诉权的股东等第三人的损害赔偿请求权。

四、股东第三人撤销之诉原告资格的判别标准

现有的共识在于，第三人撤销之诉原告资格之判定等同于原诉第三人之判断。[③] 在股东第三人撤销之诉中，司法实践对于股东不具备有独立请求权第三人身份争议不大，故本文不予讨论，

---

① 参见白纶、李一娴译：《意大利民事诉讼法典》，中国政法大学出版社2017年版，第153页。

② 韩艳建议类推适用该条，笔者不认同这种类推，理由在于本条涉及的罚款、拘留和刑事责任涉及公权的扩张和对私权的限制，需要法律明确授权，应当审慎类推。参见韩艳：《第三人撤销之诉制度研究》，浙江大学出版社2017年版，第157页。

③ 参见案件名称，中华人民共和国最高人民法院民事裁定书（2016）最高法民终684号；中华人民共和国最高人民法院民事裁定书（2015）民申字第958号；中华人民共和国最高人民法院民事裁定书（2018）最高法民终261号。

争议的核心在于股东无独立请求权的第三人资格。申言之，司法实践关于股东第三人撤销之诉的争议焦点在于股东与涉公司诉讼裁判结果之间的“法律上的利害关系”的判定。从世界范围来看，对一般意义上的“法律上的利害关系”的认定存在较大分歧，这为“股东—公司”场域下“法律上的利害关系”的认定困境埋下了伏笔。指导案例148号显示我国司法实践对“股东—公司”场域下“法律上的利害关系”的认定存在扩大化趋势。但出于规范目的的考量，应当对这种扩大化认定趋势保持谨慎。相反，合宜的路径是运用法释义学对“法律上的利害关系”进行利益衡量和类型化分析。

（一）一般性“法律上的利害关系”的认定困境

关于一般场景下的“法律上的利害关系”的认定，一直存在狭义和广义两种观点。狭义观点认为法律上的利害关系的成立必须原诉结果对主体的权利、义务或责任造成不利影响，具体可以分为“案外人有被追偿的风险”、“前诉和后诉存在先决关系”以及“案外人受他人间判决既判力的拘束”等类型。① 广义观点则认为无须对“法律上的利害关系”作过于严苛的解释，只要是对第三人造成了“不利影响”即可构成“法律上的利害关系”。“法律上的利害关系”的广义和狭义之争体现在不同国家的立法、司法和学术研究中。

法国司法实践倾向于对“法律上的利害关系”作广义解释。法国法下与“法律上的利害关系”相对应的概念是“诉讼利益”，而诉讼利益是一种实际上的损害，可以是“物质损失”和“精神损失”。② 法国最高司法法院第一民事庭提出，诉讼利益并不一定意味着“受到攻击的判决对提出异议的第三人的权利与义务作出了审理裁判”。③

日本学者则倾向于狭义解释。在日本民事诉讼法下与“法律上的利害关系”相近似的概念为辅助参加制度中的“有利害关系之第三人”。通说认为，这里的利害关系必须是法律上的利害关系而非事实上的利害关系，感情上、经济上的利害关系都被排除在外。④ 新堂幸司即提出利害关系意味着参加人的“法的地位”在事实上遭受不利影响。⑤ 但是，对于如何具体区分“法律上的利害关系”和“事实上的利害关系”依然困难，高桥宏志指出，区分二者不过是“先得出结论再寻找的理由罢了”，二者不是“内在于利益本身的性质”。⑥

我国台湾地区关于“法律上的利害关系”的解释则更加多元化。我国台湾地区“民事诉讼法”第五百零七条之一将第三人撤销之诉的原告资格限定为“有法律上利害关系之第三人”，依

① 刘东：《第三人撤销之诉》，上海人民出版社2020年版，第115－117页。

② 参见姜世明：《概介法国第三人撤销诉讼》，载《台湾本土法学杂志》2005年第11期，第260－263页。

③ 罗结珍译：《法国新民事诉讼法典》，法律出版社2008年版，第635页。

④ 参见［日］高桥宏志：《重点讲义民事诉讼法》，张卫平、许可译，法律出版社2007年版，第283页。

⑤ ［日］新堂幸司：《新民事诉讼法》，林剑锋译，法律出版社2008年版，第562页。

⑥ ［日］高桥宏志：《重点讲义民事诉讼法》，张卫平、许可译，法律出版社2007年版，第283页。

据立法理由，这里的“有法律上利害关系之第三人”意指“受判决效力所及第三人”。① 但是对于判决效力的性质，岛内观点并不一致。第一种观点认为判决效力特指既判力。如果第三人未受到他人诉讼判决效力之拘束，依据判决相对性原理，第三人可另起诉讼维权而无需第三人撤销之诉之救济。② 第二种观点认为除了既判力，判决效力尚且包括其他类型的效力。比如有学者提出，基于原告权益保护和即时、彻底解决纷争之目的，应当放宽原告资格范围，将法律上利害关系之第三人扩张至受既判力以外效力所及的法律上权益受影响者。③ 吕太郎则明确指出判决效力除了既判力外，尚包括反射效力，甚至可以扩展至任何诈害诉讼。④

回到我国，国内学者关于如何解释第三人撤销之诉原告资格中的“法律上的利害关系”也莫衷一是。前文对此已经进行分析，此处不再赘述。

（二）指导案例148号的扩大化认定趋势、动因和隐患

一般场域下的“法律上的利害关系”认定困境直接导致了“股东—公司”这一特殊场域下“法律上的利害关系”的认定困难。从历时性维度来看，指导案例148号显示我国司法实践对“股东—公司”这一特殊场域下的“法律上的利害关系”认定逐渐展现出一种扩大化趋势，即从狭义认定走向广义认定。在以往的司法裁判中，法院往往在“法律/事实”二分框架下展开分析，将股东对涉公司民事诉讼裁判的利害关系解读为一种经济和事实的利害关系，因而不属于法律上的利害关系，股东也不具有对涉公司裁判的第三人撤销之诉原告资格。指导案例148号则另辟“直接/间接”二分框架，将“法律上的利害关系”进一步划分为“法律上的直接利害关系”和“法律上的间接利害关系”，并指出股东对涉公司裁判所具有的经济上的利害关系是一种“法律上的间接利害关系”因而具有对涉公司裁判的第三人撤销之诉原告资格。

如何理解我国司法实践对股东第三人撤销之诉原告资格认定的扩大化趋势？笔者认为这一司法变迁受到了福利国家思潮和接近正义运动的影响。社会福利思想发端于西方近代，强调国家对公民的福利保障义务。福利保障除了涉及权利的纸面规定，也关切权利的实现，所以作为提升权利实效性和实现可能性的重要工具，诉讼和其他纠纷解决机制的可获得性自然成为法律和司法改革的重点，这些改革被统称为“接近正义”运动。⑤ 在全球化背景下，我国司法实践也受

---

① 吕太郎：《第三人撤销之诉——所谓由法律上利害关系之第三人》，载《月旦法学》2003年第99期，第30页。

② 陈荣宗：《第三人撤销诉讼之原告当事人适格》，载《月旦法学》，2004年第115期，第192－193页。

③ 参见林家庆，徐崧博：《第三人撤销诉讼当事人适格及其他起诉问题之研究》，载《军法专刊》2011年第4期，第72页。

④ 参见吕太郎：《第三人撤销之诉——所谓由法律上利害关系之第三人》，载《月旦法学》2003年第99期，第37－41页。

⑤ 参见［意］莫诺·卡佩莱蒂编：《福利国家与接近正义》，刘俊祥等译，法律出版社2000年版，第4－6页。

到与福利国家思想和接近正义运动同源的趋势的影响，体现到股东第三人撤销之诉即为对“法律上的利害关系”作广义解释，扩大原告资格范围，降低诉讼门槛，以为利益有受损之虞的股东提供一个公正裁判的机会。

从比较法来看，对“股东—公司”这一特殊场域下“法律上的利害关系”作扩大化认定的趋势也体现在法国的司法实践中。除了福利国家思想和接近正义运动的影响，法国司法实践变迁背后的直接动因在于《欧洲保障人权和基本自由公约》签署和生效后，公约第6条第1款关于公正审判的规定促使法国司法实践更加重视裁判效果的外溢现象和利益因裁判受损的个人公正审判权保护。[①]

当然，股东第三人撤销之诉原告资格扩张的“正义”转向并非毫无代价，其最大的代价便是纠纷解决“效率”的损失。适格股东范围的扩张无疑扩大了股东第三人撤销之诉的适用范围，将会事实上导致任何股东都会获得原告资格，这将大大延缓公司原诉纠纷的解决效率。在原告股东机会主义情景下，这一效率损失问题更为严重。

指导案例148号显然也意识到了效率损失问题，其应对之策是引入“股东利益被公司代表”论据排除“法律上的间接利害关系”的存在，最终否定股东对涉公司裁判的第三人撤销之诉原告资格。但是这一应对路径存在两个致命的缺陷。第一，从解释论上来看，股东利益是否被公司代表并不影响“法律上的利害关系”的判断。[②] 第二，细读指导案例148号文书相关部分，“股东利益被公司代表”论据的表述具有一般性，似乎可适用于对所有股东第三人撤销之诉原告资格的判断，而无须区分具体情景或在个案中判断股东利益是否真的被公司代表。这也被司法实践所验证，从统计的裁判文书来看，凡涉及“股东利益被公司代表”论据的裁判文书都未对该案中股东利益是否被公司代表进行细致分析。循此逻辑，股东将永无提起第三人撤销之诉的原告资格。

司法回应社会思潮和社会需要是必要的也是无可避免的，但是这种回应应当适度，必须考量司法回应的成本以及所回应的社会思潮之外的其他利益。指导案例148号的困境根源是其对社会福利思想和接近正义运动的回应显然“过度”。将“法律上的利害关系”与“事实上的利害关系”等同的解释方案不仅仅违背了基本的解释规则，而且使得股东第三人撤销之诉实际上无须原告资格，任何股东皆可作为原告提起第三人撤销之诉。这无疑过于偏重公正而压缩了效率的存在空间。问题的解决最终还是应当回归对“法律上的利害关系”的法律解释，通过对第三人撤销之诉法律制度的规范目的的研析，运用法解释学方法，适度扩张“法律上的利害关系”的认定以回应社会思潮，平衡效率和正义二维价值。

---

① 参见巢志雄：《法国第三人撤销之诉研究——兼与我国新〈民事诉讼法〉第56条第3款比较》，载《现代法学》2013年第3期，第161页。

② “利益被代表”论据应当在主体资格要件之外的其他要件中进行分析。

（三）“股东—公司”场域下“法律上的利害关系”的解释论构造

从法律解释学来看，作为不确定概念的“法律上的利害关系”属于法律漏洞中的授权漏洞，此漏洞系立法者有意留下以授权法院依据个案情形进行具体化认定。依据法律解释学的一般理论，对此授权漏洞，可以从利益衡量和类型化两个角度分别进行填补。

1. 利益衡量：中小股东保护与公司运营秩序之维持。授权漏洞下，法官的自由裁量权并非毫无约束。法官对授权漏洞进行填补之时，必须“如同立法者作出裁判的衡量”①。申言之，法官必须将自己置身于立法者的地位，再现规范中的利益冲突样态，并对冲突的利益进行衡量。在进行利益衡量时，法官应意识到法益之间界限的动态性和开放性，根据相关情况下的“分量”来权衡处于竞争中的法益。即便规范目的已经对优位利益或价值进行了预设，法官还是应当参照比例原则、最能爱护他人权利的手段的原则和尽可能轻微限制的原则，以比例性而非“全有全无”方式对待规范中的利益冲突。②

第三人撤销之诉法律规范中的利益冲突主要体现为“公正”与“效率”二元价值的角逐，即案外人保护的“公正”维度和原诉纠纷快速处理的“效率”维度之争，具体到股东第三人撤销之诉，主要为中小股东保护的“公正”维度和公司经营秩序维持③的“效率”维度之争。④ 从第三人撤销之诉的规范目的来看，⑤ 中小股东保护相对于公司经营秩序维度具有优位性。但在个案中中小股东保护的实现应当立基于对公司经营秩序之最小损害，以实现二者利益间的比例平衡。根据股东第三人撤销之诉对二者利益的影响强度，可以将所有个案大致划分为四类：“‘强’中小股东利益保护 + ‘强’公司经营秩序损害”、“‘强’中小股东利益保护 + ‘弱’公司经营秩序损害”、“‘弱’中小股东利益保护 + ‘强’公司经营秩序损害”和“‘弱’中小股东利益保护 + ‘弱’公司经营秩序损害”。⑥ 在对边缘模糊案件进行类型划分的过程中，股东第三人撤销之诉的利益影响情况可能并不清晰，其利益影响往往介于强弱之间的模糊地带。此时，依据第三人撤销之诉规范目的中的案外人保护利益优位预设，无法断定对中小股东利益保护强度时，推

---

① ［奥］恩斯特·A. 克莱默：《法律方法论》，周万里译，法律出版社2019年版，第246页。

② 参见［德］卡尔·拉伦茨：《法学方法论》，黄家镇译，法律出版社2020年版，第508－518页。

③ 公司诉讼活动属于公司经营秩序的一部分。

④ 当然还可能存在其他类型的利益，比如司法裁判的稳定性、诉讼成本等，但这些其他利益或者可以被主要利益吸收或者相对而言并不重要。例如，司法裁判之稳定性从来不是不可动摇的利益追求，二审、再审和第三人撤销之诉等诉讼制度的存在即为明证；而诉讼成本更多由当事人承担，应当交由当事人考量，故也不宜单独作为一项重要的利益追求。

⑤ 参见张卫平：《中国第三人撤销之诉的制度构成与适用》，载《中外法学》2013年第1期，第171页。

⑥ 这里的强和弱应当从增量来看，强代表增量大，弱代表增量小。比如“‘强’中小股东利益保护 + ‘强’公司经营秩序损害”类型下，股东第三人撤销之诉对该类型中中小股东利益有较大增进，而对公司经营秩序也有较大的损害。

定保护强度为“强”；无法断定对公司经营秩序损害强度时，推定损害强度为“弱”。

在依据利益影响进行类型划分的过程中，为使得划分过程更为客观和合理，裁判者应当从确定的标准入手。从统计的案例来看，这些标准包括公司类型、原诉结案方式、原诉对方当事人身份和原诉纠纷性质等“形式标准”。① 具言之，若公司为有限责任公司、原诉结案方式为调解、原诉对方当事人与公司控股股东或内部人关系密切、原诉纠纷为非公司正常经营产生的纠纷（如关联担保），则中小股东保护的必要性越高、而公司经营秩序受损的可能性越小，宜认定股东对涉公司裁判之法律上的利害关系存在；反之，若公司为股份有限公司、② 原诉结案方式为判决或裁定、原诉对方当事人与公司控股股东或内部人关系疏远、原诉纠纷为公司正常经营产生的纠纷，则中小股东保护的必要性越小而公司经营秩序受损的可能性越高，宜排除股东对涉公司裁判之法律上的利害关系存在。此外，也可从“实质标准”切入，即结合原诉中公司抗辩和举证的充分性、诉讼结果的合理性等实质性方面进行分析。

如果个案属于“‘强’中小股东利益保护 + ‘弱’公司经营秩序损害”类型，则依据规范目的和比例原则，应当认定有“法律上的利害关系”；如果个案属于“‘弱’中小股东利益保护 + ‘强’公司经营秩序损害”类型，则利益比例明显失衡，应当认定无“法律上的利害关系”；而在“‘弱’中小股东利益保护 + ‘弱’公司经营秩序损害”类型和“‘强’中小股东利益保护 + ‘强’公司经营秩序损害”类型中，优位利益保护强度和劣后利益损害强度相当，但第三人撤销之诉规范目的中预设的中小股东保护利益优位性要求认定“法律上的利害关系”的存在（见表4）。

表4　依据利益影响强度的个案划分

分类	“强”公司经营秩序损害	“弱”公司经营秩序损害
“强”中小股东利益保护	有法律上的利害关系	有法律上的利害关系
“弱”中小股东利益保护	无法律上的利害关系	有法律上的利害关系

2. 类型化：狭义与虚假诉讼。作为漏洞填补有力方法的类型化③是利益衡量之外认定“法律上的利害关系”这一不确定概念的利器。类型化和利益衡量二者之间并非相互割裂，前者往往是后者运算的结果。

（1）狭义型。狭义型即基于对“法律上的利害关系”的狭义理解所作出的类型划分，包括

① 在统计的171个案件中，从公司类型看，有限责任公司167件、股份有限公司4件；从裁判类型看，判决书85件、调解书84件、裁定书2件；从原诉对方当事人身份来看，原告往往声称原诉对方当事人与公司控股股东或内部人关系密切；从纠纷性质来看，原告往往声称原诉纠纷非公司正常经营产生之纠纷。

② 不包括结构与有限责任公司无异之股份有限公司，主要指非上市公众公司和上市公司。

③ 参见［德］齐佩利乌斯：《法学方法论》，金振豹译，法律出版社2009年版，第104页。

“股东有被追偿的风险”、“前诉和后诉存在先决关系”以及“股东受公司裁判既判力的拘束”。当然这一划分并非完全周延，有些案件可能横跨多个类型，但这不影响“法律上的利害关系”的认定。“股东有被追偿的风险”的案件，如股东为公司债务提供担保或者保证的案件中，股东对公司与公司债权人就公司债务所进行的民事诉讼的结果具有法律上的利害关系；“前诉和后诉存在先决关系”则如前文所述“牟其强案”[①]和“鄢仁文案”[②]；“股东受公司裁判既判力的拘束”如股东身份和占股额度确认纠纷中的其他股东或者因为出资不到位（如“廖锦泽案”）或抽逃出资等原因被纳入被执行人范围的股东均对于原诉裁判结果具有法律上的利害关系。[③]

前述三类情形下，股东在未参与诉讼程序、不具有充分的机会进行答辩和举证的情况下其利益即受到直接影响，不符合程序正义原则。[④]这些情形下，股东第三人撤销之诉对中小股东利益保护增益甚强，依据表4，应当认定股东对涉公司裁判结果具有“法律上的利害关系”。

（2）虚假诉讼型。虚假诉讼是一种以双方当事人、法院以及案外第三人的四方关系为基础结构，以损害案外第三人为目的进行的诉讼。[⑤]虽然案件不属于狭义型，但是如果涉公司原诉存在以损害其他股东为目的的虚假诉讼情形，则应认定“法律上的利害关系”存在。首先，这符合第三人撤销之诉制度的规范目的，而规范目的是法律解释的终极目标。[⑥]其次，这符合利益衡量的结果。虚假诉讼下，股东第三人撤销之诉具有极强的中小股东保护效应，对公司经营秩序之损害较小。最后，股东第三人撤销之诉所具有的威慑效应能在事前阻碍民诉型中小股东损害的发生。对于如何具体认定虚假诉讼的存在，可以从形式因素和实质因素两个角度切入，前者包括公司类型、原诉结案方式、原诉对方当事人身份和原诉纠纷性质等形式标准，后者指原诉中公司抗辩和举证的充分性、诉讼结果的合理性等实质性方面。

（3）小结：慎重对待剩余类型。事实上，狭义型和虚假诉讼型“法律上的利害关系”也得到了司法实践的认可，在“上海兴贸玉米发展有限公司与安徽省根源光大节能建材有限公司等二审案”[⑦]中，最高人民法院即指出“对于提起第三人撤销之诉的原告主体资格，仅限于该法条第一款、第二款规定的第三人，以及有证据证明原案存在虚假诉讼情形，对其利益造成损害的案

---

① 案件名称，中华人民共和国最高人民法院民事裁定书（2019）最高法民申4851号。

② 案件名称，山东省滨州市中级人民法院民事判决书（2020）鲁16民终3184号。

③ 参见案件名称，河北省高级人民法院民事判决书（2020）冀民终707号；江苏省淮安市中级人民法院民事裁定书（2017）苏08民终2444号；天津市第一中级人民法院民事裁定书（2018）津01民撤2号；湖北省襄阳市中级人民法院民事裁定书（2018）鄂06民终3515号。

④ 参见王亚新：《对抗与判定对抗与判定——日本民事诉讼的基本结构》，清华大学出版社2002年版，第351页。

⑤ 参见任重：《论虚假诉讼：兼评我国第三人撤销诉讼实践》，载《中国法学》2014年第6期。

⑥ 参见［德］伯恩·魏德士：《法理学》，丁晓春等译，法律出版社2013年版，第309－310页。

⑦ 案件名称，中华人民共和国最高人民法院民事裁定书（2016）最高法民终684号。

外人，或者法律明确规定给予特别保护的债权人。”那么在狭义型和虚假诉讼型之外是否还存在剩余类型的“法律上的利害关系”？笔者对剩余类型的存在持开放态度，但是同时也认为在认定剩余类型时应当极其慎重，要进行细致的利益衡量。有学者基于“为了让案外人了解案件的进行情况以及案件的处理结果”和“为案外人提供当庭出示证据资料的机会，进而帮助查明案件事实，以充实审理”的程序保障目的而建议扩张“有法律上的利害关系”概念。[①] 笔者认为应当区分“法律上的利害关系”在第三人参加诉讼制度和第三人撤销之诉中的不同含义。基于程序保障目的对“法律上的利害关系”概念进行的扩张在第三人参加诉讼制度下具有合理性，因为这在效率成本增加较少的情况下能够提升个案公正。但是在第三人撤销之诉制度下，不宜对“法律上的利害关系”作程序保障型的一般扩张，因为如果仅仅是为了保障股东对公司诉讼的了解或充实案件审理而授予股东原告资格，这将有可能在保护中小股东增益较小的同时，不对称地损害公司经营秩序，造成利益失衡的局面。

五、 结论

相比纯粹私性损害，身披公权力外衣的民诉型损害对中小股东造成的不利更为深远，中小股东急需第三人撤销之诉作为维权途径。被股东原告资格否定论奉为圭臬的“法律上的利害关系缺乏”和“股东可寻求公司法救济”论据均存在问题，前者显示了裁判者对有限责任制度、资本多数决原则、法人机关理论、代理制度等公司法理论的理解并不全面；后者则凸显了裁判者对股东的公司法救济与民诉法救济之间的关系认识不足。从公司治理改善、中小股东替代救济措施之乏力、比较法上之成例和我国司法实践动态等方面来看，股东第三人撤销之诉实有其必要性和合理性。而对于股东滥用诉权的担忧也可以通过现有法律制度和借鉴域外经验予以消解。

无论是股东原告资格肯定论还是否定论，都不是绝对的，股东第三人撤销之诉原告资格的有无需回归具体个案进行细致分析。这就需要一套具体的原告资格判断框架，也即关于“法律上的利害关系”的判断框架。关于“法律上的利害关系”的讨论的一般观点在狭义和广义之间摆动，这给“股东—公司”场域下“法律上的利害关系”判断增加难度埋下了伏笔。从法律解释学的一般理论入手，“法律上的利害关系”实质为一个授权漏洞，可以从利益衡量和类型化两个角度入手进行填补。利益衡量主要在中小股东利益保护和公司经营秩序维持之间进行；而类型化则包括狭义型和虚假诉讼型，对于剩余类型应当以谨慎之观点开展细致的利益衡量。

---

① 参见刘东：《论无独立请求权第三人的识别与确定——以“有法律上的利害关系”的类型化分析为中心》，载《当代法学》2016 年第 2 期，第 141 – 142 页。

公司瑕疵决议的外部效力判断

■梁　莹*

摘要：《民法典》第八十五条规定决议撤销后不影响与“善意”相对人的外部民事法律关系，但决议不成立、决议无效等情形中，依据该类决议所形成的外部民事法律关系的效力应当如何判断尚无法见于明文。从决议瑕疵形态的类别以及外观的可信赖性程度，分类讨论决议如何通过“善意”相对人牵连外部民事法律关系的效力。决议不成立的前两种情形与决议无效的外观可信赖性程度低，相对人应对该类的瑕疵状态具备识别能力。而决议不成立的后两种情形与决议可撤销的外观可信赖性相对较高，按照《公司法》分类出重大交易行为、担保行为以及赠与行为，从各类行为中相对人对决议审查的情况，确定其“善意”标准，进而明确外部民事法律关系的效力。

关键词：瑕疵决议　外观信赖性　“善意”相对人　外部效力

一、问题的提出

《民法典》第八十五条规定，营利法人的权力机构、执行机构作出决议的会议召集程序、表决方式违反法律、行政法规、法人章程，或者决议内容违反法人章程的，营利法人的出资人可以请求人民法院撤销该决议。但是，营利法人依据该决议与善意相对人形成的民事法律关系不受影响。但依据不成立或是无效决议所形成的外部民事法律关系效力应当如何判断却并未提及。

根据《民法典》第八十五条规定，首先要明确决议是否属于可撤销类型，方能适用。区分

* 梁莹，武汉大学法学院博士研究生，本文系国家社科基金重点项目“《民法典》适用中的国家利益保护问题研究”（项目编号：20AFX016）的阶段性成果。

不成立、无效以及可撤销等瑕疵决议，不能仅局限于《公司法》的规定。① 有学者提出决议是否成立属于事实问题，而非价值判断问题（决议的无效、可撤销属于价值判断），但决议成立与否的事实，是基于立法者设计的决议成立要件来判断的。② 也有观点认为“不成立与无效的法律效果并无区别，区分二者没有实益。”③ 根据被认定为无效或者不成立决议所形成的外部民事法律关系效力判断，有学者认为可通过相对人的“善意”判断和引入“正常生意规则”来确定。④ 现行法律规定只明确了越权担保行为，而根据瑕疵决议所形成的其他越权代表行为效力如何认定？学界集中对越权担保行为的效力进行探讨，对其他各类越权行为研究的文献数量相对较少；⑤ 越权担保行为效力的探讨，大多从效力性强制性规范与管理性规范的二分法角度分析，并结合《合同法》第五十条确定相对人“善意”标准。⑥ 目前也有学者明确提出公司决议是通过

---

① 《公司法》第二十二条第一款规定：“公司股东会或者股东大会、董事会的决议内容违反法律、行政法规的无效。”同条第二款规定：“股东会或者股东大会、董事会的会议召集程序、表决方式违反法律、行政法规或者公司章程，或者决议内容违反公司章程的，股东可以自决议作出之日起六十日内，请求人民法院撤销。”依此，我国《公司法》对股东会决议瑕疵法律后果采取了两分法，即仅确立了决议无效和撤销制度。《公司法解释四》第五条明确规定：“股东会或者股东大会、董事会决议存在下列情形之一，当事人主张决议不成立的，人民法院应当予以支持：（一）公司未召开会议的，但依据《公司法》第三十七条第二款或者公司章程规定可以不召开股东会或者股东大会而直接作出决定，并由全体股东在决定文件上签名、签章的除外；（二）会议未对决议事项进行表决的；（三）出席会议的人数或者股东所持表决权不符合公司法或者公司章程规定的；（四）会议的表决结果未达到公司法或者公司章程规定的通过比例的；（五）导致决议不成立的其他情形。”

② 参见赵心泽：《股东会决议效力的判断标准与判断原则》，载《政法论坛》2016 年第 1 期。

③ 参见柯勇敏：《公司决议不成立的质疑与二分法的回归》，载《法律科学（西北政法大学学报）》2020 年第 5 期。

④ 参见马更新：《公司担保中决议形成程序与合同效力认定间牵连关系探析》，载《法学杂志》2020 年第 6 期。

⑤ 参见曾大鹏：《公司关联担保三大类型的效力解释》，载《法律科学（西北政法大学学报）》2020 年第 6 期；刘俊海：《公司法定代表人越权签署的担保合同效力规则的反思与重构》，载《中国法学》2020 年第 5 期；朱庆、季裕玲：《公司法定代表人越权担保权责配置规则的法解释——以〈九民纪要〉出台为背景》，载《浙江社会科学》2020 年第 9 期；高圣平、范佳慧：《公司法定代表人越权担保效力判断的解释基础——基于最高人民法院裁判分歧的分析和展开》，载《比较法研究》2019 年第 1 期。

⑥ 参见梁上上：《公司担保合同的相对人审查义务》，载《法学》2013 年第 3 期；钱玉林：《公司法第 16 条的规范意义》，载《法学研究》2011 年第 6 期；曾大鹏《公司越权对外担保的效力研究》，载《华东政法大学学报》2013 年第 5 期；高圣平：《公司担保相关法律问题研究》，载《中国法学》2013 年第 2 期；华德波：《论〈公司法〉第 16 条的理解与适用——以公司担保债权人的审查义务为中心》，载《法律适用》2011 年第 3 期。实务案例参见“中建材集团进出口公司诉北京大地恒通经贸有限公司、北京天元盛唐投资有限公司、天宝盛世科技发展（北京）有限公司、江苏银大科技有限公司、四川宜宾俄欧工程发展有限公司进出口代理合同纠纷案”，载《中华人民共和国最高人民法院公报》2011 年第 2 期；“新乡中新化工有限责任公司与郭俊玲等民间借贷担保合同纠纷再审申请案”，最高人民法院（2015）民申字第 1062 号民事裁定书；“河北华晨光伏科技有限公司与豆强等民间借贷纠纷再审申请案”，最高人民法院（2016）最高法民申 607 号民事裁定书。参见袁碧华：《论法定代表人越权代表中善意相对人的认定》，载《社会科学》2019 年第 7 期。

代表权的有无，影响公司决议的对外效力，与上述规范的二分法无关。[①] 但无论如何，衡量公司组织内部与外部交易相对人之间利益的平衡，是公司决议对外效力的价值体现。[②]

公司瑕疵决议形态业已形成三分法，但是决议的对外效力只是涉及“三分之一的情形”，[③] 从决议瑕疵类型来看，除可撤销决议外，不成立和无效决议对外效力如何判断？从公司外部行为类型来看，担保行为之外，其他基于瑕疵决议产生的行为效力如何确定？应当探寻统一的公司瑕疵决议对外效力原理，并运用该原理以解决各类型中出现的问题。目前相关原理尚未形成深入研究，[④] 所以导致实践适用不足。本文拟从公司瑕疵决议形态以及相关原理入手，分析实践中各类基于瑕疵决议产生的越权行为所涉外部关系如何平衡以及外部效力如何认定。

二、 公司决议瑕疵形态与外部效力之牵连

公司决议瑕疵引发越权行为，而学界关于公司法定代表人越权代表的研究，主要集中于对公司交易相对人的“善意”标准进行探讨，但忽略了瑕疵决议所形成的外观对善意相对人的指示作用。

学界倾向于将相对人的“善意”标准作为一个自变量，而公司与之形成的民事法律关系则为因变量。也有研究直接将“决议”认定为唯一的决定因素，决议的效力与外部法律行为效力完全捆绑在一起，有“一荣俱荣，一损俱损”之效果。相对人的主观情况（是否“善意”），应当理解为决议与外部效力的联动因素。最高人民法院关于印发《全国法院民商事审判工作会议纪要》的通知（法〔2019〕254 号，以下简称《九民纪要》）中明确相对人对于公司担保决议的形式审查义务，但具体应该如何审视决议、相对人以及外部效力之间的牵连性，还需要先从决议的瑕疵形态入手，区分各种决议瑕疵形态，再明确不同形态的决议所对应的相对人“善意”标准，进而确定由此形成的外部法律关系效力。

（一）公司内部决议瑕疵形态

1. 决议不成立的理论争议。此前《公司法》形成了内部决议形态的两分法，即决议无效和决议可撤销，决议不成立，是否应该打破两分局面，在《公司法解释四》颁布前后引发了争议。有学者指出，法律行为不成立与无效，就其效果而言，并无分别。[⑤] 有学者认为公司决议不成立

---

① 参见柯勇敏：《公司决议对外效力的原理及其强度谱系》，载《民商法论丛》2019 年第 2 卷。

② 参见李建伟：《公司决议的外部效力研究——〈民法典〉第 85 条法教义学分析》，载《法学评论》2020 年第 4 期。

③ 参见李建伟：《公司决议的外部效力研究——〈民法典〉第 85 条法教义学分析》，载《法学评论》2020 年第 4 期。

④ 在知网上搜索到的文献相对较少：以“公司决议的对外效力”为主题进行搜索，除去硕士论文外，只有五篇包括论文集、集刊在内的期刊论文。

⑤ 王伯琦：《民法总则》，台北编译馆 1963 年版，第 129 页。

会引发额外成本——实体法层面的额外成本，公司决议成立要件的无休止争论以及程序法层面的额外成本即程序法理障碍与新的诉讼难题。① 持相反观点的学者认为，决议的不成立解决了一个简单的逻辑问题，首先一个行为要存在，这是一个事实判断，其次才有决议的效力区分，这一价值判断。② 实践当中，避免使某些无法涵盖进决议无效射程的行为发生效力，而通过不成立这一类型使之有所依据。③ 为证成决议不成立之诉，我国学理还广泛援引日本、韩国、我国台湾地区的观点。这些地区都通过立法或实务确认决议不成立的适用。如日本《公司法典》第830条规定：对股东大会、种类股东大会、创立大会或种类创立大会的决议，可以诉讼方式请求确认决议不存在；韩国《商法典》第380条规定：股东大会的召集或决议程序有不能以股东大会决议视之的严重瑕疵时，可提起决议不存在确认之诉。④

2. 决议不成立的正当性基础。《民法典》第一百三十四条⑤将决议行为认定为法律行为。只有法律行为才存在成立和生效的区别，这是由法律行为本质决定的。法律行为理论多以合同行为为原型进行构造，合同行为与决议行为多有不同，但并不妨碍决议行为可适用特殊的（成立）规则。决议成立后，股东意思才有可能被拟制成为一个独立的股东会或公司意思。进而，股东会决议才可约束着支持决议的股东以及反对决议的股东，甚至约束着不参与投票的董事、监事、高级管理人员和公司，成为公司自治的实现机制。⑥ 多数股东意思与少数股东意思并未一致的情形下，决议对没有参加或者持反对意见的股东有法律约束力。⑦ 此种约束力并不能毫无限制，其必须要求股东大会作出决议要遵循某种特定程式。由法定主体依据法定职权经由法定召集程序和表决方式作出决议行为，其根本特征在于根据程序正义的要求采取多数决。⑧ 法律行为的定性，使区分成立和生效的法律行为框架能够适用于决议，但决议是一种特殊的、强调程序的法律行为。强调程序的特性使决议的成立要件和不成立原因集中于程序，特别是召集程序和表决程序。

---

① 柯勇敏：《公司决议不成立的质疑与二分法的回归》，载《法律科学（西北政法大学学报）》2020年第5期。

② 参见甘培忠、赵文冰：《对公司决议效力的一些思考——析〈最高人民法院关于适用〈中华人民共和国公司法〉若干问题的规定（四）〉（征求意见稿）中的相关规定》，载《法律适用》2016年第8期。参见董安生：《民事法律行为》，中国人民大学出版社2002年版，第134页；李永军：《民法总论》，法律出版社2009年版，第421页。

③ 参见R. Scognamiglio, Contributo alla teoria del negozio giuridico, Napoli, 1969, 332。

④ 参见殷秋实：《法律行为视角下的决议不成立》，载《中外法学》2019年第1期。

⑤ 《民法典》第一百三十四条，民事法律行为可以基于双方或者多方的意思表示一致成立，也可以基于单方的意思表示成立。法人、非法人组织依照法律或者章程规定的议事方式和表决程序作出决议的，该决议行为成立。

⑥ 参见叶林：《股东会决议无效的公司法解释》，载《法学研究》2020年第3期。

⑦ 参见殷秋实：《法律行为视角下的决议不成立》，载《中外法学》2019年第1期。

⑧ 参见王雷：《公司决议行为瑕疵制度的解释与完善——兼评公司法司法解释四（征求意见稿）第4－9条规定》，载《清华法学》2016年第5期。

法律行为的定性和注重程序的特性共同促使决议不成立形态，能够弥补决议效力瑕疵二分法所产生的缺陷，[①] 即法律认为有必要区分处理某些严重程序瑕疵、无效原因排他、无效原因限定过窄等情况。[②]

3. 决议形态的规范区别。《公司法解释四》第六条规定股东会或者股东大会、董事会决议被人民法院判决确认无效或者撤销的，公司依据该决议与善意相对人形成的民事法律关系不受影响。该条未涉及决议不成立的情形，但是在《公司法解释四》征求意见稿第十一条规定，人民法院判决股东会或者股东大会、董事会决议不存在、未形成有效决议、决议无效或者撤销决议的，该决议自始没有法律约束力。两相对比，《公司法解释四》正文中删除了决议不存在即不成立的情形。在《公司法解释四》的解释意见中，最高人民法院可能认为，无论决议无效还是撤销，决议自判决作出之日失去法律效力。[③] 而决议不成立通常被认为自始不存在，[④] 因此应该自始没有发生效力，不需要等待判决的发生。果真如此，则两者在丧失效力的时点上有区别。或许最高人民法院还认为，既然决议不存在，也就没有公司依据"该决议"与善意相对人形成关系的可能，因此不需要在第六条特别提及。[⑤] 从《公司法解释四》第五条列举的不成立原因来看，所谓决议不成立并不排斥其实存在不完善的决议文件，如没有满足出席法定数的"决议"，公司依据这种"决议"与善意相对人形成民事法律关系也是有可能的，[⑥] 其效力如何尚有讨论的空间，而非对其避而不谈。

（二）公司内部瑕疵决议形态对外部民事法律关系的影响

决议的不成立、可撤销抑或是无效，与相对人的"善意"标准是存在联系的[⑦]。决议瑕疵形态不一，相对人根据决议与公司形成的民事法律关系效力亦有区别。

1. 决议是外部民事法律关系形成的基础。《民法典》第八十五条体现了决议内容是外部民事法律关系的基础，即决议内容是双方"合意"内容。相对人对意思表示的内容要承担自我控制的义务，正如双方要在拟订的合同上签字，必须要确保书面合同中所表达的意思无误。文义理解

---

① 对决议瑕疵程度的区分，即将内容瑕疵视为较为严重，程序瑕疵相对轻微，因此，内容瑕疵一般导致无效，而程序瑕疵导致可撤销。这被认为是一种形式主义立法范式，缺乏深刻的法理基础。参见钱玉林：《股东大会决议瑕疵的救济》，载《现代法学》2005 年第 6 期；张旭荣：《法律行为视角下公司会议决议效力形态分析》，载《比较法研究》2013 年第 6 期。

② 参见殷秋实：《法律行为视角下的决议不成立》，载《中外法学》2019 年第 1 期。

③ 参见杜万华主编：《最高人民法院公司法司法解释（四）理解与适用》，人民法院出版社 2017 年版，第 149 页。

④ 参见李建伟：《公司法学》，中国人民大学出版社 2014 年版，第 288 页。

⑤ 参见殷秋实：《法律行为视角下的决议不成立》，载《中外法学》2019 年第 1 期。

⑥ 参见殷秋实：《法律行为视角下的决议不成立》，载《中外法学》2019 年第 1 期。

⑦ 参见马更新：《公司担保中决议形成程序与合同效力认定间牵连关系探析》，载《法学杂志》2020 年第 6 期。

具有多面性，合同双方当事人可能均会存在理解偏差的风险。同理，相对人针对公司的决议，只需要尽到客观的合理注意义务，至于不可控的风险，无须强行要求相对人承担。①

2. 决议以相对人“善意”标准联动外部民事法律关系。学说和实务中有观点认为决议被否定，外部法律行为随之失去效力基础。② 此处需要澄清，决议属于外部民事法律关系的内容基础，而非效力基础，否则将难以解释在法律无规定、当事人无约定的情形下决议何以成为外部法律关系的效力基础?③ 与“决议是外部民事法律关系的效力基础”相对的极端观点是，内外区分原则，即团体法归组织法管，组织法规则对团体外部人不产生约束力。④ 虽然两类观点都有合理之处，但考虑得过于片面，而且实践中存在误用的情形。⑤

处于两种极端观点中间的认识，即决议与外部民事法律关系之间产生联动作用：决议的内容和程序通过相对人这一桥梁，与外部民事法律关系产生联动作用。该认识，既避免了决议效力作用没有依据的困境，同时也转向于求助商事交易中外观主义原理（要求处于外观主义信赖下的相对人才值得保护⑥）。瑕疵形态决议，相对人是否能够识别出，要分类别进行分析。在有些情形中，瑕疵决议不具有可信赖的外观，要求“善意”相对人具有相应的识别能力。在瑕疵决议具有可信赖外观的情形下，第三人作为交易方，其直接依据决议形成外部民事法律关系。决议具有外观信赖意义，即使表现出来的有可能是虚像，最后因相对人的“善意”，虚像可被视为实像。相对人的主观（“善意”）是决议对外形成法律关系的桥梁，决议的内容和程序能够成为相对人“善意标准”的考量依据，相对人基于客观合理标准对决议审查的情况可以证明其“善意”，根据《民法典》第五百零四条,⑦ 只要第三人是善意的，第三人与公司所形成的外部法律

---

① 参加袁碧华:《论法定代表人越权代表中善意相对人的认定》，载《社会科学》2019 年第 7 期。

② 参见宁波绣丰彩印实业有限公司与浙江杭州湾汽配机电市场经营服务有限公司等合同纠纷，最高人民法院民事判决书（2012）民提字第 208 号。

③ 参见李建伟:《公司决议的外部效力研究——〈民法典〉第 85 条法教义学分析》，载《法学评论》2020 年第 4 期。

④ 参见王雷:《公司决议行为瑕疵制度的解释与完善——兼评公司法司法解释四（征求意见稿）第 4－9 条规定》，载《清华法学》2016 年第 5 期。

⑤ 《最高人民法院公报》2011 年第 2 期：在中建材集团进出口公司诉北京大地恒通经贸有限公司、江苏银大科技有限公司等进出口代理合同纠纷案，最高院认为公司内部决议程序不得约束第三人，公司法定代表人违反章程规定对外提供的担保应认定为有效。《最高人民法院公报》2011 年第 3 期：绵阳市红日实业有限公司、蒋洋诉绵阳高新区科创实业有限公司股东会决议效力及增资纠纷案，最高院认为“出于保护善意第三人和维护交易安全的考虑，在公司内部意思形成过程存在瑕疵的情况下，只要对外的表示行为不存在无效的情形，公司就应受其表示行为的制约。”但从案由看，本案属于股东内部纠纷，不涉及善意第三人、维护交易安全之趣旨，内外区分原则于此似乎用错了场合。

⑥ 薛波:《论公司法改革中商法思维的引入和运用》，载《北方法学》2017 年第 1 期。

⑦ 《民法典》第五百零四条，法人的法定代表人或者非法人组织的负责人超越权限订立的合同，除相对人知道或者应当知道其超越权限外，该代表行为有效，订立的合同对法人或者非法人组织发生效力。

关系即是有效的，反之，则无效。[①]

三、 公司瑕疵决议行为外部效力的类型化适用

我国关于法定代表人越权行为的规定，集中在越权担保行为。《公司法》第十六条对一般担保和关联担保的决议要求进行区别规定。在实务中，每一越权担保案件中的债权人善意标准是有依据的，而其他类型的越权行为，只能从决议的内容和章程中综合考察相对人的识别能力；或者是直接按照民法当中“善意”标准[②]来考察相对人是否存在主观恶性，可能会缺乏对商事交易特殊背景的考虑，[③] 则相对人“善意”标准不一且混乱。实践中很容易因法官本身对“善意”适用过于习惯而被滥用，也很容易因理解生涩而被弃用，从而造成不确定性。

（一）类型化适用的原因

法定代表人以公司的名义进行各类交易行为，源于公司对法定代表人身份的概括性授权。[④] 基于商事效率的考量，公司一般不会根据具体的事项一一审查核实后方才授权。概括性授权，意味着法定代表人对外代表公司的权限具有广泛性；对内，则有相应的章程予以约束。从《民法典》第八十五条来看，即使内外部效力并不完全一致，也是合理的。内部决议违反章程规定的情形，为了维持众多出资人的共同意愿和管理初衷，自然不能使决议产生持续性的效力，而应予以撤销。外部民事法律关系效力的维持，并不是维护相对人的利益，而是维护相对人真实的意思表示得以持续。从交易安全角度来看，即使一方存在意思错误，也应从该方所产生的权利外观去考察，相对人是否已经产生了信赖。若产生了信赖，法律关系自然须维持。对于第八十五条的理解并不存在困难，障碍在于，此条文更倾向于从宏观的角度进行指引，具体的行为当中应该如何区分内外部效力，有待进一步讨论。授权行为和规范条文的广泛性，与实践行为的多样化不相匹配。当抽象一般概念及其逻辑体系不足以掌握时，首先想到的补助思考形式是“类型”。[⑤] 生活现象或意义脉络的多样表现形态时，类型化区分和总结不同行为的适用标准和处理样态，以此为基础衡量相对人的审查标准和考量外部民事法

---

① 参见屠云娥、叶继师民间借贷纠纷再审案，浙江省高院再审民事判决书（2020）浙民再267号。太原市城区农村信用合作联社向阳信用社与太原市绿森养殖有限公司、尹改娥等借款合同纠纷，山西省太原市中级人民法院再审民事判决书（2020）晋01民再46号。严华枝、肖健二审民事判决书湖北省鄂州市中级人民法院（2020）鄂07民终561号。张济伟、于保华民间借贷纠纷再审民事判决书，江西省高级人民法院（2020）赣民再56号。

② 参见崔建远、刘玲玲：《论公司对外担保的法律效力》，载《西南政法大学学报》2008年第4期。

③ 参见赵万一：《论民商法价值取向的异同及其对我国民商立法的影响》，载《法学论坛》2003年第6期。参见蒋大兴：《民法总则的商法意义——以法人类型区分及规范构造为中心》，载《比较法研究》2017年第4期。

④ 参见郭富青：《〈民法典〉中法人或非法人组织越权原则的反思》，载《上海政法学院学报（法治论丛）》2021年第1期。

⑤ 参见卡尔·拉伦茨：《法学方法论》，陈爱娥译，商务印书馆2003年版，第317、338页。

律关系是否产生效力。

（二）类型化适用的规范基础

1. 类型化适用的层次。类型化适用，第一层次是针对决议不同形态的区分标准，第二层次是在决议区分不同形态之后，以行为类型为基础，区分对外代表行为。

第一层次的区分基础：决议不成立的前两种情形和决议无效作为一个类别进行讨论，因为两者所形成的外观信赖基础于相对人而言，识别难度不大、识别成本也很低，可将两者称为外观信赖性弱的瑕疵决议；而另一个类别中，不成立的后两种情形和可撤销的决议都需要根据具体的案件进行分析。但相对于前一类别，后者不易识别，属于外观信赖性强的瑕疵决议。在此需要明确，决议不成立涉及“未召开会议，未表决，不符合人数或者表决权以及不符合表决比例”等情形，其实是以一个完整的决议流程，来反推决议不成立的内涵：这一流程的要素缺一不可，否则决议不能成立。决议不成立的情形，前两种属于相对人简单判断就可识别的，因为在外观上其瑕疵程度较高，难以形成合理的外观信赖度；后两种与可撤销情形中程序瑕疵存在程度上的差别，既然是过程有瑕疵，相对人一般不应承担过重的审查义务，所以应当结合具体的情形方能判断相对人的主观状况。授权具有广泛性，且现有法律规定又没有对各类对外代表的行为进行一一区分，在实践当中究竟如何适用，尚有疑惑。

2. 类型化的规范依据。公司越权行为的分类，应从《公司法》中寻求依据方显妥当，但《公司法》只针对担保行为作了具体的规定，而其他类型的担保行为，或者说值得组织法重视的行为，在《公司法》第一百零四条尚且能寻求到依据（除了第十六条，其他条文都没有总括性或者关于具体的越权行为规定），其规定本法和公司章程规定公司转让、受让重大资产或者对外提供担保等事项必须经股东大会作出决议的，董事会应当及时召集股东大会会议，由股东大会就上述事项进行表决。虽然是针对股份有限公司而作出的规定，但股份有限公司和有限责任公司的重要区别在于资合与人合的程度。正因为尊重有限责任公司的内部章程规定，所以有限责任公司对外交易行为的授权规定，法律并没有过多干涉。但有限责任公司同样也会面临越权代表问题，同时也会衍生出各种类型的外部法律关系，有限责任公司的内部壁垒也在对外交易行为中渐渐被打破。所以，上述越权行为应当适用于各种类型的公司越权行为的探讨，方显全面。

3. 规范的厘清与解释。《公司法》第一百零四条规定，公司转让、受让重大资产，溢出了公司日常交易行为范畴，于相对人而言，如何分析资产的“重大性”是区分日常交易与重大资产交易的关键。立足文义解释角度，转让重大资产，也应该包括无偿转让的情形。有偿合同与无偿合同是合同类型的基本区分方法之一。让与为有偿时，则为买卖（金钱为对待给付）或者互易

(非金钱为对待给付)；让与为无偿时，则为赠与。[①] 无偿转让行为，可称为赠与行为。[②] 从上述的第一百零四条分析出，可以滤出三种具有典型意义的行为：一是重大交易行为（转让、受让重大资产），二是赠与行为，三是担保行为。

四、外观信赖性弱的瑕疵决议外部效力判断

决议无效与决议不成立的前两种情形可归作一类进行讨论，两种决议于相对人而言，相对人判断所适用的理论基础一致。

（一）决议无效规范的理解

决议无效，有学者从效力性强制性规范与管理性规范区分的角度进行分析，认为违反《公司法》的规定，属于违反管理性规范，并不当然无效。[③] 违反《公司法》之外的其他法律规定，属于违反效力性强制性规范。对于上述分类，有观点指出“不过是在法律解释学的角度上循环论证”。[④] 脱离解释者的价值藩篱以明确条文的规制目的即强调决议内容必须符合法律规定的初衷，坚持公司自治的同时也要坚守国家法治的底线。《公司法解释四》规定，即使决议无效，亦不影响相对人与公司形成的法律关系。《九民纪要》规定不论接受担保的相对人是银行等专业的金融机构抑或是一般公司都应首先审查决议是否存在。如果在未审查决议是否存在的情况下即接受担保，应认定债权人存在重大过失或者“知道或者应当知道”法定代表人越权。反推之，《公司法》已经明确对外担保的程序和要求，作为交易相对人，欲证明自身的“善意”，应当证明自身行为未与法律规定相违背。[⑤]

（二）决议无效的外部效力

基于法律的公开性和对世性，应推定所有人都知晓该规范。[⑥] 若公司决议与章程相违背，外部法律关系不能直接归于无效。决议无效本身就意味着相对人对法律和行政法规这些具有极强公示性的对象熟视无睹，正如不动产登记簿已然记载了真实的和不动产所有权人，交易相对人

---

① 参见朱广新：《论合同法分则的再法典化》，载《华东政法大学学报》2019 年第 2 期。

② 参见《民法典》第六百五十七条：赠与合同是赠与人将自己的财产无偿给予受赠人，受赠人表示接受赠与的合同。赠与人可以是各类民事主体，包括公司等营利法人。

③ 赵德勇、宋刚：《关于公司对外担保的法律问题》，载《理论探索》2007 年第 2 期。

④ 岳冰：《解释论视角下公司担保行为效力的规范立场》，载《法学杂志》2019 年第 10 期。

⑤ 参见最高人民法院在“吴文俊诉天利公司、周文英民间借贷纠纷再审案”中强调了注意义务：法律规定具有公示作用，吴文俊应知晓。因法律有明确规定，吴文俊应知天利公司为戴某债务作保须经股东会决议，而其并未要求戴某出具股东会决议，吴文俊显然负有过错，因而不能被认定为善意第三人，最高人民法院（2014）民申 1876 号民事裁定书。

⑥ 法律一经公布，推定所有人都应知晓并遵守。最高人民法院民事审判第二庭编著：《〈全国法院民商事审判工作会议纪要〉理解与适用》，人民院出版社 2019 年版，第 181 页。

若没有查证不动产登记簿的真实主体而与非真实权利人进行交易，则应自行承担责任。与公司交易的相对人，其注意义务和识别能力强于一般民事主体，应当熟知相关的法律条文，即便该决议内容可能溢出了《公司法》的管辖范围。法律规范具有引导性，让所有社会主体能够提前预知行为的法律后果，而决定是否应该为之，否则，法律只是没有生命力的文字。上文已述，相对人与公司所形成外部法律关系的基础内容是决议的内容，决议内容不仅是公司的意思表示，也应该是相对人的意思体现。作为商事交易的相对人应当具备对成文法的检索和查询能力，若决议已然违反法律规定（或者根本不存在决议），但相对人仍与公司形成民事法律关系，相对人不能被视为善意相对人，所形成之法律关系不应有效。

（三）公司决议不成立的类别

考虑决议不成立，应当围绕两点：一是使决议无效的原因范围扩大，填补无效事由过窄所造成的漏洞；二是使中小股东维权依据更充分，保护少数股东以免其受严重程序瑕疵损害。决议不成立所承担的重要责任就是将无效和撤销以外的适用范围扩大。[①] 因此，决议不成立有两类：一类是决议不具备最低的成立要件（与决议无效一样，不发生效力）；另一类就是决议虽然具备了要件的外观，但是存在严重的瑕疵（与可撤销中程序瑕疵相关联），应当否定效力。

（四）决议不成立前两种情形的外部效力

决议不成立的前两种情形即未召开股东会、未对决议进行表决。决议依靠召集程序来推动的，如果没有召集行为，其他股东如何得知要进行决议？召集程序是一种决议前期的仪式准备，否则就只是股东之间聚集商量事情。实践中，有裁判表现出一种危险倾向，在没有召集的情况下，认为瑕疵决议已经过“半数表决权股东的真实意思表示”，直接判定决议合法有效，都未考虑决议可撤销的问题。[②] 召集程序的固定化和确定化自然离不开会议记录，股东、债权人和相对人都可通过会议记录确定决议的内容和程序是否符合规定。意大利《公司法》改革之后，依据其第 2379 条，缺乏会议记录也仍然是决议无效事由；类似规定可参见德国《股份公司法》第 241 条第 2 项，其强调了会议记录的重要性，[③] 会议记录应当作为决议存在的一个重要依据。概

① 参见殷秋实：《法律行为视角下的决议不成立》，载《中外法学》2019 年第 1 期。

② 参见北京远方国际拍卖有限公司与祖伊萱公司登记纠纷上诉案民事判决书，北京市第三中级人民法院（2017）京 03 民终 13283 号。

③ 有部分法院注意到召集对象的重要性，认为“（未通知股东参会的）行为与诸如提前通知不足法定期间、表决方式未按章程约定等股东会召集、表决过程中的一般程序瑕疵明显不同。其后果并非影响股东表决权的行使，而是从根本上剥夺了股东行使表决权的机会和可能，同时也使受侵害股东因不知晓股东会决议的存在而无法及时主张权利救济。”参见陈木楠与上海锦麒机电设备安装工程有限公司股东会决议效力确认纠纷上诉民事判决书上海市第一中级人民法院（2009）沪一中民三（商）终字第 954 号。

括地说，决议的最低要件理解为存在召集、股东表决和会议记录[①]（已经有裁判强调没有会议记录的股东会决议可以落入《公司法解释四》第五条第五项的范畴），[②] 完全缺乏最低要件会导致不构成决议。从《九民纪要》规定来看，担保债权人应当限定于形式审查。当然，该规定是衡量相对人能够付出的审查成本和承担的注意义务，并没有改变和削弱他们的交易地位。在担保行为之外，针对某一特定的决议内容，查询相关法律条文规定，若无法律规定应当经过决议，自然无须履行形式审查决议的义务。但若必须经过决议，应当要求查看决议（会议记录），没有召开股东会也没有进行表决，自然没有决议的证明文件。相对人若能履行上述审查步骤，可称之为"善意"第三人。否则，如此明显的瑕疵，未能察觉，自然不属于"善意"相对人。

（五）瑕疵决议外部效力的判断基础

外部效力的判断基础是尊重双方当事人的真实意愿。《民法典》第八十五条对于外部民事法律关系效力的维持，并不纯粹是维护相对人的利益，更重要的是尊重当事人真实的意思表示，维护交易安全。因为维持外部民事法律关系的效力，并不能保证相对人利益最大化。交易成本—效益原理表明，复杂的商事交易过程中总是存在成本的，如果交易过程中的成本大于收益，交易的主体无法实现营利目标。在现实交易中，双方并不一定都能根据买卖合同实现"共赢"，会存在一方亏损或者双方均亏损的情况。因而外部法律关系的效力与相对人利益的维护并不是完全对应的，存在一定的随机性。没有任何一个市场主体能保证交易是百分之百盈利的。

决议无效以及决议不成立的前两种情形，对于外部法律关系的影响是：决议的外部可信赖性明显很低，相对人不能以不知相关法律规定为由来主张其"善意"。"善意"的相对人保护，是维护其真实交易的意思，保障交易的持续性和安全性，但前提是该瑕疵决议形成了使相对人信赖的外观。非"善意"的相对人，其在"明知或应知"的情形下，无法本于举轻以明重的法理，将决议无效或决议不成立的前两种瑕疵类型纳入《民法典》第八十五条的规范射程内，[③] 不能主张其与公司形成的外部民事法律关系有效。

五、 外观信赖性强的瑕疵决议外部效力判断

决议的可撤销和不成立的后两种情形可归作一类进行探讨，结合具体的案件类型进行细化

---

① 参见郭曼、北京航美盛世广告有限公司与航美传媒集团有限公司公司决议效力确认纠纷一审民事判决书，北京市朝阳区人民法院（2017）京0105民初29883号。

② 《公司法》第一百零七条规定，股东大会应当对所议事项的决定作成会议记录，主持人、出席会议的董事应当在会议记录上签名。会议记录应当与出席股东的签名册及代理出席的委托书一并保存；第四十一条第二款规定股东会应当对所议事项的决定作成会议记录，出席会议的股东应当在会议记录上签名。此外，《公司法》第四十八条第二款和第一百一十二条第二款分别规定有限公司和股份公司的董事会应该制作会议记录。

③ 王志诚：《公司法人未经合法决议所为法律行为的效力——我国台湾地区司法实务的实践经验及启发》，载《北方法学》2017年第4期。

研究。但三种类型中相对人所处的法律关系各不相同，要结合相对人权利义务履行的特点，分析其对于法律关系之基础决议的审查、注意义务，即主要考虑各法律关系内部的利益平衡问题。利益衡量作为一种重要的法律解释规范冲突的思维及裁判方法也得到了最高人民法院的认可，“人民法院在审判中要正确运用利益衡量方法”,①“妥善解决不同主体之间的利益纠纷”。②

（一）重大交易行为

重大交易行为中交易相对人与公司之间属于权利义务对等的主体，交易相对人所尽之合理注意义务，是遵循交易自负风险规则的体现。上文已述，《民法典》第八十五条所述之维持外部关系效力，是以尊重交易当事人的真实意思而非保证其可从交易中获利。即使交易行为效力不被法律所认可，并非意味着相对人的利益落空。因此交易相对人的审查注意义务也应限于合理的交易，但因为交易的非日常性，所以交易相对人的注意义务应当将“重大”和“非日常性”的性质考虑入内。

1. 一般情况下相对人难以识别决议瑕疵。公司的可撤销决议分为两类，一类是程序的瑕疵，另一类是决议内容违反章程。程序的瑕疵即“召集与表决”过程有瑕疵，导致结果有瑕疵而产生的不正义。上文的决议不成立要件结合可撤销决议的法律规定，得出决议如果存在最低要件，但是有召集人是外部人、没有召集全部股东、③会议记录没有记载最低内容或没有适格主体签字等严重瑕疵，会导致决议不发生效力的结论。章程的审查，于相对人而言，审查标准过高，存在不合理之处。此程序瑕疵轻于决议不成立所涉的程序瑕疵，也因此相对人更难以觉察。若是公司的股东未提起撤销之诉，则决议的效力与有效决议并无差别，之所以能维持其效力，是因其并未存在重大的、易于发现的瑕疵，而且在一定情况下能被追认、被修复甚至直接被视为正常的、有效的决议。④从《公司法》规定来看，决议不成立的程序瑕疵更严重、更明显，简单概括即决议涉及程序不当即表明该行为不存在，更何谈发生效力。决议可撤销则是在当事人未主张之前，其瑕疵的存在，视为公司的股东已经接受或者容忍，即使意思表示存在虚像，该虚像替代真实意思

① 《关于在审判执行工作中切实规范自由裁量权行使保障法律统一适用的指导意见》（法发〔2012〕7号）第七条指出：正确运用利益衡量方法。行使自由裁量权，要综合考量案件所涉各种利益关系，对相互冲突的权利或利益进行权衡与取舍，正确处理好公共利益与个人利益、人身利益与财产利益、生存利益与商业利益的关系，保护合法利益，抑制非法利益，努力实现利益最大化、损害最小化。

② 宋晓明：《以法治思维推进商事审判，用法治方式保障经济发展——就学习贯彻党的十八大会议精神专访最高人民法院民二庭庭长宋晓明》，载最高人民法院民事审判第二庭编：《商事审判指导》总第32辑，人民法院出版社2013年版，第3页。

③ 参见宝恒投资有限公司与三亚保力房地产投资开发有限公司公司决议撤销纠纷二审判决书，海南省高级人民法院（2015）琼民二终字第19号。

④ 王志诚：《公司法人未经合法决议所为法律行为的效力——我国台湾地区司法实务的实践经验及启发》，载《北方法学》2017年第4期。

的实像这一现状已经被认可。[①]

2. 特殊交易下相对人须识别决议程序瑕疵。与非上市公司交易相对人的审查内容不需要达到上述要求（识别出程序瑕疵与章程内容），但是在上市公司交易的情形中，就存在例外。因为上市公司的信息披露程度远远高于一般的公司，而且与上市公司交易的相对人，本身进行商事交易的频率也相对较高。上市公司作为规模较大的理性商事主体，在筛选交易对象时，自然也会作出更有利交易进展的选择。根据《上市公司信息披露管理办法》的规定，上市公司关于其内部的情况，需要定期对外披露，尤其是涉及重大资产交易的情况，相对人应当可以较低的成本了解上市公司的内部情况。[②] 相对人要确定出席会议的股东表决权是否符合《公司法》规定、表决结果是否未达到《公司法》规定的通过比例，[③] 以及召集人是外部人、没有召集全部股东、会议记录没有记载最低内容或没有适格主体签字等严重瑕疵，[④] 方可认定其“善意”；否则，外部民事法律关系不能成立。但如果是决议仅不符合章程规定，作为相对人即使未能审查出来，也可认定为“善意”，不影响外部民事法律关系的效力。

3. 双方当事人就决议内容进行约定。在非上市公司的情形下，若公司与交易相对方签订一个协议，明确约定只要双方之间超过交易金额×××（重大资产交易）的合同需经公司股东会或董事会按照某种比例决议通过，方才生效；也就是实务当中认为“相对人知道或应当知道此种限制的情形下此种情形”[⑤] 或者是“相对人实际知道或因重大过失而不知道此种限制的情形下，该越权行为的效果不归属于法人”[⑥]。公司内部决议可从两个维度理解：其一，该约定可理解为合同之生效条件，欠缺该生效条件时，合同虽成立但并不生效；其二，该约定可理解为公司合意之构成部分，欠缺该内部合意时，公司外部合同不成立。[⑦] 但无论如何，外部的民事法律关系均不发生效力。此种情形会出现是因为双方之间可能长期存在交易关系。为求便利，公司对于

---

① 参见崔建远：《论外观主义的运用边界》，载《清华法学》2019 年第 5 期。

② 涉及重大资产交易的问题，深圳证券交易所和上海证券交易所都发布了相应的指引规则，如《上海证券交易所上市公司自律监管规则适用指引第 1 号——重大资产重组》以及《深圳证券交易所上市公司信息披露指引第 5 号——交易与关联交易》等。

③ 参见《上市公司信息披露管理办法》第二十一条。

④ 参见《上市公司信息披露管理办法》第二十一条。

⑤ 参见景泰县日月昌房地产开发有限责任公司、张定山合同纠纷二审民事判决书，甘肃省兰州市中级人民法院（2020）甘 01 民终 151 号。《民法典》合同编第五百零四条，法人的法定代表人或者非法人组织的负责人超越权限订立的合同，除相对人知道或者应当知道其超越权限外，该代表行为有效，订立的合同对法人或者非法人组织发生效力。

⑥ 参见贵州省副食果品公司、卯昌烈民间借贷纠纷二审民事判决书，贵州省贵阳市中级人民法院（2018）黔 01 民终 3187 号。

⑦ 参见蒋大兴：《公司组织意思表示之特殊构造——不完全代表/代理与公司内部决议之外部效力》，载《比较法研究》2020 年第 3 期。

法定代表人存在广泛性的授权，但是公司又有法定代表人越权之虞，所以会与相对人提前签订一个协议，能有效防止越权行为的产生以及保障公司的利益。在上述情形下，有可能该金额是与章程规定一致，也有可能是股东决议之后商定的数额，但无论如何，均属于公司真实意思或者是决议已然被第三人知晓，则第三人不可以不知内部规定作为理由，要求维持外部民事法律关系的效力。

（二）赠与行为

《民法典》合同编第六百五十七条、第六百五十八条到第六百六十条，对赠与合同进行分类，一类是可撤销赠与的合同；另一类是不可撤销赠与的合同。不可撤销赠与的合同包括已经公证的合同和涉及救灾、扶贫、助残等公益、道德义务性质的捐赠协议。赠与合同中受赠人获得利益不负任何对价义务，而任意撤回权的设置实际上是通过缓和赠与合同的约束力来实现优遇赠与人的目的，以达到公平正义的目的（一种矫正的正义体现）。① 可撤销赠与的合同与不可撤销赠与的合同，受赠人所受到的保护程度不同，所涉及的注意义务也有差别，由此牵连的赠与行为效力随之存在差异。

1. 赠与行为相对人须识别程序瑕疵。根据《公司法》第一百二十一条，上市公司在一年内购买、出售重大资产或者担保金额超过公司资产总额百分之三十的，应当由股东大会作出决议，并经出席会议的股东所持表决权的三分之二以上通过。上市公司的相关规定，一般是以百分之三十作为一个临界点，交易行为尚且如此，何况还是无偿转让行为，举轻以明重，公司将金额超过公司资产总额百分之三十的资产无偿转让之时，相对人也应该有形式审查义务。上市公司相对人对赠与行为的审查要求更为严格，要确定是否由股东大会作出决议，所持表决权是否符合法律规定；还要确定股东大会的相关召集程序和表决方式是否存在瑕疵，如召集人是外部人、没有召集全部股东、会议记录没有记载最低内容或没有适格主体签字等瑕疵。上述信息都在上市公司的信息披露当中，作为与之交易的相对人，其搜寻相关信息的能力应是具备的，且相对人是接受赠与之人，要求其对赠与财产加强注意义务并非苛责，此举反而更有利于其保障自身利益：赠与主体若发现存在越权赠与行为，可行使任意撤销权（赠与本身与交易不同，交易不能保证相对人一定可从中获利，但赠与意味着受赠人不负担义务即可享有利益）。非上市公司的信息对外披露不强，《公司法》并无相关规定，其内部的章程具有封闭性，公示性弱，但外部的相对人可要求对方出示章程，以检查决议是否符合规定。受赠人的审查，在一定程度上保证赠与行为不会被任意撤销权所否认。虽花费较高的搜索成本，但也是保障自身顺利获取受赠财产而须付出的成本。立足合理性角度，应赋予被赠与相对人事前审查内部章程和决议的内容，以避免赠与行为因内部决议不当而被公司撤销。

① 参见宁红丽、易军：《论民法撤销权体系中赠与人的撤回权制度》，载《岳麓法学评论》2003 年第 1 期。

2. 慈善捐赠“善意”相对人无须审查决议（限于篇幅，暂不讨论公证的赠与合同）。我国一些企业的捐赠行为则有违法“作秀”之嫌。例如，在我国央视慈善晚会上，某企业捐赠牌匾上写着3000万元，到了晚会现场，其领导人当场宣布追加7000万元。[①] 追加捐赠数额，未征得公司权力机构的授权，显然属于越权行为，股东可主张这一行为缺乏法律效力。此举动不适法，这些企业的代表完全可以事后在获得授权的情况下追加捐赠。《民法典》第六百五十八条规定，如果涉及的是救灾、扶贫、助残等公益、道德义务性质的捐赠，也不能直接撤销该行为。立法基于被捐赠者的弱势的地位，通过引导社会的富余资金合理流向该群体，实现社会的和谐。所以营利法人在救灾、扶贫、助残等捐赠中，有“禁反言”义务，以维护公益捐赠中的诚信；[②] 相对人的审查义务程度降低，无论公司章程中规定公司捐赠是由董事会还是股东会作出决议，除了受赠人与公司法定代表人恶意串通损害公司及股东利益之外，外部民事法律关系均有效。捐赠行为的规制，与《公司法》中的公司社会责任有关，是社会和谐的基础：向不熟识的人进行赠与具有整合社会、增强社会团结的润滑剂作用，[③] 作为群体的受赠人不能被要求过高的审查义务。捐赠行为与一般赠与合同的差异在于让捐赠人享有社会美誉度提升，[④] 一方面鼓励其为捐赠行为，且“禁反言”；另一方面保障受赠人的合理期待不被落空。在捐赠过程中，虽然代表人行使了越权捐赠行为，但是事后有权表决机关（比如董事会、股东会的追认）同样能够补足越权行为的效力瑕疵。[⑤]

（三）担保行为

若维持外部关系效力，债权人相对于公司内部股东以及公司的其他债权人而言，应是获利方。作为获利方，在这一行为中为求所获，即使义务重于一般交易行为，也无不当。因为《公司法》中明确规定担保行为的程序标准，如果明显未根据法律规定进行审查，担保行为的债权人自然不属于“善意”相对人，但是其审查的内容还须进行细化。此处同时涉及外观信赖性强和弱的情形，但主要以前者如何细化审查标准为主，毕竟法律规定中明确的审查标准部分较少。

---

① 参见罗培新：《论公司捐赠的司法政策——从万科捐赠风波谈起》，载《法学》2008年第12期。

② 参见罗昆：《“依法”不得撤销的公益性赠与之认定》，载《法律适用》2020年第15期。

③ Fabio Tringali. Le donazioni. Torino：G. Giappichelli Editore（2010）。

④ 参见杭州法院发布第一批保障疫情防控和经济社会发展“双线作战”典型案例之四：聚星睿格（武汉）市场营销策划有限公司与杭州可靠护理用品股份有限公司合同纠纷案——疫情下捐赠善举促调解成功握手言和。

⑤ 参见安吉环保公益协会、浙江安吉农村商业银行股份有限公司公益事业捐赠合同纠纷民事判决书，浙江省安吉县人民法院（2017）浙0523民初8447号：该案虽然最终没有支持原告请求捐赠人农商行履行承诺，但法院法官也在判决书中提到：公益事业捐赠中的捐赠人一方往往是有一定财力、知名度的个人或单位，受赠人一方也往往是具有一定社会影响的公益性社会团体和公益性非营利的事业单位，双方在公益活动中引发纠纷甚至纠纷成讼，更易引发社会诚信危机，而消除化解纠纷最佳方式则是在公益活动开展前对涉及的相关公益捐赠事项以书面协议形式加以固定。当然，书面协议的确定就会在一定程度上保证有权决议的机关的认可，对外签订协议需要公章或者公司内部决议等，更能确保授权符合内部章程规定。

1. 相对人须识别决议的程序瑕疵。仅对决议是否存在进行审查，并不能作为支持债权人善意的理由，债权人还需要审查该决议程序是否符合法律的要求，就表决权而言，划分上市公司和非上市公司的意义在于《公司法》对上市公司提供担保的决策机关和表决权数有特殊规定。当担保金额超过公司资产总额百分之三十的，其决策机关为股东大会，表决权数为三分之二以上，而不是《公司法》第十六条的规定。《九民纪要》明确要求债权人对公司章程规定的决议程序进行审查，包括决议机关是否符合《公司法》及公司章程的规定，以及同意决议的人数及签字人员是否符合公司章程的规定。只要债权人尽到合理的形式审查义务，担保行为的效力并不会受到影响。①

其中，在关联担保的情况下，《九民纪要》明确债权人在审查股东（大）会时，应当审查决议的表决程序是否符合《公司法》第十六条关于关联担保表决程序的特殊规定，同时也要求债权人审查签字人员是否符合公司章程的规定；在非关联担保的情况下，该文件则明确债权人要对同意决议的人数及签字人员是否符合公司章程的规定进行审查。对于债权人是否需要对公司章程规定的决议机关进行审查的问题，在关联担保的情况下，由于《公司法》已经明确规定关联担保的决议机关是股东（大）会，因此债权人必须进行审查。当然，如果存在母子公司担保的特殊情况，在《最高人民法院关于适用〈中华人民共和国民法典〉有关担保制度的解释》第八至十条中，也明确了相对人的特殊审查标准，此处不再赘述。

在非关联担保的情况下，《九民纪要》引用了《民法总则》第六十一条第三款关于“法人章程或者法人权力机构对法定代表人代表权的限制，不得对抗善意相对人”的规定，似乎表明债权人无须对作出决议的机关是否符合公司章程的规定进行审查，除非债权人明知公司章程对决议机关有明确规定。但结合前文所述内容进行分析理解，假设债权人为善意，则债权人必须对同意决议的人数及签字人员是否符合公司章程的规定进行审查，即善意债权人是需要审阅公司章程的，若公司章程对决议机关进行了规定，债权人便不能对此视而不见，需审查决议机关是否符合公司章程的规定。由此推知，只有在公司章程未对决议机关进行规定的情况下，债权人才无须对决议机关是否符合公司章程的规定进行审查。②

2. 相对人无须对决议的真实性进行审查。无须对决议的真实性、决议的效力进行审查。法定代表人通过伪造股东（大）会或者董事会决议的方式向债权人表达虚假的公司意思，债权人在诉讼过程中以其已尽到形式审查义务为由，主张公司承担相应的义务，也是合理的。故而，债

---

① 姜申英诉运盛公司、中鑫汇通公司等民间借贷纠纷上诉案，上海市第一中级人民法院（2018）沪01民终10784号民事判决书。

② 参见马更新：《公司担保中决议形成程序与合同效力认定间牵连关系探析》，载《法学杂志》2020年第6期。

权人是否需要承担对决议真实性和决议效力进行审查的义务必须予以明确。债权人无须对决议的真实性及其效力进行审查原因有以下三点：第一，决议效力的确认应由法院确认，同时决议内部的瑕疵也只能经过鉴定机关的鉴定方能识别，在法院尚未作出决议无效、撤销或者不成立的认定之前，决议效力应推定为有效。第二，债权人无须对材料的真实性进行审查，如果要求债权人对材料的真实性进行审查，将会大量提高交易成本，对于债权人而言，负担过重。第三，从法院目前态度来看，《九民纪要》只要求债权人必要的注意义务即可保证担保行为的效力。

六、 结语

《民法典》第八十五条对决议瑕疵形态的类型规定存在不足，也没有明确决议与善意相对人的审查标准以及外部民事法律关系效力三者之间的联系。决议瑕疵形态存在于公司越权代表行为的内部，但是也会牵连外部法律关系的效力。决议的（瑕疵）形态是基础，相对人的识别能力是拉线，牵动外部法律关系。对决议的形态识别，是确认外部民事法律关系效力的重要因素。决议外部效力规则的制度价值是沟通组织法与交易法上行为效力关系的一座桥梁。解决外部效力问题，是对市场交易中公司越权代表行为不利后果的有效应对。越权代表行为是以瑕疵的决议为内容基础，形成外部民事法律关系。结合具体类型的越权代表行为分析外部的效力，是对市场交易的最终确认，在尽量维护当事人意思自治的前提下，保障市场交易的稳定性和安全性。

论上市公司重大资产重组业绩补偿制度的取消

——法律经济学的分析视角

■吕　晖*

摘要：《上市公司重大资产重组管理办法》规定了强制业绩补偿制度，业绩承诺与补偿安排来源于市场的自发实践，以经济学的视角，在私人公司股权交易市场具有“柠檬市场”特征的情形下，自愿的补偿安排成为优质卖家一种有效地向买方传递信号筛选的机制，但强制业绩补偿打破了市场平衡，所有卖家均需履行法定强制义务，扭曲了市场的价格发现机制。从规范分析的角度，业绩补偿的实质是一种估值调整机制，目的在于以法律手段遏制资产卖方高估值的冲动，以保护上市公司及其中小股东的利益。但规范运行效果的实证分析显示，业绩补偿的存在反而助推了目标资产的高估值，业绩承诺的达标率不高，业绩补偿实际执行时难以落实，根源在于业绩补偿在买卖双方之间错配了风险与利益。业绩补偿制度已经异化，应当予以取消，还市场主体以自治。

关键词：上市公司　重大资产重组　业绩补偿　法律经济学

一、引言

我国现行《上市公司重大资产重组管理办法》（以下简称《重组办法》）第二条界定了上市公司的重大资产重组行为，① 第三十五条则规定了上市公司重组交易中的业绩补偿制度，要求上市公司在重组或发行股份购买资产交易中与交易对方（资产卖方）签订业绩补偿协议，由交易对方就交易目标未来三年的实际盈利数据进行承诺，当实际盈利数不足利润预测数时由业绩承诺方对上市公司进行补偿的制度。本文认为，业绩补偿制度包含了业绩承诺与业绩补偿两个行

---

* 吕晖，澳门科技大学法学院博士研究生，广发证券股份有限公司职员。

① 上市公司在日常经营活动之外购买、出售资产或者进行其他资产交易达到规定的比例，导致上市公司的主营业务、资产、收入发生重大变化的资产交易行为是上市公司重大资产重组。为了行文的简便，下文将上市公司重大资产重组统一简称为“重组”或“重组交易”。构成重大资产重组的具体指标计算参见《重组办法》第十二条。

为，所以有学者也把业绩补偿称作盈利预测补偿、业绩承诺，[①] 实则业绩承诺为因，业绩补偿是果，而业绩承诺的前提则是上市公司于重组交易时对目标资产采用了收益现值法、假设开发法等基于未来收益预期的方法进行估值定价。

根据笔者对我国上市公司公告文件的检索，业绩承诺与补偿的实践最早出现于我国上市公司股权分置改革中，[②] 此后此种合约安排慢慢向上市公司重组交易扩展，许多资产卖方主动于交易协议中签署了业绩承诺与补偿安排，既展现了其对重组目标资产盈利能力的信心，也为重组方案获得上市公司董事会和股东大会的审议通过奠定基础。2008 年，中国证监会总结监管经验首次制定《重组办法》，直接把市场中的业绩补偿实践上升为法律规则，强制所有重组交易卖方承担业绩承诺与补偿义务。2014 年证监会修订《重组办法》，区分不同交易类型，放松对业绩补偿的管制，规定只有当上市公司与控股股东、实际控制人或者其控制的关联人交易时，才必须签订补偿协议；除此之外的其他重组交易，由双方自主协商是否采取业绩补偿措施。[③] 至此，我国重组交易中的业绩补偿制度基本定型，除了强制业绩补偿之外，对于市场化重组交易即便不再强制要求业绩补偿，但买卖双方博弈的结果显示仍然有不少交易自行选择了业绩补偿安排，业绩补偿已成为上市公司重组交易的固有特征。

---

① 参见宁清宇：《上市公司重大资产重组中的业绩补偿制度研究》，载北京大学金融法研究中心主编：《金融法苑（2015 总第九十一辑）》，中国金融出版社，2015 年版。

② 《宁夏大元化工股份有限公司股权分置改革说明书》是笔者检索到第一份出现“业绩承诺”字眼的公告档，由于连续亏损面临退市风险，大连实德投资有限公司从地方国有企业手中受让非流通股，成为大元股份新的控股股东。为了推动股权分置改革同时增强广大投资者对新股东入主的信心，实德投资于股权分置改革法定承诺之外作出特别业绩承诺，承诺大元股份 2005 年度经审计的主营业务利润和扣除非经常性损益后的净利润均为正数，且被出具标准无保留意见的审计报告。不过该次伴随着控股权变更的股权分置改革并未对承诺人无法实现业绩承诺作出补偿安排。详见《宁夏大元化工股份有限公司股权分置改革说明书》，http：//static. cninfo. com. cn/finalpage/2005 – 11 – 28/16231106. PDF，2021 年 5 月 9 日访问。在随后的福耀玻璃工业集团股份有限公司的股权分置改革方案中，公司非流通股东对公司未来三年的业绩增长情况向全体流通股东作出明确承诺，同时约定当业绩未实现时，非流通股东将承担追送股份的补偿责任。详见《福耀玻璃工业集团股份有限公司股权分置改革说明书》，http：//static. cninfo. com. cn/finalpage/2006 – 01 – 16/16378708. PDF，2021 年 5 月 9 日访问。业绩补偿安排出现于上市公司资产重组交易则首见于武汉道博股份有限公司 2006 年 9 月的重大资产置换交易中，新星商贸作为公司新入主的控股股东为了解除上市公司因持续亏损可能面临的退市风险，向公司置入房地产资产，为了避免置入资产业绩的不确定，新星商贸主动承诺置入资产于 2007 年度将为道博股份产生 2945. 58 万元的投资收益，若上述收益未能实现，新星商贸保证于道博股份 2007 年度审计报告出具后的 30 个工作日内，以现金方式向道博股份补足。详见《福耀玻璃工业集团股份有限公司股权分置改革说明书》，http：//static. cninfo. com. cn/finalpage/2006 – 01 – 16/16378708. PDF，2021 年 5 月 9 日访问。

③ 详见 2014 年修订的《重组办法》第三十五条第三款。

二、从“柠檬市场”到“信号传递”：业绩补偿制度的经济学解释

（一）“柠檬市场”：信息不对称下私人公司股权交易市场

“柠檬市场”问题是由2001年度诺贝尔经济学奖获得者之一、美国经济学家乔治·阿克洛夫（George Akerlof）首先发现并提出的。“柠檬”意为次品，阿克洛夫教授在文章中考察了二手车市场，发现旧车市场上在买方与卖方之间存在着明显的信息不对称。由于卖方往往比买方更清楚车的质量，因此好车车主只愿意以较高价成交，而次车车主却愿意以较低价出手。显然，买方知道市场上有一定比例的好车和次车，而在买方无法通过其他办法检查旧车质量的情形下，由于存在着买到次品二手车的概率，因此其出价就要打折扣。当市场上次车的比例大到一定程度，意味着买方给出的折扣也足够大，更低的出价将使得好车车主不愿意把再车投入市场。最后市场上只剩下了次车。[①] 市场运行的最终结果，导致了“逆向选择”的发生，即“劣币驱除良币”。

在上市公司重组交易中，目标绝大多数为私人公司（private company）股权。私人公司是与公众公司（public company or publicly held corporation）相区别的一种公司类型，后者指其股份可以被公众投资者所持有的公司。[②] 一个公司价值的大小，决定于其盈利能力的大小。这不仅和企业的产品结构有关，也和企业的市场营销有关；不仅和企业的技术力量有关，也和企业的组织制度有关；不仅和企业家的素质有关，也和企业中通行的习惯有关。[③] 不对这些相关的信息进行把握，就不可能正确地判断企业的质量。对公司重要信息的掌握程度既直接影响了投资者对公众公司的投资决策，也是并购交易中买方决策的主要考虑因素。对于公众公司，现代各国基本建立了以强制信息披露制度为基石的证券监管法治，确保呈现“公共产品”特征的公众公司信息的供给，以减少社会交易成本。而私人公司的各项信息并不公开为社会所知，一般掌握在卖方股东及其管理层手中，买方与卖方之间关于公司信息的隔阂决定了私人公司股权交易市场也和二手车市场一样呈现出典型的“柠檬市场”的特征。对于交易中的买方而言，首要的担心就是“买贵了”或者说付出了同等的价格却买到了次品，而对于持有优质资产的卖方而言则担心买方不识货、“好货卖不出价”。如此一来，市场博弈的结果极有可能导致并购市场的萎缩，最终希望利用并购重组推动资源优化配置的目的必将落空。

---

① See George Akerlof, *The Market for ‘Lemons’: Qualitative Uncertainty and the Market Mechanism*, 84 Quarterly Journal of Economics 488, 500 (1970).

② 如美国《示范商事公司法》第1.40条将公众公司定义为“股份在证券交易所交易，或者在一个由全国证券业协会成员组织的市场中经常性交易的公司”。

③ 盛洪：《寻求改革的稳定形式》，上海财经大学出版社2002年版，第377页。

（二）经济自发下的业绩承诺与补偿：中国特色的“信号传递”和“筛选机制”

为了克服“柠檬市场”中的逆向选择问题，斯宾塞教授提出了“信号传递”（signaling）理论，即在信息不对称的情况下，具备信息的一方会采取某种行动以克服信息不对称带来的问题。[①] 斯宾塞教授以就业市场为例，指出应聘人对自己能力的了解往往比雇主更清楚，为了避免被“劣币驱逐”，能力高的人比能力低的人有更强的动机把和自己能力有关的信息传递给雇主，并且这种信息传递必须是能力低的人难以模仿的。在这种情况下，通过教育投资获取名牌大学的文凭以及高学历成为有效的“信号传递”方法，且难以被能力低者模仿，只不过信号传递过程是需要付出成本的。具体到二手车市场中，卖主向买主提供商品退赔、维修等保证均是有效的“信号传递”方式，拥有私有信息（private information）的一方通过信息传递，消除了信息阻隔，优化了资源分配。

而经济学家斯蒂格利茨教授则提出了另一个解决逆向选择问题的方法，指出不具备信息的一方可以通过调整合同的形式“筛选”（screening）出有信息的一方。例如在旧车市场上，买方为了避免买到质次价高的二手车完全可以通过改变“一手交钱，一手交货，钱货两清”的合同设计，通过不同的合同策略以识别出拥有较高质量产品的卖方。假设一个二手车卖家宣称他的车质量优良，价值 30 万元，那么买方可以提供几个不同的合同支付条件供卖方选择。第一份合同，首付 5 万元，半年后再支付 5 万元，余款一年后付清。如果在一年内，旧车质量确实如卖家所宣称的那样优良，则一年后买方将按照合同约定支付全部货款。反之，若质量不能达到合同要求，则买方将不再支付任何款项。第二份合同，双方商定价格为 20 万元，成交时即付清。如果旧车的质量不能达到第一份合同所要求的承诺，卖主将不会选择第一份合同，因为他会冒很大风险，本来卖主可以得到 20 万元的卖价，但由于错误地选择了合同，很可能只得到 5 万 ~ 10 万元。通过制定出附带质量特征承诺的分期付款合同，买主可以将不同质量的旧车区别开来，逼迫卖主讲真话。[②]

通过模拟旧车市场的交易，我们可以发现，当在上市公司重组交易中，买卖双方通过自主协商达成业绩承诺与补偿安排，恰恰是在市场“无形之手”指挥下形成的克服私人公司股权交易市场信息不对称的制度设计。

站在卖方的角度而言，愿意对目标资产未来一定期间的业绩实现情况进行承诺，在没有达到相应业绩时，由卖方按照业绩缺口对买方进行补偿，恰恰说明了卖方对目标公司盈利能力的信心，作出业绩承诺这一举动本身，即属于优质卖家向上市公司及其全体股东所发出的“信号”，而这一“信号”难以被劣质卖家所模仿，因为对于劣质卖家而言，在合同不存在履行障碍

① See Michael Spence, *Job Market Signaling*, 87 Quarterly Journal of Economics 355, 375 (1973).

② 韩丹主编：《公司金融理论》，陕西师范大学出版社 2016 年版，第 230 页。

的情况下，进行业绩承诺与补偿意味着得到的高对价只是暂时的，明知未来业绩无法达到预期的情况下，不但要“吐出所获得的对价”，对买方进行补偿，甚至还需承担合同违约责任。

另外，业绩承诺与补偿的合同条款设计也是一种相对有效的“筛选”机制，相较于买卖双方直接商定目标资产交易价格，买方支付价款、卖方完成股权交割的“一时性合同”设计，加入业绩补偿的股权交易合同的“总给付内容随着时间的延展才能逐步确定”①，从而更多地呈现出“继续性合同”的特征。因为特殊的条款设计，使得优质的卖家最终能得到全部交易对价而最终无须承担对价补偿义务，进而能够“筛选”出卖家的优劣。不过相较于股权分期付款安排而言，业绩补偿制度设计并非最优的“筛选”机制。

（三）取消强制业绩补偿制度的经济学解释

强制业绩补偿的制度之所以应该取消，在于其扭曲了市场运行机制，市场主体为了克服信息不对称而创造出来的“信号传递”和“筛选机制”，因为政府之手的介入失去了效果。原本基于自愿协商，优质卖家主动对交易目标进行的业绩承诺与补偿，却因法律规范的强制要求而对交易市场中的所有卖方一体适用，使得本只有优质卖家才敢于使用的“独特”的信号传递机制，在《重组办法》之下成了所有卖家都必须发出的整齐划一的信号，因为法律的强制，优质卖家发出的信号轻易地被劣质卖家模仿，买家原可借此对卖家进行识别的信号不再有效。

另外，在市场自由竞争之下，劣质卖家经过对业绩补偿“成本—收益”的仔细衡量，与其日后进行业绩补偿，不如早日一次性收取交易价款，并愿意接受更低的交易价格，而优质卖家则本着对交易目标未来盈利能力的强烈信心，更有动力选择业绩承诺与补偿方案。不同交易策略的选择，本也可以帮助买家对卖家进行“筛选”，同样地在法律强制之下，所有卖家都必须进行业绩补偿，本可以把卖家偏好与特征区别开来的合同方案失去意义。更进一步，既然不管目标质量好坏，法律均强制要求进行业绩补偿，对许多卖家而言，其最优的选择便是不管目标的实际盈利能力如何，尽可能做高业绩承诺，进而推高目标资产的估值，获得尽可能高的对价支付，后续的业绩补偿等到真的发生了再说。而这也就是强制业绩补偿反而助推了并购市场“高估值、高溢价、高业绩承诺”的“三高”乱象的重要原因，更不用说许多卖方在业绩承诺期内想尽一切办法冲刺业绩，甚至不惜进行财务造假。

三、业绩补偿是否还应该存在？——基于规范分析的进路

（一）业绩补偿制度的立法目的与规范价值

强制业绩补偿规则的价值取向在于保护上市公司及中小股东的利益，寄望通过业绩承诺与补偿机制遏制重组交易中目标资产的高溢价，这一立法目的也可以从负责上市公司重组交易监

① 屈茂辉、张红：《继续性合同：基于合同法理与立法技术的多重考虑》，载《中国法学》2010年第4期。

管的证监会有关人士的文章中得到印证。如有人指出，“业绩承诺作为重大资产重组中防范目标估值虚高的重要机制设计，原以确保重组交易的合理性和公平性为目标”，① 具体而言，“减少收益法应用导致的估值泡沫是盈利预测补偿制度出台的主要目的，即通过外部强制进行业绩承诺，引导上市公司并购重组时更加审慎应用收益法，减少损害公众股东权益的情况。”②

2014 年修订的《重组办法》仅保留了两种需强制业绩补偿的情形：一是上市公司向控股股东、实际控制人或者其控制的关联人购买资产；二是因购买资产导致公司控制权发生变更的。对于市场化的重组交易，则不再强制进行业绩补偿，由上市公司与交易对方自主协商。这一修订的逻辑在于，区分上市公司不同交易行为的性质采取差异化的监管政策：“即市场化的交易仅需提供市场化的制度基础即可，而对非市场化交易，尤其是不能充分博弈、价格难以准确发现的关联交易，则进行必要的严格监管。”③ 对于《重组办法》修订后仍强制进行业绩补偿的交易，主要是考虑到交易对方要么是上市公司现有的控股股东、实际控制人，要么将通过交易成为上市公司的控股股东、实际控制人，存在高估资产价格侵占上市公司利益的动机，在利益取向上与中小股东并不完全一致，因而课以业绩补偿的法定义务。

（二）业绩补偿制度的运行机理

根据现行《重组办法》第三十五条的规定，业绩补偿制度适用的大前提是，“采取收益现值法、假设开发法等基于未来收益预期的方法对拟购买资产进行评估或者估值并作为定价参考依据”。定价是所有交易的核心，并购交易莫不如是，对企业价值作出判断，是上市公司重大资产重组交易的前提。现代公司金融学围绕企业价值判断发展出了成本法、收益法、市场法三种不同的估值技术。而第三十五条提及的“收益现值法、假设开发法等基于未来收益预期的方法”均指的是收益法的资产评估方法。所谓的收益法是指“通过估测被评估资产未来预期收益的现值来判断资产价值的各种评估方法的总称”，④ 其理论基础是经济学中的贴现理论，对于企业而言，其未来所能带来的收益才是其价值的源泉，因此收益法成为并购交易中选用最多的估值方法。

顺理成章地，业绩补偿制度的具体设计及运行也就围绕收益法对目标企业价值的评估过程展开。以收益法中最常用的现金流量折现（DCF）模型为例，计算目标企业评估价值的过程中涉及的三个主要基本参数为：企业持续经营期间的预计未来现金流量、资本成本（即折现率）、现金流量持续年期。在企业实际运营中，企业资产的盈利能力与生产能力决定了企业的现金流量，

---

① 方重、程杨、肖媛：《并购重组业绩承诺的现况与监管》，载《清华金融评论》2016 年第 10 期。

② 作者所称的盈利预测补偿制度即业绩补偿制度，参见赵立新、姚又文：《对重组盈利预测补偿制度的运行分析及完善建议》，载《证券市场导报》2014 年第 4 期。

③ 赵立新、姚又文：《对重组盈利预测补偿制度的运行分析及完善建议》，载《证券市场导报》2014 年第 4 期。

④ 刘起霞、黄通斌主编：《资产评估学》，上海交通大学出版社 2018 年版，第 44 页。

因而在计算企业未来现金流量时通常会根据企业历史经营及财务资料，预测未来一定期间的收入、成本、费用、利润资料，进而推算出企业现金流量。因此，在立法者的眼中，业绩补偿制度的设计也就变得简便易行，既然在收益法估值的过程中计算出了目标企业未来一定期间包括企业净利润在内的现金流量等财务数据，并且企业价值的评估结果与现金流预测成正相关关系，为了遏制交易卖方高估值、高溢价动机，直接要求卖方按照不低于收益法估值结果得出的目标企业未来净利润数据进行业绩承诺，如未实现预测利润值的，由交易对方向上市公司进行补偿，确保交易估值的相对公平。但在承诺期限的设置上，立法者直接简单地规定为三年。

（三）业绩补偿实际运行效果背离了自身的规范目的

如前所述，强制业绩补偿制度旨在通过合约安排实现估值调整机制，防范目标估值虚高，进而保障上市公司及中小股东的利益。但强制业绩补偿制度的实际运行结果反而背离了这一规范目的。

1. 业绩补偿反而助推了高估值。第一，实证结果表明，强制业绩补偿助推了高估值。收益法之下目标企业未来现金流量的高低是决定企业估值高低的重要因素，强制业绩补偿原本寄望于通过要求交易对方与上市公司就相关资产实际盈利数不足利润预测数的情况签订明确可行的补偿协议，来抑制资产卖方的估值冲动。但实证统计显示，在 2015 年上市公司的重大资产重组中，有业绩承诺的目标企业比没有业绩承诺的目标企业，其平均估值溢价率要高出 140%，业绩承诺对于高估值起到明显的支撑作用。① 业绩承诺反而成为目标估值的基础，俨然陷入了“人有多大胆，地有多大产”的估值怪圈。究其原因，除了卖家天然的逐利动机之外，对有“强制业绩补偿”做护身符的买方而言，也乐意睁一只眼闭一只眼，若再加上本应作为“看门人”资产评估机构的推波助澜，重组交易中“三高”现象的屡屡发生也就不难理解了。

2. 业绩承诺无法实现成为上市公司重组交易中的普遍现象。根据中国证监会网站公布的 2018 年度及 2019 年度的《证券资产评估市场分析报告》,② 2019 年度由证监会并购重组委审核完成的上市公司重大资产重组项目中，目标资产未能实现该年度业绩承诺的比例高达 1/3，2018 年度该比例更高达 41%。而在目标资产评估增值率超过 10 倍的高溢价重组中，2018 年目标资产业绩承诺未完成比率进一步走高至 53%。这只是单一年度的业绩实现情况，如果从整个业绩承诺期来考察，业绩承诺不达目标比率将进一步放大。对 2019 年度涉及业绩承诺的目标公司于整个承诺期的业绩实现情况进行统计分析，结果显示，随着业绩承诺对应年份的增长，承诺完成率

---

① 方重、程杨、肖媛：《并购重组业绩承诺的现况与监管》，载《清华金融评论》2016 年第 10 期。

② 中国证监会：《2018 年度证券资产评估市场分析报告》，资料来源：http：//www. csrc. gov. cn/pub/newsite/kjb/gzdt/201907/t20190709_359136. html，2021 年 5 月 18 日访问；中国证监会：《2019 年度证券资产评估市场分析报告》，资料来源：http：//www. csrc. gov. cn/pub/newsite/kjb/gzdt/202008/t20200820_381949. html，2021 年 5 月 18 日访问。

逐年降低：其中属于承诺期第 1 年的业绩完成占比为 100.00%，第 2 年为 73.61%，第 3 年为 61.82%，第 4 年及以上仅为 33.33%。

即使完成了业绩承诺，许多公司也只是勉强达标。报告显示，2018 年合计 182 家目标公司实现了业绩承诺，按照不同的业绩完成百分比进行分组，有 143 家公司业绩完成比率落在 100% ~120% 区间，占比高达 78.57%，2019 年这一比率则为 71.43%。如此大规模的公司“压线”实现业绩承诺，绝不仅仅是巧合，有学者指出“业绩承诺的管制诱发了上市公司的盈余管理行为，上市公司为达成业绩承诺，往往倾向于采用非经常性交易等盈余管理方法来规避业绩补偿。”①

如果说采用固定资产处置损益、政府补助、股东赠予等手段确认的非经常损益以满足业绩承诺要求尚属合法的话，强制业绩补偿的制度设计，使得业绩承诺人（资产卖方）有更强烈的动机不惜采取一切方法粉饰、操纵目标公司的业绩。在广东广州日报传媒股份有限公司支付现金及发行股份购买上海香榭丽广告传媒股份有限公司（以下简称香榭丽）这一交易中，交易卖方承诺目标公司香榭丽 2013—2016 年各年利润分别不低于 4600 万元、5683 万元、6870 万元和 8156 万元。然而香榭丽通过制作虚假合同的手段进行财务造假，以达到完成业绩承诺的目的。根据证监会的调查，2013 年香榭丽实际净利润为 -11526.42 万元，通过制作虚假合同 67 份，净利润被虚增至 4685.43 万元，2014 年香榭丽制作虚假合同 79 份，虚增净利润 19027.51 万元，2015 年上半年虚增净利润 6498.76 万元。② 业绩补偿助推了高估值，高估值势必要求高的业绩承诺，而在“潮水退去之后”广大投资者才发现虚高的业绩承诺只是在“裸泳”而已。

即便真的顺利完成业绩承诺，业绩承诺期的存在造成了“业绩断层”的怪象，承诺义务人只求目标企业三年内盈利的驱动力，造成了估值压力和投资风险的远期转移，增加了资本市场“后承诺期”监管压力，③ 承诺期满后目标公司业绩大幅下滑的现象更是屡见不鲜。

3. 业绩补偿执行难，严重损害上市公司的利益。证券监管部门出于“父爱主义”的关怀，为了最大程度地保护上市公司及中小股东的利益，作出了强制业绩补偿的规则设计。然而，这只是一种“单边利益保护”机制，破坏了并购重组交易微观谈判的市场基础，④ 其本质是一个强制的“保护单边利益”的“对赌协议”。⑤ 那么，为什么实践中还是有那么多的卖家愿意接受强制

---

① 刘浩、杨尔稼、麻樟城：《业绩承诺与上市公司盈余管理——以股权分置改革中的管制为例》，载《财经研究》2011 年第 10 期。

② 参见《中国证监会行政处罚决定书（叶玫、乔旭东）》（〔2021〕20 号）。

③ 赵立新、姚又文：《对重组盈利预测补偿制度的运行分析及完善建议》，载《证券市场导报》2014 年第 4 期。

④ 方重、程杨、肖媛：《并购重组业绩承诺的现况与监管》，载《清华金融评论》2016 年第 10 期。

⑤ 赵立新、姚又文：《对重组盈利预测补偿制度的运行分析及完善建议》，载《证券市场导报》2014 年第 4 期。

业绩补偿呢?

除了并购交易通过股票价格给交易双方带来显著的财富效应之外，前述的高估目标资产、承诺期内的盈余管理，甚至出现需要补偿情形的变更业绩补偿方式乃至“赖账”，都是卖家借以实现利益平衡的“工具”。强制业绩补偿之下，交易各方在博弈中又形成了新的利益的高度统一。实践中，变相变更业绩补偿方式的例子比比皆是。如在海润光伏借壳申龙高科实现上市交易中，海润光伏原股东承诺的2011—2013年业绩均未实现，其中2011年及2012年均在按照补偿协议对净利润差额部分进行了现金补偿，2013年原股东面对高达7.3亿元的现金补偿义务，直接提议召开股东大会修改业绩补偿方式，变更为以上市公司的资本公积金向出补偿义务人的其他股东按照每10股定向转增1.6股的方式进行补偿。① 原本应由海润光伏原股东以自有现金向上市公司进行的补偿，却变成上市公司拿自己的资本公积向中小股东转股，拿本属于自己的东西对自己进行补偿，“慷自己之慨”可谓是中国资本市场独有之“怪现象”。

面对频频发生的业绩补偿变更，证监会上市部于2016年6月17日发布《关于上市公司业绩补偿承诺的相关问题与解答》，明确“重组方的业绩补偿承诺是重组方案的重要组成部分，因此，重组方应当严格按照业绩补偿协议履行承诺。……重组方不得变更其作出的业绩补偿承诺。”道高一尺，魔高一丈。面对新的监管规则，实践中又出现了“变更”业绩补偿的新方式——出售未能实现业绩承诺的重组目标，置出之后，剩余的业绩承诺与补偿也就无从谈起。只是此前高溢价买入的目标资产，此时再因业绩不好以平价或者折价卖出，一进一出之间究竟谁为交易埋了单?

除此之外，业绩补偿执行困难还在于交易对方获得的股份或现金对价无法用于业绩补偿。根据证监会于2015年9月18日发布的监管问答。“对于强制进行业绩补偿的情形，交易对方应当以其获得的股份和现金进行业绩补偿。构成借壳上市的，应当以拟购买资产的价格进行业绩补偿的计算，且股份补偿不低于本次交易发行股份数量的90%。业绩补偿应先以股份补偿，不足部分以现金补偿。”实践中，重组交易对价大多以股份方式支付，以实现买卖双方利益的一致，当目标资产业绩优良时，卖方手中的股票自然也随之上升，而目标业绩不如预期时，卖方获得的股票成为进行业绩补偿的重要保障。只是规则实际运行时，却完全不如设计时预想得这般完美，待到要执行业绩补偿之时，上市公司可能发现，卖方手中的股票要么早已套现挥霍一空，要么早已质押给其他金融机构。

根据现行《重组办法》第四十六条的规定，重组交易对方获得股份支付对价一般情况下于

① 参见《宏源证券股份有限公司关于海润光伏科技股份有限公司股东协商变更业绩补偿方案之独立财务顾问核查意见》，资料来源：http://static.cninfo.com.cn/finalpage/2014-04-30/63954601.PDF，2021年5月18日访问。

股份发行结束之日起 12 个月不得转让，特殊情形为 36 个月不得转让，这又被称为股份的锁定期或限售期。而业绩承诺期限一般为三年，在为期 12 个月的限售情形下，当业绩承诺进入第二年或第三年需要进行补偿时，交易对方所得股票的法定限售期早已解除，于此之时，任何一个理性人的选择都极有可能是尽早减持套现，落袋为安。即便存在 36 个月的法定限售期，由于是否完成承诺业绩的判断依赖审计结果，该审计结果往往随上市公司的年度报告一同披露，根据《证券法》第七十九条的规定，上市公司应当在每一会计年度结束之日起四个月内，报送并公告年度报告，加上法定限售期按月计算，业绩承诺则以年为单位，36 个月的法定限售期仍旧无法完全覆盖业绩承诺期，资产卖方仍有机会提前减持手中的股票，使股份补偿的规范目的落空。

除此之外，即便在股票限售期内，为了提高手中股票资产的利用效率，业绩承诺人依旧可以将股票质押给金融机构借出资金，而当承诺人需要以股票对上市公司进行补偿而股票尚处于质押状态时，根据“物权优先于债权”的一般法理，卖方的业绩补偿责任源于交易双方签署的《业绩承诺与补偿协议》，上市公司享有的业绩补偿债权显然劣后于金融机构享有担保的债权，业绩补偿依旧无法完全实现。面对这一漏洞，证监会又以监管问答的方式“打补丁”。2019 年 3 月 22 日，证监会发布《关于业绩承诺方质押对价股份的相关问题与解答》，为保障业绩补偿的实现，要求业绩承诺方公开承诺：“保证对价股份优先用于履行业绩补偿承诺，不通过质押股份等方式逃废补偿义务；未来质押对价股份时，将书面告知质权人根据业绩补偿协议上述股份具有潜在业绩承诺补偿义务情况，并在质押协议中就相关股份用于支付业绩补偿事项等与质权人作出明确约定”；同时要求“上市公司发布股份质押公告时，应当明确披露拟质押股份是否负担业绩补偿义务，质权人知悉相关股份具有潜在业绩补偿义务的情况，以及上市公司与质权人就相关股份在履行业绩补偿义务时处置方式的约定。”同时《重组办法》第五十九条①对超期不履行业绩补偿协议的行为，规定一系列行政监管措施，以保障承诺履行。即便如此，当真正面临利益冲突时，交易对方公开承诺的“优先”补偿，恐怕也只能是“镜中花，水中月”，这样的规定除了让监管部门自陷尴尬之外，也只是让本已无力补偿的交易对方多一层行政监管措施的“枷锁”。

（四）业绩补偿的实质与根本缺陷

通过对业绩补偿制度的规范分析可以发现，重组交易中的业绩补偿之所以产生，在于交易双方为了解决目标企业未来盈利能力的不确定性问题，其实质是一种估值调整机制。通过这一合约安排，交易双方暂时在目标资产定价问题上达成一致，随着业绩承诺的实现与否，由交易卖方对买方进行补偿或者买方对卖方实施业绩奖励，从而实现对目标企业估值的动态调整，确保

① 该条第二款规定，“交易对方超期未履行或者违反业绩补偿协议、承诺的，由中国证监会责令改正，并可以采取监管谈话、出具警示函、责令公开说明、认定为不适当人选等监管措施，将相关情况记入诚信档案。”

相对公平。

但业绩补偿的根本缺陷在于买方单独承担了目标资产估值过高的风险，因为现有安排下上市公司作为买方一次性把交易对价支付给卖方，而后当目标实际盈利不及承诺，估值过高需要由卖方进行补偿以实现调整时，前文血淋淋的现实告诉我们承诺人要么将股票减持套现挥霍一空，要么股票早已全数质押无法补偿，而现有的股份限售法定要求乃至证监会新打的公开承诺确保补偿义务履行的"补丁"，也都于事无补。正如有学者所言，收购对价一旦落入卖方之手，常常也就成了"肉包子打狗"，上市公司再要他们实践对赌承诺，难免镜花水月，望洋兴叹。①

在买卖双方之间，业绩补偿制度错配了风险，相对于上市公司而言，交易对方可能信誉较低，风险偏好更高，但却一次性获得了全额支付，非但没能进行恰当的制度设计平衡风险偏好的差异，反而把更多的支付利益分配给卖方，这也一定程度解释了卖方为什么愿意作出更高的业绩承诺，进而助推了目标的高估值。

四、结语：回归市场自治，取消强制业绩补偿

本文关于强制业绩补偿的经济学分析已经表明，这一制度的存在反而让市场主体创设出识别卖家优劣的机制不再有效，而对业绩补偿规范价值与目的、实际运行效果的分析也证明了其自身的异化，为上市公司重组交易中的"高估值、高溢价、高业绩承诺"乱象推波助澜。资本市场的生命在于其自由市场的本质，任何管制的设定都应服从于将资本市场理解为自由市场的理念——以"市场检验"为首要原则，强调私法自治和理性者自我判断的价值。② 业绩补偿制度的作用在于为交易双方提供估值调整工具，希望保证交易作价的相对公平，这一目的的实现不一定非要通过法律的强制性规定。

为了克服业绩补偿存在的缺陷，市场化重组交易的实践中出现了盈利能力支付计划③的交易安排，盈利能力支付计划源自美国并购交易的实践，被称为盈利支付机制（Earnout），也是一种调节并购价款的交易安排，它使得买方不是在股权交割日向卖方支付所有的价款，而是双方同意在股权交割完成后的一定期限内，由买方根据目标公司的表现来支付（或者不支付）额外的

---

① 张巍：《资本的规则Ⅱ》，中国法制出版社2019年版，第399页。

② 蒋大兴：《资本市场的自治与宽容——资本市场价值取向的个规检讨》，载《河南省政法管理干部学院学报》2005年第4期。

③ 在上海神开石油化工装备股份有限公司关于收购杭州丰禾石油科技有限公司的交易中，买方将以卖方将以管理团队所作的2014—2017年度累计实现净利润的预测为基础，交易价格总额上限为21600万元，其中6000万元为预付金额，其余部分将根据杭州丰禾承诺期内实际达到的净利润水平进行相应调整。参见《上海神开石油化工装备股份有限公司关于收购杭州丰禾石油科技有限公司60%股权的可行性研究报告》，资料来源：http://www.cninfo.com.cn/finalpage/2014-11-14/1200390517.PDF，2021年5月19日访问。

并购价款。[①] 虽然盈利支付机制也并非十全十美，但却可以完全替代业绩补偿同样实现估值调整的目的，每个人都是自己利益的最佳照顾者，市场主体的自由博弈与理性选择，在实践中的碰撞摸索，往往能快速到达效率的彼岸。而法律的强制性与稳定性要求在上市公司重组交易的博弈中，反而成为效率的阻滞，放松对交易定价的机械监管，让市场主体自由选择必要的估值调整和风险规避的手段和措施，才是保障市场自由与自治的题中应有之义。

① See Ernst &Young, *Share purchase agreements*: *Purchase price mechanisms and current trends in Practice*, https: //pdf4pro. com/view/share - purchase - agreements - ey - 3b6efd. html, 2021 - 05 - 19.

公司股东清算义务人身份之质疑

——重构董事作为清算义务人的基础

■杨 琼*

摘要：《公司法》对于清算义务人并未作出规定，但《公司法解释二》将股东作为有限公司的清算义务人，有通过司法解释越权增加股东义务之嫌。从公司治理角度而言，股东并没有清算义务的来源，且作为剩余财产所有权人，股东缺乏及时提起启动清算程序的激励。此外，有限公司股东违反清算义务所承担的是连带责任，降低法人人格否认的标准，动摇了公司有限责任的根基。负有信义义务的董事具有清算义务的义务来源，其作为清算义务人符合程序正义且有利于捍卫公司有限责任之根本。故在《民法典》第七十条采用指引性立法技术背景下，《公司法》修改应纳入清算义务人制度，且将董事作为有限责任及股份有限公司统一而又唯一的清算义务人主体。

关键词：有限公司　清算义务人　法人人格否认　信义义务

公司就其本质而言是发起人合意的产物，股东通过烦琐的程序创设了公司，自然拥有结束其生命的权利。① 设立公司或创设法律主体，并赋予其独立的法律人格，是为公司建立合法有效的法律关系的过程，在这一过程中出现的任何风险由发起人承担，因此被称为发起人责任。与之类似，结束公司“生命”，注销其独立人格之前，需要结束其各种复杂的法律关系，在此过程同样需要有主体承担法律风险与责任，这被称为清算责任。在给公司办理“死亡证”的过程中会出现各种困难，② 之所以出现这些困难，归根到底源自一个简单的问题：当公司宣告解散时，往往是资不抵债或者出现无法继续经营下去的严重危机，在此种情况下，无论法律如何努力尝试保护无辜者，他们总是不可避免地蒙受损失。此时，法律所能做的就是尽量消除明显不公平的地

---

* 杨琼，中南财经政法大学博士研究生。

① 《公司法》第三十七条规定：股东会行使下列职权：……（九）对公司合并、分立、解散、清算或者变更公司形式作出决议；《公司法》第一百八十条规定：公司因下列原因解散：……（二）股东会或股东大会决议解散。

② 例如：无人组建清算组进行清算，公司账册、重要文件遗失无法清算，清算组成员怠于履行义务等。

方以保证法律规则起码的公平性与确定性。[①] 由于商人在创业过程中非凡的想象力及商业判断原则的阻隔，普通的执法机构难以管束公司的日常事务，故公司内部人员成为清算法律规则的主要执行者。在此基础上，需要考虑的问题是让公司的管理者——董事，还是让公司的所有者——股东承担清算义务与清算责任？目前立法并未对清算义务人的主体范围作出明确而又合理的规定，本文主要探讨股东作为清算义务主体并且承担清算义务的弊端，从立法、司法及公司治理原理三个维度重构董事作为清算义务人主体之基础。

一、 清算义务人主体范围的制度形象：混乱的立法构造

我国《公司法》并未对清算义务人给出定义，2008 年5 月最高人民法院公布《〈中华人民共和国公司法〉若干问题的规定（二）》（以下简称《公司法解释（二）》）仍未就清算义务人的概念给出明确界定，却通过列举清算义务人的义务与责任，明确清算义务人主体范围以解决实际争端。而后第9 号指导案例将清算义务人制度更加具化，但过于严苛的股东责任遭受到学界的热议及诟病，[②] 后2019 年最高人民法院印发《全国法院民商事审判工作会议纪要》（以下简称《九民纪要》）部分反转了第9 号指导案例的裁判立场，但仅是增加了股东的抗辩事由，并未根本改变关于清算义务人的责任主体认定路径。我国《民法典》概括性地规定“法人”的清算义务人为董事、理事等执行机构或决策机构成员。按照上位法优于下位法，新法优于旧法的法律适用原则，《民法典》的规定应当放在适用之首。在《民法典》的规定之下，来考量其他法律规定的效力。

《民法典》第七十条第二款第一句概括性规定清算义务人范围。无论是有限责任公司抑或是股份有限公司，董事、理事或与其有同等地位的决策机构的成员为清算义务人，并未排除股东作为清算义务人的可能性空间。因为虽然股东会在我国被称为权力机构，但是股东会仍然具有决定公司经营方针和投资计划、选举更换董事、监事，审议批准监事会报告，审议批准利润分配方案，决定公司合并、分立、解散、清算等重大事项的权力，所以完全可以将股东会解释

---

① 参见［英］保罗·戴维斯：《现代公司法原理》，罗培新译，法律出版社2016 年版，第1304 页。

② 例如，李建伟教授从公司清算义务人对公司应负有信义义务及对公司具有法律控制权的角度出发，认为公司的清算义务人应当包括董事、控股股东及实际控制人，而全体股东并非公司清算义务人；韩长印教授认为应建立法定清算人制度，公司的董事是法定清算人；李清池教授认为有限责任公司的股东及股份有限公司的股东及控股股东才对公司负有信义义务，应当被列为清算义务人范围之内。参见：李建伟：《公司清算义务人基本问题研究，载《北方法学》2010 年第2 期。韩长印：《建立公司法定清算人制度》，载《法学》2008 年第8 期。李清池：《清算义务人民事责任辨析——兼评最高人民法院指导案例9 号》，载《北大法律评论》2014 年第1 期。郑银：《公司清算义务人主体范围再界定》，载《西南政法大学学报》2017 年第12 期。

为公司决策机构。[①] 第二句作出了例外规定，“法律、行政法规另有规定的，依照其规定”。此句话有双重含义，第一层含义是法律、行政法规可以对清算义务人的主体范围作出例外规定，也只能是法律、行政法规此两种规范性文件有权作出例外规定，规章、地方性法规、司法解释等规范性文件及判决书、裁判书等非规范性文件都无权对清算义务人的主体范围作出例外规定。第二层含义是只有当其他法律、行政法规作出与《民法典》第七十条第二款不同的特别规定时，才使用特别法的规定，否则适用《民法典》的规定。在《民法典》实施后，清算义务人主体的法源适用问题即转化为《公司法》是否是《民法典》第七十条第二款规定的法律及行政法规，以及《公司法》对于清算义务人主体范围有无区别于《民法典》第七十条第二款的特别规定的问题。

首先，《公司法》属于《民法典》第七十条第二款中规定的“法律、行政法规”。其次，《民法典》第七十条并未排除《公司法》的适用，同时，《民法典》第七十条并未对《公司法》的相关条款作出有意修正。故若《公司法》有特别规定即适用其规定。依照《公司法》第一百八十三条规定，公司有义务承担清算义务人的责任。但从法律上来讲，公司与股东是两个既有联系又相互区别的独立的法律主体。[②] 公司是股东合意的产物，但公司诞生之日，就与股东形成财产与人格的天然壁隔。《公司法》第一百八十三条并未对清算义务人主体作出规定，只规定公司有组织清算的义务，作为组织体的公司需要借助自然人来完成此项义务，是借助董事、监事抑或是股东并未作出明确规定。且在《公司法》其他条文中并未规定股东有组织清算的义务。最终对于清算义务人主体的规定又回到《公司法解释（二）》第十八条第二款，其司法适用的指导依照《九民纪要》之规定。

二、 股东作为清算义务人的弊端：基于立法、司法及公司治理的三维面向

（一）溯源立法：司法解释做出越权规定

《公司法》未对清算义务人作出规定，《公司法解释二》第十八条将有限责任公司的股东定为清算义务人，赋予其清算义务，从立法逻辑角度讲，属于司法解释超越法律为商事主体增加义务。

但有些学者认为《公司法解释二》第十八条确定有限责任公司股东作为清算义务人的依据是《公司法》第二十条第三款对于公司法律人格否认条款。这是对于《公司法》第二十条的误读。公司法人格否认制度一般适用的情形是公司资本显著不足、利用公司独立人格逃避合同义

---

① 赵吟：《公司清算义务人侵权责任的体系解构——兼论《民法典》第七十条与《公司法司法解释二》相关规定的适用关系》，载《法治研究》2020 年第 6 期。

② 参见雷兴虎：《公司与非公司企业法基本问题研究》，湖北人民出版社 2020 年版，第 71 页。

务、滥用公司独立人格逃避法律义务或者骗取非法利益等行为以及公司与股东的人格混同。[①] 首先。及时启动清算程序并非股东的合理法定义务，故股东未及时承担清算义务人应当承担的清算义务并不具有可责性。其次，即使法律明确赋予股东启动清算程序的义务，但作为程序性义务，并不足以引发公司法人人格否认的后果。故《公司法》第二十条并不是股东作为清算义务人的立法来源。

还有种解释是《公司法》第一百八十三条是《公司法解释二》第十八条将有限责任公司股东作为清算义务人的立法依据。这种解释违背了法律解释的一般原理。《公司法》第一百八十三条第3句分别规定了有限责任公司与股份有限公司清算组成员——清算人，但清算义务人与清算人同样是两个既有联系又相互区别的主体。清算义务人，是指因为与公司之间存在特定的法律关系，而在公司解散时对公司负有依法组织清算义务，并在公司未及时组织清算而给相关权利人造成损失时依法承担责任的民事主体。[②] 清算人是在清算程序中具体执行清算事务的人。[③] 可见清算义务人是清算程序的启动者，是公司清算的组织主体。[④] 清算义务人本质上负责组织清算，而清算义务人负责执行事宜。前者是实体义务承担者，后者是程序义务承担者。通过《公司法》第一百八十三条规定股东是清算人就推论出股东也为清算义务人主体，属于对股东义务的扩张解释，法律解释的确可以进行扩张解释或限缩解释，但需要遵守的原则是在司法领域，对于公民的权利不得作限缩解释，对于公民的义务不得作扩张解释。故《公司法》第一百八十三条并未对清算义务人的主体范围作出规定，也未体现出将股东作为清算义务人之意。[⑤]

哈贝马斯认为法律的合法性分为合法律性（形式合法性）与合法性（实质合法性），[⑥] 合法律性要求一切的社会规范产生于特定文化所认可的立法程序，而合法性的实现则是以正义、公平、秩序等价值的实现作为判断标准。有限责任公司清算义务人这种正式法源与非正式法源相结合的立法模式虽然不具有合法律性，但是不可否认的是，立足于现实其在一定程度上具有实质合法性与合理性。市场经济要求商业管理应尽可能严谨、明确、连续以及迅速地进行。但实际情况却是，在商业世界中，动荡与失衡成为常态，因此最高效的生存状态是选择持续性破坏，我们称之为“创新”。[⑦] 对于处于千变万化之中的商业世界来讲，商法永远落后于商事实践，因此

---

① 参见范健、王建文：《商法学》，法律出版社2015年版，第132页。

② 刘敏：《公司解散清算制度》，北京大学出版社2010年版，第229页。

③ 白莉：《公司清算制度法律问题研究》，法律出版社2011年版，第58页。

④ 参见李建伟：《公司清算义务人基本问题研究》，载《北方法学》2010年第2期。

⑤ 参见梁上上：《有限公司股东清算义务人地位质疑》，载《中国法学》2019年第2期。

⑥ [德] 尤尔根·哈贝马斯：《在事实与规范之间》，童世骏译，三联书店2003年版，第557－579页。

⑦ [美] 凯文·凯利：《新经济新规则——网络经济的十种策略》，刘仲涛、康欣叶等译，电子工业出版社2014年版，第223页。

商法漏洞是常态与通例。[①] 公司法作为商业管理主导性规范需要不断完善改变自己为瞬息万变的商业市场提供规则。当正式法源的修正不及时之时，通过法律原则或非正式法源及时填补空白或修改规则是必要的，也具有其合理性。但是合理性并不能掩盖其不符合法律解释的基本法理的事实，《民法典》的制定与实施为《公司法》的修改带来契机，故应当借此契机在《公司法》中对有限责任公司清算义务人的主体及相关制度作出规定。

（二）检视司法：前置性障碍造成的混乱

有限责任公司清算义务人的裁判实践往往复杂而混乱，因为在对有限责任公司股东是否尽到清算义务并对其进行裁判之前，需要解决一个前置性问题，即确定股东资格。

由"股东"一词衍生出了"名义股东""被冒名登记的股东""转让控制权但未办理登记的股东""实际控制人""股东继承人""中小股东"等一系列法律未明确规定的情况，由于对"股东"一词含义解释的不同，法院作出了不尽相同的判决。

商事外观主义是本人真意与外观利益信赖人在特定场合发生冲突时所应遵循的准则，是民法信赖保护原则与公示公信原则在商法领域的体现，其要求法律保护正常交易关系中对外观事实的合理信赖，而无论此外观事实与真实情况是否一致。股东清算义务相关的诉讼案件裁判过程中，首先需确认当事人的股东身份，而确认股东身份在司法实践中本就为一个复杂的问题。

在"名义股东"是否是清算义务人这一问题上，司法实务届遵循商事外观主义原则，采取形式主义的认定标准。以"清算义务"与"名义股东、隐名股东、实际股东、挂名股东"为关键词在北大法宝网上进行同段搜索，共检索到92篇裁判文书，其中有效文书为78篇。在此78篇文书中，所有法院都认定承担清算义务的股东以工商登记材料为准，即"名义股东"为清算义务人的认定率为100%。[②]

与之不同，在涉及"被冒名的股东"与"已转让股权但未办理变更登记的股东"是否为清算义务人的案件中，掺杂了形式主义与实质主义两种不同的裁判思路。以"冒名股东"与"清算义务"为关键词，在聚法案例中检索到案例58个，有效案例53个。在这53个案例中，有36个案例法院判定被冒名股东为清算义务人，占比68%；17个案例法院否认被冒名股东为清算义务人，占比32%。[③]

以"清算义务""股权转让"和"未办理、变更登记"为关键词，在聚法案例上共检索到

---

① 于莹：《民法基本原则与商法漏洞填补》，载《中国法学》2019年第4期。

② 本统计在北京大学大学法学院2017级研究生孙宝新、张靖雯、张诺亚等同学在参与北京大学法学院蒋大兴教授2018年教授的《企业与公司法专题》课程的收集汇报的数据基础上在此搜索统计形成。数据来源于北大法宝数据库，https：//www.pkulaw.com/case/，2021年3月11日访问。

③ 数据来源于聚法案例数据库，https：//www.jufaanli.com，2021年3月11日访问。

案例87个，其中有效案例65个。在56个案例中法院对转让股权但未办理变更登记的股东为清算义务人持肯定态度，占比86%；9个案例中法院对此持否定态度，占比14%。①

根据《公司法》的规定公司章程、股东名册、出资证明以及工商登记对认定股东资格都能起到证明的作用。但此几类证据之间发生冲突时如何选择，在学界及司法界并未达成共识，何为商事外观主义所称的“外观”无法明确，坚持此原则更可为妄想。相较于其他证明方式，工商登记具有最强的公示性与对抗性，② 故在发生纠纷时，工商登记的效力高于股东名册。但即使按照通说的判断标准，以办理工商登记作为股东获取合法外观标准，司法矛盾仍然没有解决（见表1）。

表1　股东是否被认定为清算义务人外观主义案例统计　　单位：个

关键词	检索案件数量	有效案件数量	认定为清算义务人	外观主义比例
名义/隐名/挂名股东	93	78	78	100%
被冒名股东	58	53	36	68%
股权转让/未办理登记	87	65	56	14%

根据上文案例统计，在“名义股东”是否是清算义务人的案件中，法院完全坚持了商事外观主义；在“被冒名的股东”是否为清算义务人的案件中，法院采取的是以商事外观主义为主，实质判断为辅的裁判思路；而在“已转让股权但未办理变更登记的股东”是否是清算义务人的纠纷中，法院已经基本放弃对商事外观主义的坚守。将股东作为清算义务人的基础是确定股东身份，由于股东身份确认标准的不确定性，加之商事外观主义在司法实践中贯彻得不彻底，使有关股东清算义务人的判决往往纷繁复杂，自相矛盾。

（三）立足公司治理：动摇公司存在之根基

首先，清算是公司治理事务之一，将股东作为清算义务人，并没有明确的义务来源。其次，公司清算的目的是保护雇员、消费者、合同债权人、贷款债权人及股东，各主体之间存在利益冲突，由股东作为清算人有悖程序正义。最后，股东组织清算义务及责任的基础为侵权责任理论与公司人格否认制度，降低了公司人格否认之标准，有滥用人格否认制度之嫌。

1. 股东组织清算义务来源不明。仅是因为股东赋予了公司“生命”，就需对其“死亡”承担义务吗？按此种逻辑，父母将子女带到世界上来，是否也应对子女离开大千世界负责呢？还是因为股东享有剩余分配权，基于权利与义务对等原则，故要求其承担组织清算的义务呢？但债权人同样对清算享有权利，并在此过程中，股东的剩余分配权劣后于债权人之债权，为何不直接将

① 数据来源于聚法案例数据库，https://www.jufaanli.com，2021年3月11日访问。

② 李建伟、罗锦荣：《有限公司股权登记的对抗力研究》，载《法学家》2019年第4期。

债权人作为清算义务人呢？抑或是股东负责公司日常经营管理，掌握公司账册，把控公司财产，对组织公司清算具有便利性优势吗？那为何不参与日常经营管理的小股东也被列为清算义务人呢？此种种推断都无法成为股东组织清算义务的正当来源。

法学史上探讨法律义务来源的学者络绎不绝，合意论、表达理论、公平说[①]抑或是关联义务论都对法律义务的来源进行了演绎。在西方的政治理论中，有一个非常独特的命题是，政治义务仅在被统治者存在合意的情况下才具有正当性。在霍布斯、洛克、卢梭以及康德的著述中都可以发现以某种形式出现、认为法律义务应当通过某种形式的个人合意来加以认定的主张。[②] 在所有可能存在的义务基础中，合意是“最有力，最神圣的”，同时也是最初的义务来源。《公司法》第二百零四条规定了清算过程中保障债权人知情权的强制性义务以及违反义务所负的法律责任。[③] 法律之所以如此重视债权人的知情权是因为清算于债权人而言是重大关切，且由于信息的不对等性，相较于公司管理人员及股东，债权人在组建清算组的过程中处于弱势地位，故其成为清算程序中法律倾斜保护之对象。但与债权人之间存在债权之合意的是公司，而非股东。作为自然债权人，雇员与公司签订劳动合同，消费者与公司签订买卖合同，合同债权人与公司签订借款合同，贷款人与公司签订贷款合同。非自然债权人既与公司无合意，与股东也无合意，且权利通常由侵权责任及保险制度加以保障。股东与债权人之间并无合意，更无承诺，对其权利保障并不存在法定义务。无组织清算的义务使有限责任公司公司股东不具有可问责性，[④] 自然不履行清算义务就不具有可罚性。

例如在已经被废止的第9号指导案例中是公司的管理者——董事对外代表被告公司与原告公司签订的钢材买卖合同，原告公司向被告公司履行了义务，其债权指向的对象也为公司。有义务保障原告公司债权实现者应是董事而非股东。将组织清算义务强加于股东，仅为解决实践的一时之需，并不符合公司治理的理论。

2. 股东作为清算义务人缺乏实现清算制度价值的激励。公司清算制度的价值可以概括为公平正义、利益平衡及社会秩序三个方面。[⑤] 首先，一个主体不能既当运动员又当裁判员这是基本的程序正义要求，股东与债权人均为清算利益相关人。《公司法》第一百八十六条规定了股东的剩余价值索取权。基于理性人假设，若公司在解散时有剩余财产，股东为使自己利益最大化，优

---

① See H. L. A Hart, *Are There Any Natural Rights*?, 64 Philosophy Review 175, 191 (1955).

② 参见［美］朱尔斯·科尔曼等主编：《牛津法理学与法哲学手册（下册）》，杜宴林等译，上海三联书店2017年版，第580页。

③ 《公司法》第二百零四条规定：“公司在合并、分立、减少注册资本或者进行清算时，不依照本法规定通知或者公告债权人的，由公司登记机关责令改正，对公司处以一万元以上十万元以下的罚款。”

④ 参见［澳］斯蒂芬·波特牡利：《公司宪治论——重新审视公司治理》，李建伟译，法律出版社2019年版，第94页。

⑤ 徐彦冰：《公司清算法律制度》，上海交通大学出版社2009年版，第15页。

先的选择应是不进行清算，且公司剩余财产越多，股东受到的不进行清算的激励就越大。若是公司在解散前没有剩余财产，如第九号指导性案例，股东也无利益享有，也就失去了组织清算的动力。而无论公司在清算前有无剩余财产，由股东进行清算都缺乏中立性，无法满足清算制度对于程序正义的基本要求。其次，公司清算过程需要平衡股东、债权人、雇员、顾客、供应商及相关利益人之间的关系，其重点放在债权人利益的保护上。现代公司法理论对于公司本质的认识历经公司契约论、公司社区论、公司法的团体生产理论及公司宪政论。① 公司受益主体也从股东利益至上发展至股东利益为主，相关者利益为辅再发展至同时兼顾多主体的利益。② 股东只是受益对象之一，并没有能力兼顾多方主体的利益，无法实现清算制度对于利益平衡的要求。最后，股东尤其是不参与公司日常经营管理的股东缺乏获取公司管理信息的便捷性，同时也缺少专业性，要求其履行清算义务成本高、效率低，不利于保障公司在有序状态下退出市场，维护交易安全，从而实现清算的社会秩序价值。

3. 股东清算责任有滥用法人人格否认之嫌。在第九号指导性案例中，法院认定蒋某与王某怠于履行组织清算义务，导致公司账册灭失无法进行清算，故对公司债务承担连带清偿责任。判定股东承担连带清偿责任的基础是法人人格否认。在未对公司是否丧失独立法人人格进行判定的情况下，作出此判决，降低了法人人格否认的认定标准。虽然《九民纪要》在一定程度上改变了第九号指导案例的裁判立场，赋予股东“并未怠于履行清算义务”、“消极不作为行为与损害结果之间没有因果关系”及“债权已超过诉讼时效”的三条抗辩理由。第九号指导案例在2021年1月1日也被正式废止。但是第九号指导案例所依据的《公司法司法解释（二）》第十八条第二款并未作出修改，其基本裁判立场与裁判路径在司法实践中并未伴随第九号指导案例的废止而终止。其基本的裁判依据依然是《公司法解释（二）》第十八条第二款，其中该款的用词是“怠于履行义务”，但是并未对义务的具体内容作出规定，一般认为清算义务人的义务包括启动清算程序与妥善保管公司财产及账册两方面内容。③ 有学者认为清算义务不仅包括前述两项义务，还包括监督清算及配合协助清算组工作的义务。④ 还有学者认为此义务不仅包括组织清算义务，还包括日常经营管理中监督代理人、适当行使投票权以及保管账册等义务。⑤ 可以看出，虽然清算义务人是提起清算程序的主体，但是其清算义务的具体内容并不止于提请清算程序，无

---

① ［美］弗兰克·H. 伊斯特布鲁克等著：《公司法的逻辑》，黄辉编译，法律出版社2016年版，第3页。

② 参见刘丹：《利益相关者与公司治理法律制度研究》，中国人民公安大学出版社2005年版，第38页。

③ 参见王欣新：《论清算义务人的义务及其与破产程序的关系》，载《法学杂志》2019年第12期，第26页。翟雨桐：《公司清算义务人的责任探讨》，载《法律适用》2020年第22期。

④ 刘俊海：《现代公司法》，法律出版社2015年版，第1156页。张新宝：《〈中华人民共和国民法总则〉释义》，中国人民大学出版社2017年版，第134页。

⑤ 翟雨桐：《公司清算义务人的责任探讨》，载《法律适用》2020年第22期。

论是保管公司账册、监督配合清算组工作，抑或是行使投票权都体现出激励股东参与公司治理之意，这是股东积极主义的体现。不可否认，股东积极主义在减少上市公司非效率投资行为、减少过度投资的可能性方面大有裨益。① 尤其是在国有企业及股权分散的公司，股东参与公司治理可以充分发挥其监督功能，防止大股东掏空公司也抑制代理人自利行为的发生，减少代理成本。② 我国在2005年修订《公司法》时秉承发扬股东民主与倡导公司自治的理念，试图促进股东"用脚投票"转向"用手投票"的模式的转变。但是由于股东民主传统的缺失及相关制度的缺位，我国股东参与公司治理的意识还十分薄弱。③ 股东积极主义只是一种倡导，并非股东根本性义务。股东权利源自股权，股权本质来源于资本，股东职能设定本就应是购买股份享受股权，参与公司日常管理不是其本职工作。因为其没有履行本应由董事承担的管理工作而让其承担公司法人人格否认的后果，会将法人人格否认制度常态化。

三、 修订公司法： 公司清算义务主体范围再界定

目前《民法典》第七十条采用指引性立法技术，将清算义务人主体范围最终的决定权转交给《公司法》这一特别法。故在对《公司法》进行修改时，应该补增对清算义务人的规定。在具体清算义务人主体范围界定时，将有限责任公司及股份有限公司的董事作为清算义务人。在《民法典》第七十条及《公司法解释（二）》第十八条的基础上，建议对有限公司清算义务人主体范围作出如下具体规定："公司的董事为清算义务人，清算义务人未及时履行清算义务，造成损害的，应当承担民事责任；主管机关或者利害关系人可以申请人民法院指定有关人员组成清算组进行清算。"

与《民法典》第七十条相比，此建议直接明确了负有清算程序启动义务的"执行机构或者决策机构的成员"是董事，并且删除"理事"作为清算义务人。因为"理事"并不是商法上的法律术语，而是民法上的法律术语。其不是公司组织机构成员的法律称谓，《公司法》全文218条，无一处出现"理事"一词。"理事"一般出现在社会团体机构设置之中，例如，《民办教育促进法》第二十条明确要求民办学校需要设立理事会，并对理事会的职能做出明确规定；《红十字会法》第八条要求各级红十字会设立理事会，并对理事会成员的产生进行规定；《农民专用合作社法》第十一条规定理事长及理事都有设立大会选举产生。在《公司法》中，对于具体执行公司日常经营管理工作的人员不应称为"理事"，而应当称为高级管理人员。基

---

① 马滟清、孙泽月等：《中小股东积极主义与上市公司投资效率》，载《证券市场》2021年第1期。

② 宋姝：《公司法修改对股东积极主义的回应——以中小股东监督大股东掏空行为为视角》，载《社会科学家》2020年第4期。

③ 冯果、李安安：《投资者革命、股东积极主义与公司法的结构性变革》，载《法律科学（西北政法大学学报）》2012年第2期。

于公司分权理论，董事会与高级管理人员之间会进行权利划分。与股东会和董事会的分权相似，董事会把控公司经营方向，对公司经营事项享有决策权，但公司经营管理权时常以各种形式由董事会下沉到高级管理人员，形成董事会居于股东会与经理层之间的“夹层代理”结构。[①] 就此意义上而言，高级管理人员更加具有启动清算程序的便利性。但是董事与高级管理人员的分权是公司自治的部分，立法与司法都不宜过多干预。其次，基于有限责任公司人数及规模限制，其公司架构较简单，公司第一层分权——股东会与董事会分权结构清晰，[②] 但是公司第二层分权——董事会与高级管理人员分权激励不明显，甚至根据《公司法》第五十一条规定，可以不设立董事会，只设一名执行董事且由其担任总经理。故删除《民法典》第七十条中“理事”一词，既可以在民商合一的立法体例下遵循民商有别的法律逻辑，又可以化繁为简，减少司法对于公司自治的干预。

将公司的股东排除于清算义务人之列还有两个问题需考量。第一是控股股东的问题，第二是实际控制人的问题。针对控股股东，不可否认的是，由于资本多数决的本质决定了大股东控制公司本身属于正常现象，[③] 中国公司治理的核心问题是遏制控制权的滥用。[④] 但是清算义务人的义务本源是公司日常管理参与权，就形式而言，控股股东只是普通股东，其不直接参与公司的日常经营管理，而且在已经出现清算事由，仅提起清算程序并不需要进行投票多数决，所以在履行清算义务层面上控股股东与非控股股东并无本质区别。即使控股股东利用控制权操控董事会组织及时履行清算义务，也可以通过《公司法》第二十条法人人格否认制度追究其责任，或通过对控股股东苛以信义义务加以规制。针对实际控制人，我国的实际控制人在一定程度上等同于英美法系的概念中的“影子董事”，所以可以通过法律解释的途径达到使其承担未履行清算义务的效果，没有必要再次画蛇添足。所以，控股股东与实际控制人都不是有限责任公司清算义务的合理主体。董事作为清算义务人主体的基础主要体现在以下三个维度：

（一）保障立法的规范与统一

基于内容与形式的双重考量，制度立法评判可包含两个方面。一是制度设计的实质合理性，体现为董事作为公司清算义务人具有可操作性为司法实践提供统一量度以及符合公司治理的基本原理可有效地实现清算义务人制度的目的。二是制度立法的统一性，包括规范性文件的内部自洽及与世界公司法制度的接轨。

---

① 蒋大兴：《公司董事会的职权再造——基于“夹层代理”及现实主义的逻辑》，载《现代法学》2020年第4期。

② 参见［澳］斯蒂芬·波特姆利：《公司宪治论——重新审视公司治理》，李建伟译，法律出版社2019年版，第98页。

③ 梁上上：《有限公司股东清算义务人地位质疑》，载《中国法学》2019年第2期。

④ 赵旭东：《公司治理中控股股东及其法律规制》，载《法学研究》2020年第4期。

首先，《公司法》是由全国人民代表大会常务委员会制定的法律，《公司法解释（二）》是由最高人民法院出台的司法解释，在私法领域司法解释无权对自然人权利加以越权限制。借由《公司法》修改的契机，将清算义务制度纳入《公司法》之中即可结束司法解释越权限制股东权利增加股东义务的现状。根据法律适用新法优于旧法的规则，董事作为公司统一而又唯一的主体制度设计，结束有关清算义务人规范性文件的混乱，实现法律规范内部一致与自洽。

其次，目前学术界对于公司类型的讨论如火如荼，更有学者主张取消有限责任公司类型，只保留股份有限责任公司类型。① 这样主张的现实依据是有限责任公司与非公开募集设立的股份有限责任公司之间并无本质区别。法律制定的目的是发挥指引、评价、预测、强制、教育的作用，从功能主义角度出发，法律规定的统一可以减少法律实践的壁垒与障碍，减少获取法律信息、学习法律制度的成本。有限责任公司与股份有限公司的区别更多存在于资本制度之中，绝非存在于公司治理中清算义务人主体范围之中。在清算义务人主体范围选择时故意对有限责任公司与股份有限公司进行区分实无必要。《公司法解释（二）》将控股股东作为清算义务人，实则并无必要。

最后，在经济全球化的潮流之下法律同样历经全球化。德国、日本、美国等国虽然未使用清算义务人的术语，但是均将董事作为提起清算的义务主体。虽然法律的全球化是指所追求的法律效果趋于统一，并不要求其效果实现的技术手段完全一致。但是，公司作为跨国活动中最活跃的主体，在并无特别因素的情况下，制度与他国接轨可以减少交易成本与制度损耗。让董事承担清算义务人责任是各国通行的做法（见表2）。

表2　各国清算义务主体的相关法律汇总

国别	法律	条文	内容
德国	《德国股份法》	第265条	处理清算事宜的清算人应由董事会成员担任……
	《德国有限责任公司法》	第263、266条	除宣告破产外，公司解散后应由管理董事进行清算。
日本	《日本公司法》	第478条	股份有限公司解散后，除公司章程另有规定或者股东大会另有选举的除外，董事是清算人。

① 参见刘小勇：《论有限公司与有限责任公司的统合——日本及其他外国法关于公司类型的改革及启示》，载《当代法学》2012年第2期。

续表

国别	法律	条文	内容
美国	《美国标准公司法》	第14章第9条	公司解散后，董事应促使被解散公司对其债务作出清偿或者就其债务的偿付作合理的安排，并在上述清偿或安排后将资产分配给股东。
	《特拉华州普通公司法》	第279条、第280条、第281条	公司解散后，衡平法院在债权人、董事等相关人员的申请下，可以委托董事作为解散公司的受托人或财产管理人处理公司清算事务。
韩国	《韩国商法典》	第521条	公司非因破产而解散的，董事应当及时向股东发出通知或进行公告。
意大利	《意大利民法典》	第2485条	董事会应当及时核实解散理由。董事因迟延或者过失给公司、股东、债权人和第三人造成的损失，由董事单独承担连带责任。

（二）减少司法实践前置性障碍

将董事作为公司清算义务人在将减少司法障碍，相较于股东资格的确认，董事资格的确认更加简单。以“董事资格确认”为关键词在北大法宝数据库上仅检索到案例2个，[①] 以“股东资格确认”为关键词在北大法宝数据库检索到案例42451个。[②] 以“董事资格”为关键词在中国知网数据库查到学术期刊88篇，学位论文28篇。若是以“董事资格确认”为关键词在中国知网数据内进行检索则无相关文献研究。[③] 以“股东资格”为关键词在中国知网数据库查到学术期刊1142篇，学位论文35篇。[④] 说明董事资格确认在司法实践中产生纠纷少，学界也并未对董事资格问题过多关注。董事与股东之间的关系就决定了董事资格确认简单，通常认为股东与董事之间是代理人与被代理人的关系，[⑤] 被代理人可以隐名，但是代理人必须显名，因为管理层的价值在于用自身专业技能或者声誉给公司谋取利益，故在以股东为清算义务人发生纠纷，提起给付之诉之前常常还得提起股东资格确认之诉。而董事作为清算义务人主体则无须前置董事资格确认之诉。

① 数据来源于北大法宝数据库，https：//www. pkulaw. com/case/，2021年3月16日访问。
② 数据来源于北大法宝数据库，https：//www. pkulaw. com/case/，2021年3月16日访问。
③ 数据来源于中国知网数据库，https：//kns. cnki. net/kns8/defaultresult/index，2021年3月16日访问。
④ 数据来源于中国知网数据库，https：//kns. cnki. net/kns8/defaultresult/index，2021年3月16日访问。
⑤ ［英］保罗·戴维斯：《现代公司法原理》，罗培新等译，法律出版社2016年版，第376页。

（三）遵守公司治理的基本原理

1. 信义义务是董事会组织清算的义务来源。就其本质而言，公司是由诸多意思自治成员协商形成的“合同束”。① 但与一般合同不同的是，公司是持续性的契约，这种持续而复杂的合约无法在达成合意之时穷尽合同双方的权利义务及相关责任的安排，这就使公司所有者与公司管理者的权利义务关系处于动态变动之中。大陆法系学者认为公司与管理者之间是代理关系，由此产生代理人对被代理人的信义义务，信义义务是这段动荡的权利义务潮流中的“定海神针”，同时也是解决代理风险的首要手段。董事信义义务是董事会组织公司清算的义务来源。

传统公司法理论认为，董事信义义务直接受益对象是公司，在与股东存在“特殊利益关系”时其直接受益对象是股东。在正常经营的公司中，股东利益最大化是判断董事是否恪尽忠实勤勉义务的原则，但在公司处于特殊时期，如公司濒临破产或公司即将解散，债权人将表现出股东化的特征，并且与公司管理层之间的磋商将因此更加频繁，此时债权人将成为董事信义义务首要的受益对象。无论是基于公司利益而进行清算，抑或是基于债权人的利益进行清算，其都是董事信义义务所涵盖的对象，故董事信义义务是董事会组织清算的义务来源。

2. “两权”分离构造保障董事的中立性。现代公司管理权归属董事会，所有权归属股东会，监督权归属监事会，现代公司像一个三权分立的王国一样力求平稳运行。如同一国之运行，三权之间相互配合而又相互制约。虽然，董事在一定程度上被视为股东的治理工具，股东利用此种治理工具而保护那些面临着离散而重大的被剥削风险的人。② 但是，董事作为一个独立存在的公司治理主体，并不完全依附于股东而存在，也并不是只代表股东的利益。首先，董事究竟代表谁的利益，这与公司的目的息息相关。③ 现代公司经营目的不仅仅是股份价格最大化，还包括更为宽泛的社会责任，这其中包括赋税义务、提供就业岗位义务、保护劳动者义务、保护环境义务等，其中也包括保护债权人利益。其次，董事会中不同的董事类型的设立，尤其是独立董事及外部董事的设立，目的是调整股东及其他公司主体的利益分野，增强董事会的独立性。最后，董事会人员构成的多样性体现出董事会代表利益的多样性。例如，为保障雇员的利益，本着信息传递的目的在董事会中引入雇员代表；为满足大宗客户的特殊信息需求，为消费者留出一定的董事席位；在公司财务出现困境时，债权人（如银行）参与董事会是明智的。

管理权与所有权的分离，将董事会从股东会中独立出来。在公司清算时，债权人与股东可能出现利益相左的情形，董事即独立于股东又独立于债权人，此种独立性赋予了董事履行清算义务的主体公平性。且董事负责公司的日常经营管理，更了解公司状况，具有履行清算义务的优势。

---

① 参见［美］弗兰克·伊斯特布鲁克：《公司法的经济结构》，北京大学出版社2014年版，第14页。
② 参见［美］罗伯特·罗曼诺：《公司法基础》，罗培新译，北京大学出版社2013年版，第231页。
③ 参见［美］罗伯特·罗曼诺：《公司法基础》，罗培新译，北京大学出版社2013年版，第231页。

3. 公司有限责任要求董事作为清算义务人。作为公司法的基础性原则，有限责任是现代公司结构的本源。Henry Manne 教授认为，若是缺失有限责任制度，以拥有很多小股东为特征的现代公众公司就不可能存在。[①] 正是因为有限责任，才会有人愿意愿意进行投资。若无有限责任，出资 1000 元在投资者可能要承担 100 万元以致无限的风险，那将无人再愿意成为公司股东。正是因为有限责任，在出资 1000 元承担 1000 元风险的制度设置下，股东多元小额投资成为可能。此外，有限责任是一个有序化证券市场存在的必要条件，[②] 当投资者需要以个人财富对公司承担无限责任，同一家股票对不同投资者的定价将不同。个人财富高的投资者由于承担风险能力更大，将给公司带来更大的信誉资本，公司针对其股价定价会更低。而投资者在投资时会对其他投资者进行尽调，以确保和自己一同承担无限责任的人是有雄厚的经济实力的，投资成本将增加。若是没有有限责任证券市场无法使投资行为不受投资者个人财富的影响，可能证券市场也就不复存在了。

股东承担清算义务的制度设计，有滥用法人人格否认之嫌，动摇了现代公司有限责任的根基。公司经营所处的市场影响着公司治理，资本市场是最为关键的市场，公司所拥有的股份自由转让及有限责任使得公司受到资本的青睐。[③]

四、 结语

虽然公司清算程序的启动及顺利推进可以实现保护债权人利益，维持社会经济秩序的价值。但是谁作为公司清算义务人，作为一个程序性事项的启动者本不应太过于繁杂。但是由于立法不断地被司法现实裹挟，所以出现了混乱的制度规定。将董事作为公司清算义务人一方面可以减少立法的复杂性，另一方面可以减少司法裁判的前置性障碍，是一种有效率的做法。同时，相比于股东，董事作为清算义务人更符合公司治理的基本原理。股东作为清算义务人缺乏义务来源，其既没有提起清算程序的激励，也不具有可责性。科以其法人人格否认的法律后果，仅是为了解决实践问题的应景之作。与之相反，作为公司日常经营管理者的董事不仅具有提请清算义务的便捷性，信义义务构成其及时提请清算程序的义务来源，在信义义务的约束之下加之所有权与管理权的两权分立的现实基础，使董事具有提请清算程序的激励也具有中立性。当以信义义务为来源构造清算义务人主体制度之时，股东就被从无限责任的泥沼中解救出来了，法人人格否认制度才能终将归于例外，而非常态。

---

① See Henry G. Manne, *Our Two Corporation Systems*: Law And Economics 53 Virginia Law Review 259, pp. 273 – 275 (1967).

② See Halpern, Trebilcock & Turnbull, An Economic Analysis of Limited Liability in Corporation Law 30 University of Toronto Law Journal, 117, 117 – 50 (1980), 转引自［美］弗兰克·H. 伊斯特布鲁克等著，黄辉译，法律出版社 2016 年版，第 271 页。

③ ［美］罗伯特·罗曼诺：《公司法基础》，罗培新译，北京大学出版社 2013 年版，第 1 页。

公司司法解散制度的功能主义比较与立法完善

■ 李凌霜*

摘要： 我国《公司法》第一百八十二条规定的公司司法解散制度，是将强制解散公司定位为少数股东的最后救济手段。但解散公司并不能彻底救济小股东，也无法打破公司僵局，在很多情况下公司僵局从解散阶段延续到了清算阶段，导致公司无法清算注销。同时，公司僵局往往伴随着股东压制，造成僵局中的弱势股东被锁定在封闭公司中持续受到压迫。本文以功能主义比较为研究方法，回溯英美国家公司司法解散制度的改革历史与演变趋势，发现经过上百年的发展，英美公司法发展出多种股东救济手段，以打破公司僵局，其中最为常用的为股权强制收购。在我国《公司法》修改之际增加股权收购请求权符合公司司法解散制度的发展规律，过往司法实践中股权收购调解的尝试也证明此种救济方式具有本土可行性。故此，我国《公司法》可以借鉴英国法对公司解散与股东压制分别救济的立法模式，在《公司法》第十章第一百八十二条针对公司僵局的司法解散与第三章第七十四条针对股东压制的救济制度中分别增设或完善作为救济方式的股权收购请求权。

关键词： 司法解散　公司僵局　股东压制　股权收购请求权　决斗机制

一、 最高人民法院8号指导案例的回溯与跟踪

2012年4月9日，最高人民法院（以下简称最高院）发布第二批指导性案例，其中第8号指导性案例——林方清诉常熟市凯莱实业有限公司、戴小明公司解散纠纷案（以下简称林方清案），从个案的角度对《公司法》第一百八十二条“公司经营管理发生严重困难”进行了限缩性解释，即不再综合考虑公司的经营和管理是否发生严重困难，而是侧重于公司的组织机构运行状况，公司是否经营亏损并非构成公司经营管理发生严重困难的必要条件。① 第8号指导性案例

* 李凌霜，清华大学法学院商法学博士研究生。

① 吴建斌：《公司纠纷指导案例的效力定位》，载《法学》2015年第6期，第56页。

在实践中具有了参照适用的功能，极大地提高了法院判决解散正常营业公司的比例。① 然而凯莱公司在判决解散后仍“原封不动”地正常经营，引发学界对该案的反复讨论，是具有争议性的典型案例。本文尝试从该案判决书中的细节着手，并对凯莱公司在判决解散后进行跟踪式研究，反思该案的社会效果及我国司法解散制度的不足。

（一）隐藏在公司僵局中的股东压制

凯莱公司为某服装城产权所有人，主要从事商铺出租。公司的两位夫妻股东林方清与戴小明②各占50%的股权，并且公司章程规定股东会决议须经代表二分之一以上表决权的股东通过，股权比例和章程规定直接导致一旦双方有矛盾，股东会就无法作出有效决议。此外，双方约定戴小明为执行董事，负责公司的日常经营，林方清为执行监事，对执行董事进行监督。由于夫妻双方关系破裂甚至发生肢体冲突，直接导致股东会无法召开或不能形成有效决议，且戴小明多次拒绝林方清查询公司财务资料的要求。但公司仍在戴小明的控制下继续经营且处于盈利状态。此时公司的权力机关瘫痪，但业务执机关仍在运转。林方清案的特殊之处在于，不仅在公司层面造成僵局，还在股东内部关系上具有控制人的压迫。林方清虽为持有50%股权的股东和执行监事，但公司长期不召开股东会，林方清无法通过行使表决权来参与公司决策，其关于查询财务资料的要求也一再遭到拒绝，正如二审法官在判决书中说的那样，林方清的股东权、监事权长期处于被剥夺的状态。③ 而法官在作出解散判决时，只考虑了公司内部管理严重障碍，没有考虑股东压制的情节，忽视了对弱势股东的保护。

（二）作为谈判筹码的解散判决

凯莱公司在被最高院驳回再审请求后并没有解散，双方股东在强制清算过程中达成了和解协议：对凯莱女装写字楼按照各50%股权比例进行实物分割，分割至两股东各自注册设立的公司名下，各自成立分公司经营管理。嗣后双方对凯莱女装写字楼的分割划定了红线图。经现场抓阄，林方清取得写字楼东半部分的经营权，戴小明取得西半部分的经营权。并由清算组告知写字楼的所有承租户，要求承租户与林方清和戴小明分别联系，分别订立租赁合同、交纳租金。但是，戴小明并没有按照承诺履行和解协议，未将林方清分得的写字楼一半产权过户到其注册的公司名下，导致林方清只能以自然人的名义与租户订立合同。名义上，双方各自经营、自负盈亏；但在法律上，双方的股东身份并无变化，戴小明仍是凯莱公司的法定代理人，从而造成了公

---

① 学者对第8号指导案例的引用情况进行实证研究发现，法院判决解散正常经营公司的比例由此前的14%急剧提升至75%。参见张双根：《指导案例制度的功能及其限度》，载《清华法学》2017年第3期。

② 二人原为夫妻关系，在法院判决公司解散后离婚。参见吴建斌：《指导性案例裁判要点不能背离原案事实——对最高人民法院指导案例67号的评论与展望》，载《政治与法律》2017年第10期，第123页。

③ 林方清与常熟市凯莱实业有限公司申请公司清算案，江苏省苏州市中级人民法院（2015）苏中法商清预终字第00001号民事裁定书。

司经营事实与法律的错位。林方清虽为法律意义上的股东，但在和解协议分别经营的约定下，被排挤在公司经营管理之外，后多次提起股东知情权之诉，要求了解公司的财务状况，但法院以和解协议的分别经营为由驳回其请求。[①] 双方的矛盾还进一步影响了租户对商铺的正常使用，林方清将位于写字楼公共区域的商铺出租给租户梁莎莎，戴小明则根据和解协议约定的公共区域管理权，以消防安全为由对该区域断水断电，导致梁莎莎无法使用商铺。[②]

国内学者通过实证研究发现，法院即使判决解散盈利公司，股东在私底下还是会通过谈判避免公司走向清算注销，解散公司判决书只是给了原告股东讨价还价的筹码而已。[③] 但在本案中，林方清作为被压制的弱势股东并没有在拥有了解散判决这一筹码后在博弈中胜出，反而双方的矛盾积年累月宿怨加深，变得更复杂、更加难以调和，由此造成经年的诉讼也为司法机关增加了讼累。通过林方清案可以看到，通过强制解散为弱势股东增加的谈判筹码无法从根本上改变博弈格局，并不能解决股东之间的矛盾，而僵局中的弱势股东有可能仍会被锁定在公司中同时持续受到压制。[④] 在公司法没有授权法官其他救济方式的情况下，法官只能在拒绝救济与判决解散之间艰难地二选一。[⑤]

二、 英美公司司法解散制度的历史演变与启示借鉴

公司司法解散是 2005 年《公司法》修订新增的制度，相比英、美国家确立较晚，尚不完备。通过梳理英、美两国公司司法解散的制度演变，可以帮助我们在百年的时间坐标下，认识该制度的历史演变规律，把握公司解散制度的变革方向。在此基础上比较两国司法解散不同的立法模式，分析不同模式的利弊，有助于我们更好地理解公司司法解散的制度逻辑与体系逻辑。

（一）英美司法解散制度的演化史

英国是现代公司制度的发源地，司法解散制度正是诞生于 19 世纪的英国。最早英国公司法授权法院在公司发生分歧和僵局时对公司进行清算。直到 1947 年，股东针对公司控制人的压制

---

① 林方清与常熟市凯莱实业有限公司股东知情权纠纷，江苏省常熟市人民法院（2018）苏 0581 民初 2080 号民事判决书。

② 梁莎莎与戴小明房屋租赁合同纠纷，江苏省常熟市人民法院（2019）苏 0581 民初 11384 号民事判决书；梁莎莎与戴小明占有排除妨害纠纷，江苏省苏州市中级人民法院（2020）苏 05 民终 10824 号民事判决书。

③ 耿利航：《公司解散纠纷的司法实践和裁判规则改进》，载《中国法学》2016 年第 6 期，第 232 页；张学文：《市场理性与法院自制——公司裁判解散的实证研究》，载《法学评论》2012 年第 1 期，第 37 页；蒋大兴：《“好公司”为什么要判决解散——最高人民法院指导案例 8 号评析》，载《北大法律评论》2014 年第 15 卷第 1 辑，第 45 – 46 页。

④ Margaret M. Blair, *Locking in Capital: What Corporate Law Achieved for Business Organizers in the Nineteenth Century*, 51 UCLA Law Review 387, 392 – 294 (2003).

⑤ 耿利航：《有限责任公司股东困境和司法解散制度——美国法的经验和对中国的启示》，载《政法论坛》2010 年第 5 期，第 135 页。

行为唯一救济途径仅有公平和公正的清盘（just and equitable winding - up）。[①] 当时的英国法官认为清盘是非常激烈的救济方式，很少作出清盘判决。在英国公司法修订委员会建议下，1948 年《英国公司法》第 210 条规定增加了授权法官调整公司事务的处理方式、要求公司或其他股东购买股份为公司清盘的替代性救济措施。即便救济方式的范围更大了，但第 210 条要求必须要满足股东压制才能获得救济。而当时法院股东压制的解释非常严格，压制行为必须是“繁重、苛酷和错误”（burdensome，harsh and wrongful）的。[②] 而且，相关行为必须是针对原告作为公司股东的压迫，而不是对作为董事、公司雇员的压迫。[③] 最后，该行为必须是在一段时期内持续或重复发生，而不仅仅是孤立的个别行为。法院的狭隘解释导致少数股东很难获得救济，随后 1980 年《英国公司法》以不正当损害（unfair prejudice）替代股东压制（oppression），意在为法官判决提供更大的灵活性。此外，在救济方式上授权法院作出其认为合适的命令，并举例说明了法院可能作出的命令类型，包括要求公司或公司成员购买其他成员的股份等，这一修改也标志着清盘法定替代性救济的形成。[④] 1986 年《英国破产法》增加公司解散规则，对破产做了扩大解释，不仅适用于资不抵债的公司，还适用于公司自愿解散和强制解散的情形。[⑤] 由此，破产法替代了公司法中的相关规定，随后的公司法修订删去了重复部分。

而传统美国法授权法院灵活多样的强制解散的替代性救济方式，允许法官运用衡平权力自由选择，但是由于这些衡平救济手段都规定在“司法解散”的框架之下，[⑥] 即公司只有满足了司法解散的条件，股东才能获得其他方式的救济。[⑦] 以解散事由作为其他救济方式的衡量标准造成许多法院采取过强的限制性立场——除非法院确信解散是合理的，否则不能给予任何形式的救济。为阻止强制解散成为法院唯一依赖的救济方式，1984 年《美国示范公司法》增加了第 14. 34 节，在司法解散中创设了股权购买选择权（Election to Purchase In Lieu of Dissolution），公司或剩余股东可以选择购买原告股东的股权，替代司法强制解散。[⑧]

回溯英、美两国司法解散制度的演化历史可以发现，司法解散制度从一开始就被作为公司

---

① 《英国 2006 年公司法：第 3 版》，葛伟军译，法律出版社 2017 年版，第 826 页。

② Scottish Co - op Wholesale Society v. Meyer［1959］AC 324.

③ F Hodge O'Neal，Robert B Thompson，O'Neal and Thompson's Oppression of Minority Shareholders and LLC Members，Rev. 2nd ed（2004）.

④ Paul L. Davies，Sarah Worthington，*Gower*：*Principles of Modern Company Law*. 10th ed. London：Sweet & Maxwell，2016，p. 977.

⑤ 《英国破产法》，丁昌业译，法律出版社 2003 年版，第 3 - 4 页。

⑥ Model Business Corporation Act（MBCA）Chapter 14 Dissolution，Subchapter C. Judicial Dissolution.

⑦ Harry J. Haynsworth，*The Effectiveness of Involuntary Dissolution Suits as a Remedy for Close Corporation Dissension*，35 Cleveland State Law Review 25，89 - 90（1987）.

⑧ ［美］汉密尔顿著：《美国公司法：第 5 版》，齐东祥等译，法律出版社 2008 年版，第 277 页。

内部矛盾的解决机制，并承担了保护少数股东的功能。与此同时，英、美法官都认为公司解散是一种极其严厉的措施，对其采用严格限制性立场。经过数年的修订和改革，立法发展出了多种替代性救济措施，将强制解散定位为对股东的最后救济。相比之下，我国公司法尚停留在以解散公司来保护少数股东的立法阶段，没有在规范层面规定公司僵局的替代性救济，《公司法司法解释二》中的调解成了解散公司之外唯一的司法救济。从司法解散制度的变革趋势来看，增加替代性救济方式是我国公司法急需完善的部分。

下文将具体介绍现行英、美两国公司司法解散的立法体系、法定事由、救济方式，在比较差异的基础上分析不同模式的利弊。

（二）英美立法模式的差异

1. 英国模式：公司解散与不公平损害的分别规制路径。如上文所述，英国立法者将公司解散制度从公司法移到了破产法中。1986 年《英国破产法》第 4 部分规定了公司的解散，具体包括成员自愿解散、债权人自愿解散、法院决定的解散，以及解散后对公司的清算和注销程序。根据《英国破产法》第 125 条，股东有权通过解散寻求救济，在没有任何其他救济方式的情况下，公司解散将被视为公平和公正的。而对股东的其他救济方式主要集中在公司法中的不公平损害诉讼。2006 年《英国公司法》第 994 条规定了股东有权以不公平损害、侵害股东利益为由提起诉讼，请求法院救济。① 法院在审查股东利益时，通常会从合理期待（legitimate expectations）来判断，即股东对公司事务以一种合理期待的方式作出，如果不能以这种期待的方式运营公司，就构成对该股东利益的不公平损害。② 第 996 条还规定了法院在不公平损害诉讼中可以作出的五种救济令：（1）调整公司将来事务，如对董事的任免、召集会议等；（2）要求公司作出或停止特定事项，如要求公司支付红利或制止公司对董事支付过高的薪酬等；（3）允许原告以公司的名义、代表公司提起民事诉讼；（4）未经法院同意，公司不得对章程作出任何修改；（5）要求公司其他股东或公司自己购买任何股东的股份，对于公司自己购买，据此减少公司资本。

2. 美国模式：司法解散制度下的分层救济。《美国示范公司法》③ 第 14.30 节规定了股东请求司法解散的四种事由④：（1）董事在经营管理公司事务时产生僵局，且股东无法打破僵局，公司有可能遭受或正在遭受不可挽回的损失；（2）控制股东或董事的非法、压迫或欺诈性行为；

---

① 《英国公司法》没有明确规定不公平损害的含义，英国学者对其表现形式作出了列举式的归纳，主要包括：被排挤出管理层、不提供信息、不正当地操纵持股、修改公司章程、违反董事义务、过高的薪酬、不分红、管理不善、程序不当等。参见：《英国 2006 年公司法（第 3 版）》，葛伟军译，法律出版社 2017 年版，第 827 - 828 页。

② 《英国 2006 年公司法：第 3 版》，葛伟军译，法律出版社 2017 年版，第 829 页。

③ 《美国示范公司法》在第 14 章专章规定了解散（dissolution），分别包括公司的自愿解散、行政解散和司法解散。

④ 详见《美国示范商事公司法》第 14.30（a）（2）条。

(3) 股东在表决权上陷入僵局，且至少连续两次年会期间未能选出任期届满的董事的继任者；(4) 公司资产被滥用或浪费。[①] 其中 (1) 和 (3) 属于公司僵局，包括董事僵局与股东僵局，(2) 和 (4) 属于控制股东或董事的压制行为或权力滥用。前者是对公司陷入瘫痪的客观状态描述，没有表明任何一方应对僵局的形成负责或负有过错；后者强调对个别股东利益的损害。[②] 可见，美国采取的是统一适用司法解散制度救济公司僵局和股东压制。在对压制行为的判断上，法院同样适用“合理期待”(reasonable expectations) 作为压制行为的界定标准，如果公司的决策违反了股东投资时的合理期待，即便是在公司法规定在权限范围内作出的，也构成压制。[③]

2016 年修订的《示范公司法》在原有的规定上增加了适用司法解散的公司类型，将上市公司和股东超过 300 名、市值超过 2000 万美元的非上市公司排除在外。[④] 在解散之诉中，公司或其他股东可以选择以公允价格购买起诉股东的全部股权，以终止解散程序。股份购买选择可以在原告起诉后的 90 日内向法院提交，一经作出，不得撤回。双方可以就股权价格进行协商，如无法达成一致，法院可以应任意一方当事人的申请中止股权收购程序，或按照起诉的前一日或其他适合日期确定股票的公允价值。[⑤] 美国的股份买断本质上是自愿购买，由原告之外的其他股东自愿选择，在价格无法达成一致时也可以中止。

除此之外，针对封闭公司的人合性，《美国封闭公司示范附加规定》规定了法院的分层救济方案 (tiered remedial scheme)，[⑥] 依次为普通救济，[⑦] 特别救济之股权购买，特别救济之司法解散。[⑧] 司法解散作为最后救济方式，只有在其他救济都未能解决争议事项时才得以适用。

《美国示范公司法》虽不具备成文法的效力，但为美国各州制定公司法提供了参照的范本。根据美国学者的整理，有 32 个州直接采用了《示范公司法》中的司法解散制度，39 个州规定了股权买断作为公司解散的替代性救济措施，[⑨] 14 个州没有将股东压迫作为解散的法定情形。[⑩]

---

① 该节的其他条款还规定了由司法部长 (attorney general) 以及债权人提起司法解散的事由。

② 《美国示范商事公司法》第 14.30 条官方评论。

③ Douglas K. Moll, *Reasonable Expectations V. Implied – In – Fact Contracts: Is the Shareholder Oppression Doctrine Needed?*, 42 Boston College Law Review 989 (2001).

④ 《美国示范商事公司法》第 14.30 (b) 条。

⑤ 《美国示范商事公司法》第 14.34 条。

⑥ Harry J. Haynsworth, *The Effectiveness of Involuntary Dissolution Suits as a Remedy for Close Corporation Dissension*, 35 Cleveland State Law Review 25 (1987).

⑦ 普通救济的范围非常广泛，包括修改公司章程、撤销董事或其他高管的职务、任命董事或高管、任命代管人、任命临时董事、作出分红、对受害方的损害赔偿等。

⑧ Model Statutory Close Corporation Supplement to MBCA, Section 40 – 43.

⑨ John H. Matheson and R. Kevin Maler, *A Simple Statutory Solution to Minority Oppression in the Closely – Held Business*, 91 Minnesota Law Review 657 (2007).

⑩ J. A. C. Hetherington & Michael P. Dooley, *Illiquidity and Exploitation: A Proposed Statutory Solution to the Remaining Close Corporation Problem*, 63 Virginia Law Review 70 – 75 (1977).

（三）两种模式的利弊分析

1. 司法解散制度的不同体系。英国立法者认为公司解散与破产同属于市场退出机制，故由破产法来调整公司解散，由公司法来调整对少数股东的不公平损害，并确定了不同的认定标准，前者从公司的整体利益来考察，后者从股东合理期待是否落空来判断。二者的交叉之处在于，如果“不公平损害救济”无法解决争议，股东可以提起公司解散之诉；而在司法解散中，法官也可以作出股份购买等替代性救济措施。这种交叉管辖可能使问题复杂化，造成一个案件提出两种申请的不合常规做法。英国法律委员会曾建议整合诉讼程序，在不公平损害中，把停业清算增加到法院可采取的救济措施清单中。[①] 但反对意见（贸易工业部）认为，在“不公平损害”[②] 和“公平公正的清算”[③] 中分别规定公司清盘会导致不同的认定标准，并且容易被滥用和作为股东施压手段。经过权衡，公司法审议指导组出于限制公司解散的考虑，没有将清盘增加到不公平损害的救济方式中。

与英国法不同，美国法采用的是独立的司法解散模式，完整规定了司法解散的法定事由、程序、替代性救济措施，并且将股东压制列为公司解散的法定事由，司法解散制度同时承担了为少数股东提供救济的功能。

本文认为，公司解散与股东压制有着不同的制度功能与判断标准，将二者规定在同一个制度中会造成法律逻辑的混乱。公司解散立足于公司整体利益，而股东压制以少数股东保护为出发点。因此，英国法的分别规制是一种更为理想化的立法模式。

2. 股权收购主体。从提出股权收购的主体上看，《英国公司法》第996条“公司其他股东或公司自己购买任何股东的股份”的规定，既可以是公司或者剩余股东购买原告股东的股权，也可以是原告股东购买其他股东的股权。在英国的司法实践中，法院判决原告出售股份与判决被告出售股份的比例为7:2。[④]

相比之下，美国法官就没有那么大的自由裁量权了。《美国示范商事公司法》规定股份购买的选择只能由公司或原告之外的其他股东作出，因此提起司法解散的原告股东无权购买其他股东的股权，这就导致原告只能选择退出公司，而无法通过收购股权把对方赶出公司。尤其是在股东各持50%股权的两人公司，很容易造成没有任何一方愿意提起诉讼，从而被动同意成为股份

① ［英］A. J. 博伊尔著：《少数派股东救济措施》，段威、李扬、叶林译，北京大学出版社2006年版，第143页。

② 1984年《英国公司法》第461条。

③ 1986年《英国破产法》第122条。

④ U. K. Law Commercial Report No. 246（1997）.

出卖方。[①] 这也导致了决斗机制（shootout mechanism）[②] 成为美国封闭公司非常流行的僵局解决方式，常常被写入公司章程或股东治理协议，并被美国律师协会写入《示范房地产开发经营协议》，成为房地产领域的示范条款。[③] 这种类似于分蛋糕规则的“我切，你选”，由一方股东报价，另一方选择购买对方股份或全部出售自己的股份，有效弥补了成文法单方买断权的不足，双方能够享有平等的机会选择留在公司或退出公司。[④] 由于这一机制在确定股权公允价格上的独特优势，也慢慢开始在司法环境中被运用，法官在双方股东都主张股权收购的公司僵局中，利用决斗机制决定股权的收购方和收购价格。[⑤] 由于报价方可能会被迫高溢价收购或折价出售，他们有足够的动力确定一个尽可能公平的要约价格，正如美国第七巡回法院伊斯特布鲁克（Easterbrook）法官在判词中所陈述的，“确定价格的人被迫收购或购买，这种可能性能够让出价者保持诚实”。[⑥]

三、 中国公司司法解散的体系构建

（一）中国公司司法解散制度的路径选择

英国公司法与破产法分别规制路径虽然是一种更为理想化的立法模式，但并不适合中国。2005 年《公司法》对“公司解散和清算”进行了专章规定，形成了公司“从生到死”的完整结构。如果删去这一部分，会造成公司法内生结构不完整，同时分开规定也会存在如英国法律委员会所说的双重救济问题。但是，我们仍可以借鉴英国法将公司解散与股东压制分别救济的思路，在一部公司法的不同章节里分别规定针对公司僵局的司法解散救济与针对股东压制的救济，这样既可以保持法律逻辑的清晰，也可以兼顾公司法的体系完整性。

有学者提出将股东压制列为司法解散的法定事由，[⑦] 且《美国示范商事公司法》和大部分州

---

① ［美］汉密尔顿著：《美国公司法（第 5 版）》，齐东祥等译，法律出版社 2008 年版，第 278 页。

② 又被称为猎枪机制（shotgun mechanism）、收购或出售条款（buy - sell provisions），俄罗斯轮盘赌（Russian Roulette）。本文认为决斗机制这一译名更能够体现这一规则所蕴含的西方文化特征：这一冒险的僵局解决规则，就如中世纪的骑士们以开枪决斗来决一胜负一样。关于 shootout mechanism 的其他中文译名参见：［德］霍尔格·弗莱舍尔、斯特凡·施奈德著《合伙与封闭公司中的点杀出局条款——法律比较与经济理论的进路》，王萍译，载《财经法学》2016 年第 6 期，第 104 - 105 页。

③ American Bar Association, *Model Real Estate Development Operating Agreement with Commentary*, 63 Business Lawyer 472（2008）.

④ Louis T. M. Conti, Lisa R. Jacobs and Steven N. Leitess, *Deadlock - Breaking Mechanisms in LLCs—Flipping a Coin Is Not Good Enough, but Is Better Than Dissolution*, *Business Law Today*（March 2017）, pp. 1 - 6; Claudia M. Landeo and Kathryn E. Spier, *Irreconcilable Differences: Judicial Resolution of Business Deadlock*, 81 University of Chicago Law Review 203（2014）.

⑤ Claudia M. Landeo & Kathryn E. Spier, Shotguns and Deadlocks, 31 Yale Journal On Regulation 146（2014）.

⑥ Valinote v. Ballis, United States Court of Appeals for the Seventh Circuit 295 F. 3d 666（2002）.

⑦ 李建伟：《司法解散公司事由的实证研究》，载《法学研究》2017 年第 4 期，第 117 页。

法都是整合救济模式。[①] 本文认为，分别规定是一种更好的立法路径。首先，在股东压制的语境下，司法介入是为了保护少数股东的权利，包括参与公司经营管理、利润分配等；而司法解散关涉包括雇员、债权人在内的公司整体利益，需要考量的因素不仅是对少数股东的保护，两者的制度价值存在本质上的差别。此外，二者的认定标准也不相同，股东压制往往是对控制股东的单个行为进行认定，而在司法解散之诉中，法院会全面审查一段时期内公司的总体行为方式，而不是某些孤立的具体行为，以此判断公司的人合性基础是否丧失。[②] 最后，如果将股东压制列为公司司法解散事由，可能会造成股东滥用司法解散之诉反向压制、敲诈大股东，这在英国法上是被禁止的。[③]

（二）增加与完善股权收购请求权

中国法官和他们的英、美同行一样，对解散公司采取了谨慎和限制的立场。从第二部分英、美公司司法解散制度的演变史中可以发现，在对公司僵局和股东压制的救济方式有限的情况下，法院以限制强制解散而拒绝救济属于一定历史阶段的必然结果，而后英、美国家在公司司法解散救济之外，演化出灵活多样的衡平救济措施。我国可以借鉴英、美法解决这一问题的思路，发展多元化的救济措施，以替代司法解散的单一救济。在英、美的司法实践中，由一方股东收购另一方股东的股份，又是最为常见的救济方式。下文将具体从我国引入股权收购的可行性与具体制度设计展开论述。

1. 可行性分析：股权收购救济措施的本土实践。2008 年最高院颁布的《关于适用〈中华人民共和国公司法〉若干问题的规定（二）》（简称《公司法司法解释（二）》）第五条尤其强调了法官在审理公司解散案件时应当注重调解，鼓励各方达成妥协，通过股权收购、减资等方式解决股东矛盾，使公司存续。实践中也存在通过股权收购成功调解的案例。在张某诉某网络公司解散纠纷一案中，原告张某为公司小股东，与大股东矛盾尖锐，股东之间多次发生言语威胁和肢体冲突。为争夺公司控制权，还发生过暴力抢夺公章的行为，公司陷入僵局。法官在调解中了解到原告诉讼的真实目的并非解散公司，而是通过诉讼给大股东施加压力，维护自身利益。于是法官提出由大股东收购小股东的股权，并出于保护小股东的考虑，在调解中适当提高了收购价格。在历经九个月的审理和调解后，法院最终促成双方达成股权收购的调解协议。[④] 我国法院股权收购的

---

① 14 个州没有将股东压迫作为解散的法定情形，参见 J. A. C. Hetherington & Michael P. Dooley, *Illiquidity and Exploitation: A Proposed Statutory Solution to the Remaining Close Corporation Problem*, 63 Virginia Law Review 70 - 75 (1977).

② 黄辉：《现代公司法比较研究：国际经验及对中国的启示》，清华大学出版社 2020 年版，第 284 页。

③ ［英］A. J. 博伊尔著：《少数派股东救济措施》，段威、李扬、叶林译，北京大学出版社 2006 年版，第 145 页。

④ 沈志先主编：《诉讼调解》，法律出版社 2009 年版，第 285 - 287 页。转引自俞智源：《公司僵局的预防与破解》，载法律出版社 2014 年版，第 123 页。

先例，说明股权收购作为司法解散替代性救济措施是具有本土可行性的。

与此同时，在2012—2021年我国公司解散纠纷案件的调解结案率不到2.52%，[①] 也就是说，在大部分的公司解散案件中，即便法院积极对股东进行调解，也很难促成股权收购。[②] 股权收购调解的本质，是在司法的公信力下给小股东一次退出公司的谈判机会，但主动权仍在大股东手里。调解能否成功，很大程度上取决于大股东的态度是否强硬。由于封闭公司股权不存在公开的外部交易市场，少数股东很难在公司内部存在矛盾的情况下对外转让股权。大股东往往会利用这种对外转让的不可能性，压低收购价格。因此，这种不平等的谈判很难产生公平的结果。股权收购选择权相当于在司法介入下给予少数股东公平退出公司的机会，能够极大提高股权收购的成功率。

那么，在中国公司法中增加股权收购请求权会收获理想的司法效果吗？我们可以来观察美国实施法定买断权前后司法裁判的变化。Hetherington 教授和 Dooley 教授曾对1960—1976年判决的54个非自愿解散案件进行研究，其中只有3个案件涉及法院命令或法院监督下的买断，有16个案件被命令解散。在那些被拒绝救济和判决解散的案件中，54%的案件实际上以一方买断另一方而告终。[③] 在1980年前后，美国一些州陆续颁布法规，允许股东行使法定买断权，购买原告的股份，从而终止司法解散程序。Haynsworth 教授对1984—1985年20个司法解散案件的研究发现，法院判决买断的案件比例与十年前法院判决买断加上股东协议买断之和的比例一致。[④] 这种平行关系表明，增加法定买断权后的判决更准确地反映了当事人最终协商的结果，同时相比判决后的谈判成本更低，也具有经济合理性。

2. 具体设计：权利主体与公允价格。在股权收购请求权的具体设计中，最主要的两个问题是权利主体与公允价格的确定。本文认为，应当将股权收购请求权赋予原告股东。如果像《美国示范公司法》那样将股份买断权赋予公司或其他股东，会造成多数股东基于自己的控制地位拒绝购买，无法起到保护少数股东的应有功能。由原告股东主张股权收购请求权，法院决定由公司或其他股东购买其全部股份，给予少数股东退出公司的司法救济通道更为合理。

在公允价格的确定方面，可以首先由股东进行协商，如果无法达成一致，再由法院指定第三方评估机构评估确定。被收购的股份价格应当为公司的资产价值乘以相应的持股比例，少数股

① 笔者在聚法案例网（https://www.jufaanli.com/）以公司解散纠纷为案由进行检索，检索结果显示2012—2021年公司解散案件共有15908件，其中调解结案的案件有400件，占比2.52%。

② 在林方清案中，双方股东都想要购买对方的股权，但都被对方拒绝。法院与服装城管理委员会进行了多轮调解，但始终未能就收购方和收购价格达成一致。

③ J. A. C. Hetherington & Michael P. Dooley, *Illiquidity and Exploitation: A Proposed Statutory Solution to the Remaining Close Corporation Problem*, 63 Virginia Law Review 70－75（1977）.

④ Harry J. Haynsworth, *The Effectiveness of Involuntary Dissolution Suits as a Remedy for Close Corporation Dissension*, 35 Cleveland State Law Review 25（1987）.

东的股权不因其小股东地位及封闭公司股份缺乏市场性而折价。[①] 在类似于林方清案中存在隐藏在公司僵局中的压制行为，法官可以在判断公司构成僵局的基础上，辨认股东一方或双方可能存在的过错行为，在确定公允价格时应该充分考虑受压制的被收购者。[②] 让难以合作的双方能够清白干净地分开是公司司法解散制度的价值，相比不对等的筹码式谈判，法院判决下的股权收购更加公平。[③] 此外，由于收购者可能要承担一定的融资成本，法院可以允许分期付款以减轻收购者的现金流负担。[④]

当矛盾双方都想购买对方股东的股权，任何一方都不想退出公司时，决斗机制是一种理想的解决方式。一方面，一方报价另一方选择购买或出售股权的成本，要远低于双方协商和第三方机构评估的成本；另一方面，法官可以决定将报价权分配给具有信息优势的股东，最大程度降低由于信息不对称对弱势股东带来的损害，从而实现最优的结果。[⑤] 虽然决斗机制是源于美国法的制度，但是在中国公司也有过类似的本土实践。万通六君子在早期的创业中就约定了以“决斗”来解决合作者之间的内部矛盾：当公司创始人合不到一起的时候，由一方出价把股份卖给别人，如果另一方不买就要以相同的价格出售自己的股份，最终留下的人出钱把走的人的股份买下来。这一僵局规则也帮助了万通在创业初期实现公司的持续地成长。[⑥]

（三）司法解散救济体系与股东压制救济体系的制度衔接

1. 股东压制中股权收购请求权的必要性分析。上一部分讨论了作为司法解散替代机制的股权收购请求权。而对于不构成公司僵局的股东压制，是否应该给予少数股东股权收购请求权呢？本文的观点是肯定的。[⑦] 公司僵局是公司内部冲突对抗的极端状态，具体表现为在公司运营中无法获得必要的表决对关键性业务作出决定。但造成公司僵局的原因，既有技术层面，也有股东层面的。技术层面的原因包括相同的股权比例、偶数董事会、过高的表决权通过比例等，导致很容易在意见分歧时形成僵局。[⑧] 这些技术层面的原因是可以通过股权结构的调整和公司治理结构的

---

① 《美国示范商事公司法》第 13.01 条。

② 《新泽西公司法》就着重强调了公允价格与账本价格的偏离，授权法院确定“在诉讼开始之日或法院认为公平的较早或较晚日期，加上或减去法院认为公平的任何调整”的价值。参见 New Jersey Revised Statutes § 14A: 12 - 7 (8) (a)。

③ 林少伟：《英国现代公司法》，中国法制出版社 2015 年版，第 280 页。

④ 《美国示范商事公司法》第 14.34 条。

⑤ Claudia M. Landeo & Kathryn E. Spier, Shotguns and Deadlocks, 31 Yale Journal on Regulation, p. 183, 184 (2014).

⑥ 冯仑：《扛住就是本事》，北京联合出版公司 2020 年版，第 17 - 20 页。遗憾的是，笔者查阅万通公司的章程，没有找到这一规则，或与冯仑退出万通另外创业有关。

⑦ 相同观点参见蒋大兴：《“好公司”为什么要判决解散——最高人民法院指导案例 8 号评析》，载《北大法律评论》2014 年第 15 卷第 1 辑。

⑧ ［美］汉密尔顿著：《美国公司法：第 5 版》，齐东祥等译，法律出版社 2008 年版，第 270 页。

优化来避免的，但是造成公司僵局更深层的原因是股东之间的利益冲突与矛盾，这些是无法靠技术来避免的。当少数股东因利益冲突而产生矛盾，股东关系不断恶化，人合性基础丧失，在控制股东对少数股东压制与排挤下，却因为不构成公司僵局，少数股东无法通过司法解散来退出公司，显然是不合理的。在最高院公报案例广西大地华城房地产开发有限公司、刘海公司解散纠纷案中，原告刘海是持有公司 18.67% 的小股东和公司董事，以公司已持续 7 年未召开股东会和董事会为由请求法院解散公司。在诉讼中，合计持股 60.12% 的三名大股东明确表示不同意解散公司。最高院认为，虽然公司长期未召开股东会，但是根据合计持股 60.12% 的股东明确表示不同意解散公司的事实可知，即便持股 18.67% 的股东刘海不参加股东会，华城公司仍可以召开股东会并形成有效决议，驳回原告解散公司的诉求。① 公报案例为典型的大股东联手压制小股东，虽然不足以形成公司僵局，但是少数股东的权益受到了严重侵害，如果不给予少数股东退出公司的司法救济，少数股东只能在封闭公司持续受到压制，或者将股权低价转让给大股东，被挤出（squeeze out）公司。② 因此，股东压制与公司僵局都应当成为股东收购请求权的事由。

对于已无意留在公司的股东而言，只能提起公司解散之诉，寻求退出公司。然而公司解散的正当性原则上只限于公司的功能或目的难以成就时，而非股东个人的去留。当股东只因想要退出公司就寻求司法解散，会对公司的名誉和其他股东的权益造成损害，也非公司法之立法意旨。

2. 股东压制救济体系的规则构造。当前我国《公司法》对有限责任公司股东压制的救济，分为孤立的单项权利救济和退出式的根本性救济，前者包括损害赔偿请求权、股东知情权、利润分配请求权，后者主要指异议股东回购请求权。③ 关于退出式救济，《公司法》第七十四条规定，（1）在公司连续五年盈利不向股东分红；（2）合并、分立、转让主要财产；（3）公司章程规定解散事由出现，股东会会议通过决议修改章程使公司存续的情况下，对股东会该项决议投反对票的股东可以请求公司按照合理的价格收购其股权。其中第（1）项规定的不分红属于典型的股东压制行为，但这一行为与公司合并、分立等重大事项变更的性质完全不同。在美国公司法中，公司合并、分立等重大事项变更情形下的股权收买被称为异议股东评估权，规定在《美国示范公司法》第 13 章中；而公司僵局和股东压制语境下的股权购买属于股份收购权，规定在《美国示范公司法》第 14 章司法解散中。评估权的收买主体只能是公司自身，而股权收购的主体既可

① 案件名，最高人民法院（2017）最高法民再 373 号民事判决书。

② 彭冰：《理解有限公司中的股东压迫问题——最高人民法院指导案例 10 号评析》，载《北大法律评论》2014 年第 15 卷第 1 辑。

③ 本文中的异议股东回购请求权与股权收购请求权为两种不同性质的权利，前者是指股东反对公司重大行动（如合并、分立）时，有权要求公司回购其股份，规定在《公司法》有限责任公司第七十四条第（二）项和第（三）项、股份有限公司第一百四十二条第（四）项；后者是指在公司僵局与股东压制中，股东请求其他股东或公司买断其股份的权利，规定在《公司法》第七十四条第（一）项。

以是公司，也可以是公司的其他股东。二者在行使程序和股权价格的确定方面都存在明显差别。① 而现行公司法将这两种不同的制度规定在一个条文中，造成了法律逻辑的混淆。更为合适的做法是把《公司法》第七十四条中股东压制下的股权收购请求权分离出来，单独形成一个条文，与异议股东回购请求权分别进行规范。并对股东压制下的股权收购请求权的触发事由明确列举，具体包括不分配利润、无故解除公司管理职务和兜底条款等。

综上所述，我国公司法可以选择司法解散与股东压制的分别立法路径，并在《公司法》第十章第一百八十二条与第三章第七十四条分别增设或完善股权收购请求权作为救济方式，完善封闭公司股权收购的定价机制。

四、 结语

封闭公司往往基于股东之间的相互信任而创立，正是因为相互信任，反而忽视了在经营过程中产生意见分歧和利益冲突的风险。就像不能保证所有的新婚夫妻不会离婚一样，也无法保证曾经共同打拼的创业者不会分道扬镳。当公司在经营壮大的过程中出现公司僵局，如果股东之间没有事先约定僵局规则，公司僵局很难从内部打破。因此，法律提供的缺省规则就非常重要，能够在公司自我调节机制失灵时，从外部打破僵局。通过对英、美法的公司司法解散制度的历史演变可以发现，对公司僵局的多元化救济是制度进化的方向与规律。当股东难以继续合作共同经营公司时，让一方退出是解决问题的最佳途径。我国法院股权收购的成功调解经验，说明股权收购作为司法解散替代性救济措施的可行性。本文认为，应在《公司法》第十章第一百八十二条针对公司僵局的司法解散与第三章第七十四条针对股东压制的救济制度中分别增设或完善股权收购请求权，能够为股东提供更低成本的退出机制，有效打破僵局，从而帮助有价值的公司持续成长。

① 张学文：《有限责任公司股权收买请求权的制度评价与立法完善》，载《海峡法学》2010年12月第4期。

特别表决权横向代理成本的法律控制

■ 王怀勇　李子贡*

摘要： 根源于控制权与现金流权的分离，特别表决权有着较高的横向代理成本，表现为代理冲突成本、代理能力成本、契约成本、监督成本与约束成本五个类别，并随着企业的发展呈现动态波动。受制于传统静态控制的路径依赖和对机构投资者长期的金融管制与投资约束，我国对特别表决权横向代理成本的法律控制呈现出准入规则设计的失衡和运营控制实质性的回应匮乏，整体上仍然遵循着静态的控制模式。对此，法律控制应当转向动态控制模式，回应特别表决权横向代理成本的动态变化；弱化特别表决权上市公司中机构投资者的投资约束，引入机构投资者参与公司治理；逐步将具有强制约束效力的规则转换为缺省性规则，畅通中小股东与控制股东的博弈通道。

关键词： 特别表决权　横向代理成本　控制权　中小股东　博弈

特别表决权能够解决创始人控制公司的诉求与股权融资时控制权被稀释的矛盾，但却违背了“一股一权”的传统公司法逻辑这一前提，因而最初只广泛存在于契约自由度较高的有限责任公司。直到 2019 年证券市场改革，开设科创板并且引入表决权差异安排规则，有着特别表决权安排的公司才得以在证券市场上市交易①。2019 年 3 月，上海证券交易所制定并发布《上海证券交易所科创板股票上市规则》；2020 年 6 月，深圳证券交易所修订并发布《深圳证券交易所创业板股票上市规则》。至此，我国沪深两大证券交易所均已允许有着特别表决权安排的公司上市交易。

实践的适用引发了学界的热议。当前我国法学界以及经济学界的态度已从最初的反对或怀疑转向理论探讨、制度构建、科创板风险分析以及对策研究。学者们积极借鉴域外经验，在反思

---

* 王怀勇，西南政法大学经济法学院教授，数字经济与法治研究中心主任，中国农村经济法制创新研究中心研究员。李子贡，西南政法大学经济法学博士研究生。本文系西南政法大学 2019 年度学生科研创新项目“科创板特别表决权潜在法律风险及其应对研究”（批准号：2019XZXS—037）阶段性成果，受 2019 年西南政法大学学生科研创新项目资助；同时受到重庆市研究生科研创新项目“《公司法》修改背景下董事会实质化问题研究”（项目编号：CYB 21147）与国家社会科学基金重点项目“创新社会治理背景下社会企业法律规制研究”（项目编号：18AFX018）资助。

① 虽然早在 2014 年和 2015 年我国就开展优先股和国家特殊管理股的试点，但这二者与通过特别表决权实现的控制不同，后者更加强调通过特别表决权实现对公司日常经营事务的控制权，其中小股东与控制股东间的代理成本问题更为突出。

"一股一权"兴衰[①]、援引类别股制度[②]、翻译新理论[③]的基础上，指出表决权差异化安排具有一定合理性[④]，"同股不同权"架构实现了创业团队与外部投资者之间从短期雇佣合约到长期合伙合约的转化[⑤]；进而批判分析科创板的制度设计，指出在我国资本市场和法律环境下，表决权差异化安排规则存在与现有法律规范不符的现象[⑥]，并可能导致公司监督效率降低、小股东利益受损[⑦]、控制权垄断异变、市场定价机制不完全以及监管逐底竞争[⑧]等法律风险。对此，学者们提出从企业市场准入、控制股东信义义务、投资者适当、超级投票权行使限制[⑨]等方面对特别表决

---

① 参见刘胜军：《美国不同表决权股份演变史——兼论对我国的启示》，载《商事法论集》2015 年第 1 期；汪青松：《论股份公司股东权利的分离——以"一股一票"原则的历史兴衰为背景》，载《清华法学》2014 年第 2 期；张舫：《美国"一股一权"制度的兴衰及其启示》，载《现代法学》2012 年第 2 期；高菲：《争议中的双层股权结构：国际经验及对中国启示》，载《理论月刊》2018 年第 8 期；林海、常铮：《境外资本市场差异化表决权监管路径探究及启示》，载《证券法苑》2018 年第 1 期。

② 参见朱慈蕴、神作裕之、谢段磊：《差异化表决制度的引入与控制权约束机制的创新——以中日差异化表决权实践为视角》，载《清华法学》2019 年第 2 期；刘胜军：《类别表决权：类别股股东保护与公司行为自由的衡平——兼评〈优先股试点管理办法〉第 10 条》，载《法学评论》2015 年第 1 期；朱慈蕴、沈朝晖：《类别股与中国公司法的演进》，载《中国社会科学》2013 年第 9 期；王灏文：《美国类别股法律制度探源：背景、进程及内在逻辑》，载《证券法苑》2018 年第 2 期；傅穹、肖华杰：《我国股份有限公司类别股制度构建的立法路径》，载《西南民族大学学报（人文社科版）》2019 年第 8 期。

③ 参见佐哈·戈申、阿瑟夫·哈姆达尼：《公司控制权与特质愿景》，林少伟、许瀛彪译，载《证券法苑》2019 年第 3 期；佐哈·戈申、莎伦·汉内斯：《公司法的死亡》，林少伟、许瀛彪译，载《证券法苑》2019 年第 1 期；詹姆斯·J. 帕克：《重估公司法与证券法的相异性》，薛前强译，载《证券法苑》2019 年第 3 期；佐哈·戈申、理查德·斯奎尔：《被代理人成本：公司法与公司治理的新理论（上）》，林少伟、许瀛彪译，载《交大法学》2017 年第 2 期；佐哈·戈申、理查德·斯奎尔：《被代理人成本：公司法与公司治理的新理论（上）》，林少伟、许瀛彪译，载《交大法学》2017 年第 3 期。

④ 参见傅穹、杨金慧：《不同投票权制度：争议中的胜出者》，载《证券法苑》2019 年第 3 期；傅穹、卫恒志：《表决权差异安排与科创板治理》，载《现代法学》2019 年第 6 期；冯果：《股东异质化视角下的双层股权结构》，载《政法论坛》2016 年第 4 期。

⑤ 参见郑志刚：《投票权重向创业团队的倾斜配置及股权结构设计》，载《证券市场导报》2020 年第 1 期；郑志刚、邹宇、崔丽：《合伙人制度与创业团队控制权安排模式选择——基于阿里巴巴的案例研究》，载《中国工业经济》2016 年第 10 期。

⑥ 李燕、杨朝越：《科创板双层股权结构公司特别表决权的行使限制研究》，载《学海》2020 年第 2 期。

⑦ 杜佳佳、吴英霞：《双层股权结构的价值、风险与规范进路》，载《南方金融》2018 年第 8 期。

⑧ 李俪：《双层股权结构本土化的潜在风险与防范制度研究——兼评科创板特别表决权规则》，载《金融监管研究》2019 年第 12 期。

⑨ 参见赵旭东：《公司治理中的控股股东及其法律规制》，载《法学研究》2020 年第 4 期；沈朝晖：《双层股权结构的"日落条款"》，载《环球法律评论》2020 年第 3 期；黄海燕：《特别表决权机制的推进及规范路径》，载《西南金融》2020 年第 3 期；王建文：《论我国构建控制股东信义义务的依据与路径》，载《比较法研究》2020 年第 1 期；刘胜军：《新经济下的双层股权结构：理论证成、实践经验与中国有效治理路径》，载《法学杂志》2020 年第 1 期；李俪：《双层股权结构本土化的潜在风险与防范制度研究——兼评科创板特别表决权规则》，载《金融监管研究》2019 年第 12 期；傅穹、卫恒志：《表决权差异安排与科创板治理》，载《现代法学》2019 年第 6 期。

权进行法律控制。

学界时下的研究不可谓不丰富，然而对肇致上述风险的源头，也是特别表决权饱受责难的起点——较高的横向代理成本问题，我国理论界却鲜见着墨，即便是假借代理成本理论分析科创板特别表决权问题的文献①，其论证也更多着眼于维持静态的均衡状态，而忽略代理成本的动态变化。故而，本文不揣浅薄，拟在探讨特别表决权的横向代理成本的根源、表现与变动的基础上，透视我国法律体系控制特别表决权横向代理成本的缺陷与困境，挖掘深层肇因，提出法律控制对策，以期丰富特别表决权的研究成果。

一、特别表决权与横向代理成本：根源、表现与变动

代理成本理论揭示了由于利益冲突等原因导致的代理人不能完全为委托人的利益经营企业而给委托人带来的损失以及委托人监督约束代理人所付出的监督约束成本②。企业间的代理成本主要发生在纵向的投资者与经营者之间和横向的控制股东与中小股东之间③，前者为纵向代理成本（Vertical Agency Cost），后者为横向代理成本（Horizontal Agency Cost）。④ 经济学理论认为，在股权分散的资本市场，经理人权力最大，纵向代理成本最高，在监督问题上小股东容易陷入“囚徒困境”，形成“搭便车”的秉性。当股权结构中存在大股东时，新的纳什均衡就是大股东

---

① 董振南：《代理成本视角下双层股权结构制度的短板及其优化研究——基于〈科创板股票上市规则〉的分析》，载《当代金融研究》2020 年第 2 期。

② Jensen M C & Meckling W H, *Theory of the Firm: Managerial Behavior, Agency Costs and Ownership Structure*, 4 Journal of Financial Economics, 305 (1976).

③ 依据《深圳证券交易所主板上市公司规范运作指引（2015 年修订）》第 2.2.7 条第 2 款之规定，“中小投资者是指除公司董事、监事、高级管理人员以及单独或者合计持有公司 5% 以上股份的股东以外的其他股东。”在股票市场，“中小投资者”与“中小股东”概念基本一致，因而持股 5% 以内的股东才有可能被认定为中小股东。但学理上在重点探讨控制股东与中小股东之间的横向代理成本问题时，并未特别强调 5% 的持股比例，而 5% 的持股比例通常作为“举牌”的界线，因而本文在描述横向代理成本问题和公司治理中的横向博弈问题时，使用“控制股东”与“中小股东”这一对概念，后者作广义的理解，包含部分持股 5% 以上但尚未达到控制权的股票市场的投资者。此外，“投资者”概念过于广泛，其既可以表示股票市场的股票投资者，也可以包括公司上市前的天使投资等，因而本文仅在描述广义的资本市场投资人时使用“投资者”一词。

④ 纵向代理成本与横向代理成本又被称为第一类代理成本与第二类代理成本，就笔者搜集的资料来看，法学界使用前一术语较多（例如：Simone M. Sepe, *Intruders in the Boardroom: The Case of Constituency Directors*, 91 Washington University Law Review 309 (2013); Robert P. Bartlett Ⅱ., *Venture Capital, Agency Costs, and the False Dichotomy of the Corpoation*, 54 UCAL Law Review. 37 (2006); Simone M. Sepe, *Corporate Agency Problems and Dequity Contracts*, 36 Journal Corporate Law 113 (2010)；林少伟：《董事异质化对传统董事义务规则的冲击及其法律应对——以代表董事为研究视角》，载《中外法学》2015 年第 3 期；赵忠龙：《论证券监管政策对法律文本的填补——基于配额制与 ST 制度的监管实效分析》，载《证券市场导报》2011 年第 4 期，而经济学界则通常使用后一种术语（例如，王茳、刘昱沛：《第二类代理成本、证券监管与业绩快报自愿披露》，载《南京审计大学学报》2019 年第 5 期；章迪诚、严由亮：《高管薪酬激励、第二类代理成本与企业绩效》，载《会计之友》2017 年第 17 期。因此，本文沿用法学表达习惯，使用纵向代理成本与横向代理成本的术语。

监督而小股东不监督，因而是一种帕累托改进，有助于降低纵向代理成本。然而，公司大股东的存在引发了可能与中小股东产生利益冲突的第二类代理问题①，尤其是当控制股东控制权的取得并非以出资为对价时，控制股东与中小股东的最优选择往往出现分离，并产生严重的横向代理成本问题。

（一）根源：控制权与现金流权的分离

法律经济学认为，之所以将表决权配置予股东，一方面，源于资本稀缺性导致的资本所有者至上，另一方面，相对于债权人、公司高管或员工，股东获取绝大多数边际收益（marginal gains），同时也承受绝大多数的边际成本（marginal costs），因而有着更为适当的投票激励②。股东享有的绝大多数边际收益，所对应的是所有现金流入减去其他各种承诺支付之后所剩的净现金流③，这一净现金流的多寡取决于股东的前期出资及其经由企业这一生产函数得以实现的利润，这一过程通过股东行使表决权来完成。从形式上看，企业的控制权与现金流权应当相匹配，并且应当均衡匹配，因为“如果投票者的表决权与其剩余索取权不成比例，则他们无法获得自己努力所带来的等同于其表决权比例的利益份额，也无须按其表决权比例承担可能造成的损失，这（利益和风险机制的匮乏）使得他们不可能作出理性的选择”④。因此，“一股一权”通常为公司股权结构的逻辑前提。

而当上市公司采取特别表决权结构时，控制权与现金流权则出现分离⑤，此种分离加剧了控制股东与中小股东之间的横向代理成本，具体表现在三个方面：其一，由于控制股东行使表决权

① Shleifer, A. , & R. W. Vishny, *A Survey of Corporate Governance*, NBER Working Papers (1996) .

② 罗培新：《公司法学研究的法律经济学含义——以公司表决权规则为中心》，载《法学研究》，2006 年第 5 期。

③ ［美］迈克尔·詹森著：《企业理论——治理、剩余索取权和组织形式》，童英译，上海财经大学出版社 2008 年版，第 136 页。

④ ［美］弗兰克·伊斯特布鲁克、丹尼尔·费希尔著：《公司法的经济结构（中译本第二版）》，罗培新，张建伟译，北京大学出版社，2014 年，第 73 页。

⑤ “控制权”与“现金流权”分离也被称为“两权分离”或“两权偏离”，一般指母公司（或实际控制人）通过一致行动协议、金字塔持股、交叉持股、双层股权结构等方式实现对子公司（或目标公司）控制权上升但现金流权下降的分离现象。控制权指通过表决权达成的对公司的控制，现金流权则表现为股权关系链与持股比例的乘积。“控制权”与“现金流权”这一对经济学术语对应到法学术语上即为“表决权”与“剩余索取权”。就笔者所收集到的文献来看，不论是经济学论文还是法学论文，对于特别表决权企业中控制股东与中小股东间代理问题的描述皆是使用“控制权”与“现金流权”分离的说法，而少有“表决权”与“剩余索取权”分离的说法，因此，为了便于阅读，本文沿用这一对概念。此外，“所有权”与“控制权”通常也是公司治理中的一对经典概念，所不同的是，“控制权”与“现金流权”的分离往往对应横向的控制股东与中小股东，而“所有权”与“控制权”的分离则指缺乏控股股东的上市公司中股东的所有权与其对公司的控制（通常掌握在经理人手中）的分离，因而是对纵向关系的描述。参见马磊、徐向艺：《两权分离度与公司治理绩效实证研究》，载《中国工业经济》2010 年第 12 期；李富荣：《控制权、现金流权及其分离度对民营企业价值的影响——基于股权分置改革的实证检验》，载《财会通讯》2014 年第 5 期；傅穹、卫恒志：《表决权差异安排与科创板治理》，载《现代法学》，2019 年第6 期。

并不能匹配其最终获得的净现金流，作为一名理性的经济人，其最优选择往往不能等同于中小股东的最优选择。同时，在股东异质化的现实下①，控制股东与中小股东之间认知和偏好的异质也表现为直接的代理冲突，而特别表决权对这一异质化利益冲突起到了放大作用。其二，控制权与现金流权的分离使得代理人的“智识”成为被代理人投资的关键。在特别表决权的委托代理关系中，中小股东将表决权委诸控制股东，因而对于绝大多数的公司决策，中小股东无权过问，作为对价，控制股东则投入“智识要素”②，这包括其独特的商业能力，或是企业家的特质愿景③。倘若其“智识要素”所实现的企业价值未能匹配前述对价，则这一差值表现为代理能力成本，并且该成本会随着控制人能力的下降而增大。其三，控制权与现金流权的分离，对中小股东的监督能力也提出了更高的要求。从结构上看，控制股东并未付出等同于“一股一权”以外投票权对价的非流动性资金成本，因而企图通过控制股东出资实现自我监督的机制失效，这一原本内部化的问题被外部化了。而由于特别表决权绝缘于控制权市场，经理人市场、产品市场所能发挥的监督作用极为受限，因而，整体外部市场监督功能被弱化，中小股东监督必然被寄予新的希望，由此产生的契约、监督和约束成本也成为特别表决权横向代理成本的一部分。

（二）表现：五类横向代理成本

借鉴迈克尔·詹森关于代理成本的经典分类④与佐哈·戈申⑤的最新研究，笔者认为，特别表决权的横向代理成本可以分为以下五种：（1）代理冲突成本；（2）代理能力成本；（3）契约成本；（4）委托人的监督成本；（5）代理人的约束成本。其中，代理冲突成本是由于代理人与被代理人利益异质导致的被代理人的福利损失，包括由于卸责（减少努力）、转移（自我交易）、期权回溯、防御、规模合并、多元化合并、过度或低效薪酬所带来的成本⑥。代理能力成本是由于代理人诚实的错误导致被代理人的福利损失，包括由于专业知识不足、信息不足、智力不足、

① 汪青松：《股份公司股东异质化法律问题研究》，光明日报出版社2011年版，第111－120页。

② 吴飞飞：《现代公司控制权分配中“智识多数决”现象探究》，载《证券市场导报》2019年第8期。

③ 佐哈·戈申、阿瑟夫·哈姆达尼：《公司控制权与特质愿景》，林少伟、许瀛彪译，载《证券法苑》2019年第3期。

④ ［美］迈克尔·詹森著：《企业理论——治理、剩余索取权和组织形式》，童英译，上海财经大学出版社2008年版，第83页；Jensen M C，Meckling W H，Theory of the Firm：Managerial Behavior，Agency Costs and Ownership Structure，3 Journal of Financial Economics 305（1976）.

⑤ 佐哈·戈申、理查德·斯奎尔：《被代理人成本：公司法与公司治理的新理论（上）》，林少伟、许瀛彪译，载《交大法学》2017年第2期；佐哈·戈申、理查德·斯奎尔：《被代理人成本：公司法与公司治理的新理论（下）》，林少伟、许瀛彪译，载《交大法学》2017年第3期。

⑥ 佐哈·戈申、理查德·斯奎尔：《被代理人成本：公司法与公司治理的新理论（上）》，林少伟、许瀛彪译，载《交大法学》2017年第2期。

情绪控制差、过度自信偏见和乐观偏见所带来的成本①。契约成本是由于委托人与代理人间就权利义务进行磋商与订立契约（包括隐性契约、显性契约、非正式契约与正式契约②）而付出的成本。因为不完全合同的存在，在公司 IPO 后，中小股东与控制股东之间就利益调整的谈判将涉及更多的契约成本。委托人的监督成本是由于委托人观察和评估代理人的行为以及通过向代理人提案、寻求对话、监督协议的落实等行为所付出的成本。约束成本是代理人在用到公司的资源时需要支付一定的成本以保证其不会采取伤害委托人利益的行为或者保证当伤害发生时委托人能够获得赔偿。③

就横向代理成本的大小而言，由于缺乏完善系统的公司合同模板和漏洞填补机制（也即公司法）④ 可资借鉴（即便是作为标准的控制股东信义义务在学界也尚未达成共识⑤），以及股权结构、公司发展阶段等差异，前述五类横向代理成本的大小通常因企而异。但即便如此，在特别表决权的横向代理成本中，代理冲突成本与代理能力成本仍是最为关键的两类横向代理成本。首先，在有着特别表决权安排的上市公司，由于缺乏表决权和控制权市场的监督，导致源于异质利益和道德风险的代理冲突成本更为突出。其次，"一股多权"股权结构中的委托代理关系表现为中小股东履行将表决权"不完全委托"于控制股东⑥的义务，而控制股东履行依靠其"智识能力"实现利润的义务，因而在这一代理关系中，"智识能力"起到关键作用。但智识本身不仅具有识别上的困难，更为重要的是，IPO 之初的控制股东智识可能难以适应企业经营多年后的商业环境，进而带来诚实的错误（即横向代理成本的动态变化），由此产生代理能力成本。而对于契约成本、监督成本与约束成本，其大小往往取决于机构投资者的数量及其参与公司治理的能力和意愿，而这本身在不同的资本市场就存在差异，甚至在同一资本市场也难以找到统一的标准。

（三）变动：结构调整与效率降低

特别表决权横向代理成本并非一成不变。一方面，控制股东转让特别表决权股、上市公司发行新股都有可能导致股权结构的变化，新的股权结构往往意味着代理成本的变化。另一方面，通

---

① 佐哈·戈申、理查德·斯奎尔：《被代理人成本：公司法与公司治理的新理论（上）》，林少伟、许瀛彪译，载《交大法学》2017 年第 2 期。

② ［美］迈克尔·詹森著：《企业理论——治理、剩余索取权和组织形式》，童英译，上海财经大学出版社 2008 年版，第 83 页。

③ 同注②。

④ 罗培新：《公司法的合同解释》，北京大学出版社 2004 年版，第 75－77 页．

⑤ 参见赵旭东：《公司治理中的控股股东及其法律规制》，载《法学研究》2020 年第 4 期；王建文：《论我国构建控制股东信义义务的依据与路径》，载《比较法研究》2020 年第 1 期。

⑥ 此项委托既不是对所有权利的委托，也不是对权力永久的委托。之所以称为"不完全委托"，是由于特别表决权通常受限于权利行使的范围（如多数公司都会实行重大事项表决的"一股一权"）和日落条款，因而不是"完全的委托"。

常情况下，由于法律准入等限制，IPO 之初，公司横向代理成本较低，但是随着公司的发展壮大，起初公司治理中的潜在风险可能随着"一股多权"结构效率的降低而变成现实，由此导致代理成本的升高。鉴于我国引入特别表决权规则时间尚短，本文主要援引部分域外经验和数据来观测特别表决权横向代理成本的变化。

1. 代理冲突成本。其一，股权结构的调整会引起代理冲突成本的变化。虽然多数公司通常会在章程中设置日落条款①来预防横向代理成本的增加，但从 Andrew William Winden 对美国 139 家双层股权结构的上市公司调研来看，绝大部分公司只设置了少部分日落条款，"在双层股权结构公司中高投票权股的自由转让仍然较为普遍"② 其二，特别表决权股权结构效率的降低会引起代理冲突成本的变化。由于认知与偏好的差异及代理人道德风险导致的代理人代理冲突通常并非一成不变。当企业发展到一定阶段，利益分配不均等可能会导致前述风险行为成为现实。

2. 代理能力成本。导致代理能力成本变化的主要原因是"一股多权"这一股权结构效率的降低，主要包括两个方面：其一，由于控制股东身体及年龄的原因可能导致其失去对公司的控制，此时若仍由其持有特别表决权将会导致更多的代理成本问题。其二，代理人能力的下降导致双层股权结构效率的降低。一项针对美国在 1980—2015 年 IPO 的双层股权结构公司的调研发现，"通常，在 IPO 时，双层股权结构公司比单层股权结构公司有着更高估值，而随着时间的流逝，这种估值溢价趋于消散，双层股权结构公司控制股东的投票权与权益资本之间的差距也越来越大"③。

3. 契约、监督与约束成本。中小股东的"用手投票"是产生契约、监督员约束成本的主要来源，因而在探讨这三类横向代理成本问题时，关键点在于中小股东是否进行监督行为。当中小股东股权均匀分散时，如图 1 所示，此时监督问题的纳什均衡是都不监督。④ 当股权实现部分集中进而出现股东持股差异时，股东间就监督问题的博弈结构则发生变化，如图 2 所示，最后的纳

---

① 包括稀释型日落条款（Dilution Sunsets）、撤资型日落条款（Divestment Sunsets）、分离型日落条款（Separation Sunsets）以及转让型日落条款（Transfer Sunsets）等。

② Andrew William Winden, *Sunrise, Sunset: An Empirical and Theoretical Assessment of Dual - Class Stock Structures*, 2018 Columbia Business. Law Review 852（2018）.

③ Martijn Cremers, Beni Lauterbach & Anete Pajuste. *The Life - Cycle of Dual Class Firm Valuation*, European Corporate Governance Institute（ECGI） - Finace Working Paper, No. 550（December 2018）.

④ 当股东 A 选择监督时，若股东 B 选择监督，则双方各得 10，若股东 B 选择不监督，则股东 A 得 4，股东 B 得 15，此时股东 B 选择不监督；当股东 A 选择不监督时，若股东 B 选择监督，则其得 4，而股东 A 得 15，若股东 B 选择不监督，则各自得 6，此时股东 B 选择不监督。将二者调换同样。图 1 改编自张维迎书，参见张维迎：《理解公司：产权、激励与治理》，世纪出版集团上海人民出版社，2014 年第 88 页。

什均衡是大股东 A 监督而小股东 B 不监督。① 这其中图 1 被称为“搭便车”现象，而图 2 则被称为“智猪博弈”。理想的博弈结构是在控制之外培育差异化的股权结构，这其中就包括大股东和小股东，由此形成新的监督格局。而此时产生的契约、监督与约束成本就成为必要的成本支出。

股东A \ 股东B	监督	不监督
监督	10，10	4，15
不监督	15，4	6，6

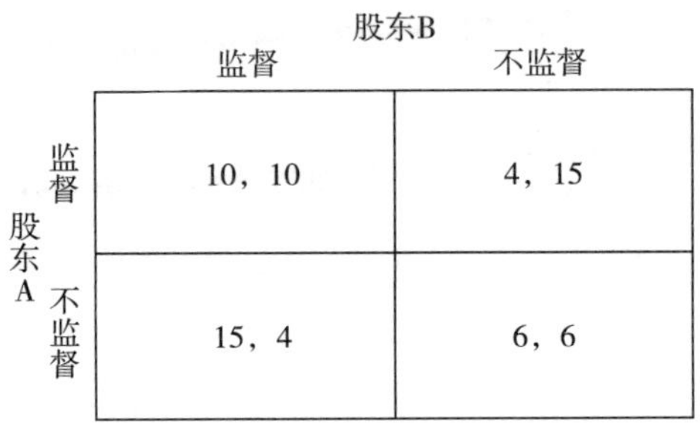

图 1　搭便车问题

大股东A \ 小股东B	监督	不监督
监督	15，5	10，9
不监督	18，1	9，3

图 2　大股东和小股东博弈

此外，前述五类代理成本并非遵循泾渭分明的发展近路，不同代理成本还会发生相互作用，由于代理成本之间错综复杂的关系，一部分代理成本的变化可能会引起另一部分代理成本的变化，例如契约、监督与约束成本的增加意味着中小股东监督力度的增大，这会降低控制股东机会主义行为风险，进而降低代理冲突成本。而设置为降低代理成本的规则也可能引起另一部分代理成本的增加，例如，固定期限型日落条款的作用是降低代理能力成本，但期限届至触发转换为“一股一权”时意味着控制股东控制权断崖式的跌落，控制股东此时往往会提前为自己规划（如

① 当小股东 B 选择监督时，倘若大股东 A 选择监督，则大股东 A 得 15，小股东 B 得 5，倘若大股东 A 选择不监督，则其得 18，小股东得 1，此时大股东 A 选择不监督；当小股东 B 选择不监督时，倘若大股东 A 选择监督，则其得 10，而小股东 B 得 9，倘若大股东 A 选择不监督，则其得 9，而小股东得 3，此时大股东 A 选择监督。反过来，因为理性的小股东 B 知道倘若自己监督，则大股东 A 一定不监督，自己仅能得 1，因此其必然选择不监督。图 2 引自张维迎：《理解公司：产权、激励与治理》，世纪出版集团上海人民出版社，2014 年，第 90 页。

此可能出现横向代理冲突成本)，因为“我们不能指望那些掌握着公司控制权的创始人会被动地眼看自己一点一点失去投票权”。①

二、 我国特别表决权横向代理成本法律控制的缺陷

有关特别表决权横向代理成本控制的法律、法规、规则包含了证券相关基本法、行政法规、证监会等出台的部门规章、证交所的规则、准则等（主要内容及两交易所规则对比详见表1）。以前述框架来检验我国的立法可以发现，整体而言，上交所与深交所出台的规则更多期待通过准入阶段的控制实现上市公司较低的横向代理成本，同时在公司运营阶段通过更多禁止性规定防止代理成本发生变化（见表2）。倘若仅从降低特别表决权横向代理冲突成本的角度而言，现有规则无疑可以起到良好的效果，但横向代理成本并非仅仅包括代理冲突成本，当前规则明显缺乏对其他种类代理成本的关注。这表现在，一方面，准入阶段的控制规则存在分配不均衡的问题；另一方面，运营阶段的控制则存在实质问题回应不足的问题。

表1　涉及特别表决权的规则与指引

规则名称	条文	内容概括
《公司法》	第一百三十一条	国务院可以对公司发行《公司法》规定以外的其他种类股份，另行作出规定
《关于在上海证券交易所设立科创板并试点注册制的实施意见》	第五条	规定特别表决权的含义以及具有特别表决权安排的企业应当在日常决策与公司治理中遵循相关规定
《上海证券交易所科创板上市规则》	第四章第五节	规定特别表决权设置的时间和程序、设置的限制、转换事宜、特别表决权的排除情形、每份特别表决权股份的特别表决权数量等事宜
《上海证券交易所科创板股票发行上市审核规则》	第二十四条	规定存在表决权差异安排的发行人申请在科创板上市的上市标准
《科创板上市公司持续监管办法》	第七条	规定存在特别表决权股份的科创公司应当在章程中记载的有关特别表决权的事项、科创公司定期披露事项以及交易所的调整权限
《上市公司章程指引》	第十五条	公司章程中应当规定特别表决权的持有人资格、特别表决权股份拥有的表决权数量等事宜

① 约翰·C. 科菲:《反思双重股权结构》，王灏文译，载《证券法苑》2020年第1期。

续表

规则名称	条文	内容概括
《深圳证券交易所创业板股票上市规则（2020 年修订）》	第四章第四节	规定特别表决权设置的时间和程序、设置的限制、转换事宜、特别表决权的排除情形、每份特别表决权股份的特别表决权数量等事项，以及持续督导期间保荐机构的义务
《深圳证券交易所创业板股票发行上市审核规则》	第二十四条	规定存在表决权差异安排的发行人申请在科创板上市的上市标准
《创业板上市公司持续监管办法（试行）》	第七条	规定存在特别表决权股份的科创公司应当在章程中记载的有关特别表决权的事项、科创公司定期披露事项以及交易所的调整权限
《关于为设立科创板并试点注册制改革提供司法保障的若干意见》	第六条	人民法院依法认定有关股东大会决议的效力、允许科创板上市公司特定情况下扩大股权激励对象范围

资料来源：表格内容参考潘颖《特别表决权制度在科创板的实践——兼评〈科创板股票上市规则〉》（载《吉林金融研究》2019 年第 6 期）与李俪《双层股权结构本土化的潜在风险与防范制度研究——兼评科创板特别表决权规则》（载《金融监管研究》2019 年第 12 期）。本文有所增补。

表 2　特别表决权公司上市规则

横向代理成本	准入控制	运营控制
代理冲突成本 代理能力成本	1. 发行人上市标准 2. 设置特别表决权应经出席股东大会股东所持有三分之二表决权通过 3. 上市前未设置表决权差异安排的上市后不得设置 4. 特别表决权股持有人身份限制及任职要求 5. 特别表决权股持有人最低权益股持有比例限制 6. 特别表决权倍数限制 7. 普通股比例最低限制 8. 上市后不得提高特别表决权比例及例外 9. 特别表决权股不得在二级市场交易	10. 股份回购等原因导致特别表决权比例提高应当转换同比例特别表决权股为普通股 11. 特别表决权股持有股东失去资格、丧失行为能力、离任、死亡触发日落条款 12. 特别表决权股持有股东失去对持股主体实际控制触发日落条款 13. 特别表决权股持有股东转让、委托表决权触发日落条款 14. 公司控制权发生变更触发日落条款 15. 重大事项一股一权 16. 特别表决权定期披露
契约成本 监督成本 约束成本	17. 投资者准入限制	18. 监事会出具专项意见 19. 持续督导期内保荐机构的督导义务

（一）横向代理成本准入控制规则分配失衡

从表1和表2中的规则可以看出，准入阶段的控制存在对代理能力成本和契约、监督与约束成本回应不足的分配缺陷。

准入控制致力于实现特别表决权横向代理成本的“源头控制”，规则大致分为四类：第一类规则关注横向代理冲突成本，通过“特别表决权股持有人最低权益股持有比例限制”、“特别表决权倍数限制”和“普通股比例最低限制”三条规则将控制权与现金流权的分离程度限定在一定范围内；通过“上市前没有表决权差异安排的上市后不得设置”规则严格限制公司上市后人为创造控制权与现金流权分离的状态①。第二类规则关注横向代理能力成本，通过“持有人身份限制”和“不得在二级市场交易”将控制股东限定在对公司具有较大贡献的创始人身上，通过“持有人任职约束”规则保证将控制股东的“智识资本”“锁定”在上市公司中。第三类规则关注上市公司的价值，通过“发行人上市标准”以及限定上市公司为科创型公司，将已实现盈利价值或具有盈利潜力的公司筛选出来提供上市融资的机会②，进而降低中小股东的投资风险。第四类规则关注中小股东契约、监督与约束成本，通过“投资者准入限制”将投资者限定在具有一定投资经验和资金能力范围内，即通常认为更为理性的投资者。

通过前述四类准入控制规则看似将不符合条件的公司排除在外，使得进入市场的公司在其特别表决权问题上均表现出较低的横向代理成本，并且通过限制非理性投资者进入而降低非理性投资的风险，但总体上规则在分配上仍稍显失衡。一方面，虽然控制代理冲突成本与控制代理能力成本在规则数量上差别不大，但从控制内容看，“持有人身份限制”、“不得在二级市场交易”和“持有人任职约束”并不能回应代理能力成本问题，通常情况下代理能力无法量化识别，因而前述限制也仅是为了保证持有人“在其位”，而其是否“谋其政”则难以预料。另一方面，虽然规则设计寄希望于通过投资者准入限制提高整体投资理性程度，但显然这一规则更多倾向于降低非理性投资行为可能带来的系统性风险，而非寄希望于通过中小股东的监督行为约束控制股东。整体上讲，准入规则对契约、监督与约束成本的关注稍显不足。此外，准入控制的部分规则稍显冗余，如“倍数限制”等规则实际上并不具有完全的意义，实践中鲜有创始人团队持有特别表决权却不具有控制权，因而限制倍数往往只具有提高控制股东持股的作用，但即便没有股权收益，控制股东仍可以通过如在职消费等方式补偿自己。

---

① 这一规则显然采纳了Gilson教授的观点，即通过IPO向公司内部人发行复数表决权而向公众股东发行标准普通股应当被允许，但是对于通过双层股权资本重整来推行双层股权结构，即公司发行高投票权“普通股”交换公众股东手中低投票权普通股以及其他减损公众股东投票权的方式应不被允许。参见：Ronald J. Glison, *Evaluating Dual Class Common Stock: The Revelance of Substitutes*, 73 Virginia Law Review 807 (1987).

② 《深圳证券交易所创业板股票发行上市审核规则》要求公司已经盈利，而《上海证券交易所科创板股票发行上市审核规则》则未作此要求。

（二）横向代理成本运营控制实质回应不足

较之于准入阶段，运营阶段控制虽然分配了更多的规则用以控制代理能力成本和契约、监督与约束成本，但由于规则内容本身的特性，多数规则作用有限。

一方面，多数日落条款触发概率较小及部分认定困难。失去控制型日落条款没有确切的标准，何以认为控制股东失去资格？控制股东失去控制的判断标准又为何？诚然这一类日落条款具有经济学的意义，但却无法回应法学的诘问。与之相对，转让、委托行使以及控制权变更具有明确的信号，但对于珍视控制权的企业家而言，若非极端情况下，控制权人通常缺乏足够的动机主动放弃控制权。同样，特别表决权股持有人死亡、失去行为能力或者离职以及不再符合资格和最低持股要求等事件触发型日落条款的触发概率一样很低。针对代理能力下降导致的代理能力成本，域外的经验一般为设定固定期限型日落条款，然而对此我国的规则设置采取谨慎态度。有学者解释称，“假如我国独立设立这项规则，很可能吓跑部分意欲在境内上市的公司。”① 与其他类型的日落条款相比，固定期限型日落条款具有最大的杀伤力，但其僵硬的适用标准也使其毁誉参半。此外，倘若控制股东意图在触发日落条款的同时又保持控制权或者同时保有足够的利益，此时日落条款可能反向诱发控制股东的道德风险，进而导致横向代理冲突成本的增加。对此，法律并未作出回应。

另一方面，整体上偏公共秩序治理模式②的监管理念缺乏对契约、监督与约束成本的实质回应。其一，“监事会专项意见”意图通过内部监督约束控制股东，但监事会的职能设置不额外对公司业务和财务进行监督③，其与董事会一样对股东会负责，但其监督对象是公司董事会的经营管理决策④，因而其监督范围更多是“向下的”，在“股东会中心主义”立法影响下⑤，监事会的监督对控制股东的影响极为有限。其二，就强制信息披露而言，监管部门与交易所形成的文书系统或导致信息过载，或导致信息披露有名无实。即便具有实质性内容的信息披露，对于中小股

① 郭雳、彭雨晨：《双层股权结构国际监管经验的反思与借鉴》，载《北京大学学报（哲学社会科学版）》2019 年第 2 期。

② 彭雨晨：《科创板差异化表决权的治理模式及规则重构》，载《投资者》2019 年第 3 期。

③ 参见金锡华：《中日韩监事制度比较研究》，中央民族大学出版社 2015 年版，第 250－339 页；施天涛：《公司法论（第四版）》，法律出版社 2018 年版，第 373 页。

④ ［德］马库斯·路德、格尔德·克里格尔、德克·菲泽尔著：《监事会的权利与义务（第 6 版）》，杨大可译，张艳校，上海人民出版社 2019 年版，第 358 页。

⑤ 虽然针对我国公司法是“股东会中心主义”还是“董事会中心主义”在学界存在争议，但主流观点仍认为我国的《公司法》采用“股东会中心主义”的安排。参见郭富青：《从股东绝对主权主义到相对主权主义公司治理的困境及出路》，载《法律科学·西北政法学院学报》2003 年第 4 期；叶林：《公司治理机制的本土化——从企业所有与企业经营相分离理念展开的讨论》，载《政法论坛》2003 年第 3 期；罗培新：《公司法的合同解释》，法律出版社 2004 年版；邓峰：《董事会制度的起源、演进与中国的学习》，载《中国社会科学》2011 年第 1 期；许可：《股东会与董事会分权制度研究》，载《中国法学》2017 年第 2 期。

东而言也未必能够引起注意，反倒是控制股东或者经理人的社交媒体动态能够引起中小股东的注意，甚至影响其投资行为[①]。因而整体上，运营阶段的规则控制既没有为中小股东与控制股东之间提供更多的博弈通道，既有规则也在执行效果上存在障碍。

代理能力成本的变化通常在公司运营阶段才会出现，而契约、监督与约束成本则是在企业发展过程中才会凸显。然而，我国当前的规则控制表现出明显的静态控制观倾向，规则制定者期待特别表决权公司的横向代理成本在规则的控制下一直维持在初始状态。显然，基于这一美好的愿景的制度设计疏漏了后四种横向代理成本的变化。

三、 横向代理成本法律控制缺陷的深层肇因

对特别表决权横向代理成本法律控制的缺漏根源在于规则制定者对静态的交易成本均衡状态始终如一的追求，而事实上，企业发展的均衡状态通常是在建立与破坏中循环往复，静态的交易成本均衡理论往往无法作用于达到均衡的过程，难以作出动态预测。“交易成本均衡理论已成为解释企业及其边界的通行方法，然而这种静态分析却不能说明具有非均衡特征的企业的动态发展。”[②] 因而，由此形成的静态控制路径难以识别及回应控制股东与中小股东间代理成本的动态变化。同时，通常情况下可以对代理成本积极回应的机构投资者限于金融管制与投资约束，也难以持有足够的股权从而发挥监督作用，这也进一步促使规则的制定者向静态控制的路径逃离。

（一）交易成本均衡理想下的静态控制路径依赖

路径依赖是通过“积极的反馈”与“累计增长的回报”将某一系统的发展“锁定”在一种特定模式中，并不断“自我强化”的现象。[③] 路径依赖制约法律的进化，遵循不同的路径依赖会导致公司治理被锁定在不同的均衡中。[④] 交易成本均衡理论“虽然为我们构造了一个企业边界的均衡模型，却未能说明破坏这种均衡的力量。”因而“企业的发展逻辑消失了，有的只是若干个孤立的‘合理状态’”。[⑤] 由此形成对静态控制的路径依赖成为我国法律控制的常态。科创板不仅是为科技型中小企业提供融资的平台，更是一种制度供给[⑥]，但显然，青睐于交易成本均衡理想而忽视均衡打破与建立的治理理念阻碍了更具效率或自由度更高规则的形成与运行，表现在特别表决权的规则上就是对初始或静态控制模式的路径依赖，这一路径依赖可以体现在市场环境

---

① 赛斯·C. 奥伦堡：《小鸟的述说：推特如何正在颠覆股东积极主义》，赵金龙译，载《证券法苑》2019 年第 3 期。

② 刘丹：《静态的交易成本均衡理论与企业的动态发展》，载《江汉论坛》2000 年第 8 期。

③ Boas, and C. T. , *Conceptualizing Continuity and Change: The Composite – Standard Model of Path Dependence*, 19 Journal of Theoretical Politics 33 (2007) .

④ 邓峰：《中国公司治理的路径依赖》，载《中外法学》2008 年第 1 期。

⑤ 刘丹：《静态的交易成本均衡理论与企业的动态发展》，载《江汉论坛》2000 年第 8 期。

⑥ 黄登仕、王辉：《科创板：一种新的制度供给》，载《理论探讨》2019 年第 5 期。

和监管制度上。

第一，信息披露的困境与较低的投资者理性程度导致监管手段的强制性和低效性以及规则设计向事前的倾斜。一方面，由于我国公开股票市场整体透明度有待提高，上市公司信息披露不足，诱致监管部门的大量种类繁多的信息披露指引和指导，但由此形成的文书系统与上市公司为完成合规而衍生的“套路”使得看似合规的信息披露虽然足够真实全面，但却言之无物。另一方面，我国公开股票市场交易活跃但投资者专业程度不高、板块差异明显①，散户居多的股票市场导致博弈力量不足，进而使得“理性淡漠”导致的“用脚投票”实际成为市场博弈最为长期且有效的方式。有效率的长期重复博弈需要投资者具备足够高的理性和专业程度，而面对我国的实际情况，监管部门无法将上市公司的监督职责委于投资者之手，同时囿于监管的信息成本，事前的规则总是好过事后的监管，由此形成初始或静态控制模式的制度习惯。

第二，在事前、事中和事后的规则矩阵中，我国的事前监管规则比重明显要大于后两者，这出于两方面的原因：一方面，证券市场具有高度波动性，由于金融市场间的联动，其剧烈波动有可能给整个金融市场甚至国家的宏观经济带来不可预测的风险②，因而防范风险通常成为监管部门的头等大事，由此形成的审慎监管理念成为金融监管的基调。另一方面，在规则与标准的竞争中，由于规则的制定要求立法者具有较高的立法技术，并且可能会固化漏洞③，因而对于某些公司事务则以开放性标准调整，但标准的执行通常又对裁判者提出较高要求，由是如何选择则仰赖对应的立法和司法系统。现实中，监管权力的集中导致司法发挥余地有限④，而证券行政诉讼案件的复杂性又加剧了司法权的自我克制⑤，我国证券市场大规模侵权事件频发，司法救济的乏力⑥反过来更加固化监管权力的过度集中。正是前述原因导致监管事前规则冗余。

总的来说，证券市场、监管机制等现实条件一方面固化了行政监管权力的集中，另一方面也使监管手段过度向事前集中，而对于资本市场的波动，则不得不以调动政策资源的方式解决⑦。对初始条件的筛查在一定程度上收到了“积极的反馈”，同时大量事前明确的规则也培育了合规

---

① 李俪：《双层股权结构本土化的潜在风险与防范制度研究——兼评科创板特别表决权规则》，载《金融监管研究》2019 年第 12 期。

② 桂祥：《宏观审慎管理背景下证券市场宏观调控的法律思考》，载《现代经济探讨》2016 年第 10 期。

③ ［美］莱纳·克拉克曼、亨利·汉斯曼等著：《公司法剖析：比较与功能的视角（第 2 版）》，罗培新译，法律出版社 2012 年版，第 41 页。

④ 鲍颖焱：《中国证券监管权配置、运行及监督问题研究》，华东政法大学 2019 年博士论文，第 3 页。

⑤ 张红：《证券监管措施：挑战与应对》，载《政法论坛》2015 年第 4 期。

⑥ 一项包含 962 份证券民事诉讼判决书的实证研究发现，一审判决中，仅有约 30% 的原告获得一定数额的赔偿，而二审更低，仅为 3.41%，证券法的私人执行机制既无法对违法行为产生足够的威慑，又未能有效赔偿投资者遭受的损失。参见徐文鸣：《证券民事诉讼制度实施效果的实证研究——以虚假陈述案件为例》，载《证券市场导报》2017 年第 4 期；章武生：《我国证券集团诉讼的模式选择与制度重构》，载《中国法学》2017 年第 2 期。

⑦ 鲍颖焱：《中国证券监管权配置、运行及监督问题研究》，华东政法大学 2019 年博士论文，第 3 页。

的“教育产业”，大量的企业咨询公司通过培训等手段使原本有着诸多差异的上市公司在形式上逐渐趋同（例如科创板初期的申报稿在回应立法要求上还各有千秋，到如今却已大同小异），这也导致证券市场监管进一步被“锁定”在对静态控制模式的路径依赖中。当资本市场开始引入具有表决权差异化安排的公司时，静态控制模式的路径依赖促使立法形成严苛的准入规则，而对特别表决权横向代理成本的动态变化只能期待在问题暴露时以行政强制干预手段解决。

（二）投资约束限制机构投资者力量的发挥

如果说监管是证券市场良好运行的一极，那么市场就是另外一极。投资者、债权人与上市公司长期的博弈是市场资源配置的关键，其中尤以投资者最为关键。首先，公众投资者与上市公司之间长期的博弈关系可以对上市公司形成融资约束。其次，中小股东“用手投票”直接参与公司治理可以有效降低公司代理成本。最后，机构投资者在公司治理中扮演着越来越重要的角色，这一观点已经成为一个广泛的共识，机构投资者在价格形成、信息披露、市场流动性以及交易稳定方面都起着非常重要的作用。[①] 然而，囿于维持金融市场稳定的诉求和特定机构投资者的性质，机构投资者往往受限于金融管制与投资约束而难以发挥监督作用，这集中表现在两个方面：

其一，囿于持股比例及集体行动的困境，绝大多数的中小股东缺乏足够的动机和激励参与公司治理或行使股东权利，这既加大了投资者保护的难度，也使投资者与上市公司的长期博弈关系被限定在“用脚投票”的范围内。当投资者普遍不关心公司实际情况时，行之有效的手段是选择可靠的代理人替代投资者行使权利和监督，市场上的机构投资者与投服中心都具有这一功能。虽然投服中心是我国股东积极主义的典型实践，但其成立时间较晚，所起到的作用尚缺乏足够的数据支撑。就实践而言，“投服中心目前……实质上只能以舆论压力和若隐若现的监管背景‘软约束’上市公司，更无法主动推动上市公司改变其经营策略、从事或放弃特定交易。”[②] 由此导致证券市场上推动投资者行使权利参与公司治理的基础设施匮乏，限制了市场力量的发挥。

其二，机构投资者因其庞大的资金流量和专业的投资人员使其能够深度参与公司治理，虽然针对机构投资者是否能够改善公司治理在国内外有着诸多争议，但在监督控股股东方面，即便在力度和效果上存在不足，机构投资者的作用仍然得到了实证研究的验证[③]。即便对造成这一不足的解释多种多样，但法律规则的因素无疑不能被忽视，甚至学者们提出法律环境对于机构

① 武长海、刘凯全：《科创板机构投资者的功能定位与监管制度的完善》，载《江西社会科学》2020 年第 8 期。

② 郭雳：《作为积极股东的投资者保护机构——以投服中心为例的分析》，载《法学》2019 年第 8 期。

③ 李静：《机构投资者参与公司治理的理论与实证研究》，中国财经出版传媒集团经济科学出版社 2019 年版，第 128 页。

投资者参与公司治理的效果、积极性等方面有着重要的影响。① 我国对机构投资者参与公司治理的法律规则存在诸多不足，包括市场准入制度与其后的监管策略。最初的"入市法律制度对机构投资者的培育目的重在稳定股市和为国有大型企业改制注入资金，错误的入市目的与作为'经济人'的机构投资者的投资增值追求相冲突，且在入市时法律制度构建中过分注重政府的管制作用，更加重了机构投资者的市场功能扭曲"，也导致"实际上机构投资者一进入股市就与羊群行为、短视行为、市场操纵联系在一起。"② 机构投资者发展到今天，虽然在数量上多有反复，但是其面临的准入和监管问题依然存在，"监管方面，对于公募基金等机构投资者在单家上市公司中持股比例的限制长期存在，而本就严格的权益变动披露规则更有进一步收紧之势。社保基金也难免与境外公共养老基金类似，面对政治、社会压力以及激励脱钩问题。"③ 整体上讲，持股比例较低制约了机构投资者对管理层的约束。一项实证研究显示，"持股比例较高、长线型机构投资者尤其是长线型基金能够抑制企业过度投资，发挥有效监督者角色；而短线型机构投资者则无助于改善公司治理，发挥利益攫取者角色。"④

此外，自1990年上海证券交易所挂牌成立至今，我国三十年的股市发展依然没有完全摆脱"政策市"的烙印，这在一定程度上也根源于市场自我调节能力的薄弱，市场力量在价格形成等方面不能发挥完全的作用。政府与市场是证券市场运行的两面，二者有时相互成全，有时又互相牵制，如何平衡二者的关系是经济法学关注的焦点。在我国，证券市场强行政监管而忽略对市场力量的培育，一方面造成了冗余的事前规则，另一方面也给监管带来了难度。

四、 控制特别表决权横向代理成本的法律路径

传统法律静态控制的路径依赖和对投资者力量的忽略，导致科创板在特别表决权横向代理成本问题的规则设计上青睐于维持理想的均衡状态。这一法律控制缺陷或将成为阻隔有着特别表决权安排的公司在科创板上市的因素，并为未来代理成本的控制问题带来隐患。因此，寻求特别表决权横向代理成本的法律控制需要从规则松绑和机构投资者力量的发挥方面入手。在控制模式上，要实现从依赖静态控制的模式向有限制的动态控制模式转变；在具体制度设计上，要放

---

① 参见 Porta, R. L. , F. Lopez - De - Silanes, & A. Shleifer, *Corporate Ownership Around the World*, Journal of Finance 54. 2 (1999): 471 - 517; Porta R L , Florencio Lopez - De - Silanes, Shleifer A , et al. , *Investor Protection and Corporate Valuation*, Kournal of Finance, 57 (3) (2002): 1147 - 1170; Porta R L , Lopez - De - Silanes F , Shleifer A , et al. , *Law and Finance*, Journal of Political Economy (1998), 106; Coffee J , *Liquidity versus control: The institutional investor voice*, 91 Columbia Law Review 1227 (1991)。

② 杜仕林:《机构投资者市场准入制度的法理思考》，载《经济法论坛》2005年第3卷。

③ 郭雳:《作为积极股东的投资者保护机构——以投服中心为例的分析》，载《法学》2019年第8期。

④ 叶建芳、赵胜男、李丹蒙:《机构投资者的治理角色——过度投资视角》，载《证券市场导报》2012年第5期。

松实施特别表决权安排的上市公司中机构投资者的投资约束，同时逐步将特别表决权横向代理成本的法律控制由具有强制属性的规则转变为缺省性的规则。

（一）实现静态控制模式向动态控制模式的转变

静态控制模式难以灵敏地回应特别表决权横向代理成本的动态变化。诚如前文所述，代理冲突成本与代理能力成本是特别表决权横向代理成本控制中最为关键的两项。其中，代理能力成本又是特别表决权的基本特征，代理能力的动态变化会肇致更多的代理冲突成本，而静态的控制既不能回应代理能力成本的变化，也无法控制由其导致的代理冲突成本的变化。因此，在控制模式上有必要实现向动态控制模式的转变，即打破传统的路径依赖，关注中小股东与控制股东间代理成本的动态变化，引入机构投资者参与公司治理，畅通中小股东与控制股东间的博弈通道。

首先，实现规则修改与机构投资者引入的动态平衡。这一理念旨在对控制特别表决权横向代理成本规则进行调整修改的同时引入机构投资者控制横向代理冲突成本与代理能力成本。当规则徐图静态松绑时，监管的重点就需要转向 IPO 后的动态控制。此时相对于机构投资者而言，监管部门存在信息收集上的劣势和强制执行上的优势，而前者恰好相反。因此，当监管规则放松事前准入限制并将动态限制交由市场时，有着信息优势的机构投资者力量需要完成替补，这意味着不仅要在机构投资者准入和监管上修改法律，在保障投资者的基础设施建设上也要同步跟进。倘若在投资者力量尚且薄弱的情况下贸然寻求“自由的效率”，则可能会出现监管真空，诱发机构投资者利益攫取行为，损害上市公司效率。因此，整体上规则的松绑与投资者力量的培育与发挥要在动态平衡的状态下进行。

其次，实现仅关注代理冲突成本向全口径治理成本控制理念的转变。我国对特别表决权横向代理成本法律控制的最大缺陷在于对不同成本的控制规则分配不均衡。全口径的治理成本控制理念强调将五类代理成本统一考量，规则上作均衡分配，而不再是仅仅关注代理冲突成本而疏于对其他代理成本的控制。通常情况下，被代理人通过任免权、决策权和代理人激励等治理策略①实施监督所付出的成本不被纳入代理成本的范畴，这导致一味地降低横向代理成本或将付出更高的被代理人成本，学者佐哈·戈申和理查德·斯奎尔提出的被代理人成本理论则能够弥补这一缺陷。② 当静态控制模式逐步转向有限制的动态控制模式时，投资者力量参与公司治理将会

① ［美］莱纳·克拉克曼、亨利·汉斯曼等著：《公司法剖析：比较与功能的视角（第2版）》，罗培新译，法律出版社2012年版，第39－46页。

② “该理论认为每个公司的最优治理结构会使总控制成本最小化，其中总控制成本为代理成本以及被代理人成本之和，代理成本，在管理者行使控制权时产生；被代理人成本，则在投资者行使控制权时产生。”这包括“投资者行使控制权时，他们可以自利方式行事，产生被代理人冲突成本。他们也可以产生诚实的失误，从而产生被代理人能力成本。”参见佐哈·戈申、理查德·斯奎尔：《被代理人成本：公司法与公司治理的新理论（上）》，林少伟、许瀛彪译，载《交大法学》2017年第2期。

产生被代理人成本，公司治理的法律控制就需要建立全口径治理成本控制的理念，由是产生的法律问题同时还包括被代理人的授权问题以及防止因成本内化而导致的投机行为。同时，由于治理策略的非强制属性，因而在遵循全口径治理成本控制理念上徐图松绑静态控制规则时，应当供给更多动态治理的示范策略（这同时也包括对总控制成本的外部审计等）。

最后，实现监管者角色向解决方案提供者角色的转变。动态的控制不仅依赖监管者的持续监管，更加依赖机构投资者对代理成本变化的灵敏反应，此时机构投资者往往为此付出更多的契约、监督与约束成本。基于成本收益的考量，机构投资者往往放弃监督行为，进而导致横向代理成本控制的失落。故监管部门应当转变角色，从传统的监管者转变为解决方案的提供者，例如，针对代理人代理能力测度问题，既提供信息，又供给测量方案，作为机构投资者衡量代理人能力的参考；再如，针对代理冲突成本的变化，监管者可以通过制定合同范本，指引当事人之间达成新的合约。除监管者之外，司法机关也应发挥能动作用。其一，针对证券民事纠纷，除规范性法律条文的裁判外，司法机关应当针对控制股东信义义务、机构投资者信义义务的判断发挥足够的智慧；其二，针对证券行政纠纷，司法机关应当破除司法克制的一贯态度，积极履行行政审判的职责，为投资者提供司法救济的同时也保护上市公司与控制股东的合法权益。

（二）实现机构投资者强投资约束向弱投资约束的转变

发挥投资者力量以及培育机构投资者有着股东积极主义理论的支撑[①]。投资者主动参与公司治理可以有效降低代理成本，而科创板与创业板本身也具有实施股东积极主义的土壤。在小股东“用脚投票”博弈结构缺乏改进的前提下，发挥机构投资者力量是不二之选。“机构控制性股东持股数量越多，它们有更大的动力去监督管理，因而可以缓解‘搭便车’的问题。”[②] 形成机构投资者与控制股东博弈结构的关键在于提高前者的持股比例激励，允许有着显著股权比例差异股东存在，实现由“囚徒困境”向“智猪博弈”结构转向。这要求，在有着特别表决权上市公司的监管规则中放松机构投资者的投资约束，由此形成的博弈结构能够起到直接降低横向代理冲突成本、代理能力成本的作用，但此时相应的契约、监督与约束成本就会增加，此时监管部门对机构投资者的监管也应当从事前的准入控制转向事中事后的运营控制，并提供示范性的契约模板，降低契约、监督与约束成本。

第一，放松特别表决权上市公司中机构投资者最低持股比例限制。我国机构投资者的持股比例远低于境外成熟市场，[③] 个中原因错综复杂，但法律对机构投资者的金融管制与投资约束却

---

① Lucian Arye Bebchuk, *The Case for Increasing Shareholder Power*, 118 Harvard Law Review 833 (2005).

② Ernst, Maug, *Large Shareholders as Monitors: Is There a Trade - Off between Liquidity and Control* [J]. Journal of Finance, 1998 (65): 65 - 68.

③ 郭雳：《作为积极股东的投资者保护机构——以投服中心为例的分析》，载《法学》2019年第8期。

是不可忽视的原因。诚如前文所述，对公募基金等10%的持股比例限制一直未作调整[①]，这不仅出于机构投资者委托人资金安全的考虑，更为重要的是，由于机构投资者通常拥有雄厚的资本，倘若不对其持股比例加以限制，很容易形成机构投资者控制上市公司，损害其他利益相关者利益的局面。出于这两方面考量导致的持股比例约束成为机构投资者在证券市场的常态，但这些原因在有着特别表决权安排的上市公司中却不足为虑。其一，机构投资者是否会突破10%的比例进而危及委托人的资金安全并非完全取决于法律的限制。信义义务的建设、内部治理结构以及代理人的激励等因素都会对机构投资者投资谨慎程度造成影响，放松限制并非意味着失控。其二，在有着特别表决权安排的上市公司中，控制股东通过持有特别表决权股而实现对公司的控制权，排除了控制权市场的介入，即便机构投资者通过二级市场的收购持有大量股票也不会对控制股东的控制权构成威胁，更遑论取得控制权损害其他利益相关者利益。反过来，机构投资者持股比例的增多一方面会在其与小股东间形成“智猪博弈”结构，敦促其主动参与公司治理，监督控制股东，另一方面激励其长期持股，进而形成对控制股东的长期激励。因而，在有着特别表决权安排的上市公司，放松机构投资者的持股比例具有理论上的可行性。

第二，制定契约范本，加强机构投资者监管。该措施通过制定机构投资者与控制股东之间重大问题的契约模板，以供给公共产品的方式降低契约成本，同时，通过引导监管部门关注机构投资者的监督行为避免其与控制股东的串谋，进而降低不必要的契约、监督与约束成本。具体而言，其一，由于不同的契约环境和具体事项，当事人间的契约总是千差万别，但在降低横向代理成本问题上，即便是不同公司，契约控制通常也有相通之处，这也是域外日落条款的形成过程。通过制定契约范本，提供可选择性的条款设计，可以省去契约规则形成过程中带来的契约成本，降低整体横向代理成本。其二，通常认为，机构投资者相对于普通股东为强势股东，其监督控制股东的过程可能同时侵蚀小股东合法权益，导致“智猪博弈”的美好愿景演变成“引狼入室”，因而强化机构投资者入市后的监管仍是重点。这包括通过制定机构投资者公司治理、内控机制指引机构投资者治理的优化，同时细化机构投资者的信义义务，降低机构投资者机会主义行为损害其他投资者利益的风险。对此，可以借鉴域外经验，引入调整机构投资者双重义务体系的尽责管理义务概念，明确机构投资者在证券投资管理活动中所应当承担的义务内容。[②] 立法可以规则和具体指引的方式明确机构投资者参与公司治理的义务及责任，敦促机构投资者为投资人利益参与公司治理，妥善使用投资者资金。

---

① 《公开募集证券投资基金运作管理办法》第三十二条规定：基金管理人运用基金财产进行证券投资，不得有下列情形：（一）一只基金持有一家公司发行的证券，其市值超过基金资产净值的百分之十；（二）同一基金管理人管理的全部基金持有一家公司发行的证券，超过该证券的百分之十。

② 王心怡：《我国机构投资者信义义务体系的反思与重构——以尽责管理义务的引入为视角》，载《法商研究》2017年第6期。

整体而言，放松对机构投资者投资特别表决权上市公司的法律约束与制定契约范本、加强事后监管应当同步进行，前者旨在降低代理冲突成本与代理能力成本，后者则旨在通过事后的监管与契约范本降低不必要的契约、监督与约束成本。

（三）实现强制约束性规则向缺省性规则的转变

采用强制约束的准入控制规则与运营规则虽在一定程度上控制了初始状态的代理冲突成本，但却难以灵敏地捕捉到横向代理成本的动态变化，造成这一控制效果除了根源于前述静态控制模式的路径依赖外，强制约束属性的规则限制了机构投资者的博弈空间也是重要原因。相对而言，缺省性规则弱化了强制的效力，但却为当事人的博弈提供了选择工具。一方面，机构投资者可以通过与控制股东之间的议价决定是否“选出”缺省性规则，另一方面，当事人“选出”缺省性规则也能起到激励中小股东持续监督的作用。这一直接的博弈过程降低了横向代理冲突成本与代理能力成本。此外，由于缺省性规则不具有强制属性，但却可以起到降低交易成本的作用（如降低契约、监督与约束成本），因而立法者也不必担心规则过于严苛而“吓跑”准备前来上市的公司。当然，全部转换为缺省性规则既不现实也无必要，故当前我国差异化表决权规则的设计在未来一段时间内的修订应当遵循分阶段部分转化为缺省性规则、制定转让指引和增设固定期限型日落条款为缺省性规则的路径。

首先，分阶段转换为缺省性规则。通过不断地提高当事人的契约自由空间，畅通机构投资者与控制股东之间的博弈通道。其一，一部分规则应当一直保留，如普通股比例最低限制、持有人持股比例限制，这是为了防止控制权与现金流权的分离走向极端，无限地扩大横向代理成本。其二，对于事件触发型日落条款、特别表决权倍数限制等可以随着有着特别表决权安排的上市公司数量增加、投资者参与公司治理情况有所改善时第一批转换为缺省性规则。其三，对于转让型日落条款、控制权变更日落条款等则在前一阶段完成，市场反响良好的情况下转变为缺省性规则，赋予投资者更多谈判筹码。

其次，设计特别表决权转让指引。当限制转让的控制规则逐步转化为缺省性规则时，由此衍生的博弈行为会增加契约、监督与约束成本，而设计指引有利于直接降低这一类成本。就前述分阶段转换而言，“选出”转让型日落条款意味着控制股东可以自由转让特别表决权，倘若在未经投资者同意情况下转让，必然意味着代理成本的增大，甚至造成家族成员通过特别表决权的“世袭”功能将公众公司变成私人公司，这将严重损害公众投资者利益。但特别表决权的转让又可作为在代理成本出现动态增加的情况下公众投资者更换控制股东的有力工具，因而此时监管部门一方面应当制定特别表决权转让的指引，引导公众投资者在充分磋商谈判的基础上转让特别表决权，另一方面也应当制定规则保证公众投资者的意思真实和自由。例如，笔者建议可以将特别表决权的转让列入“重大事项一股一权”规则中，作为具有强制约束效力的规则使用，因而在特别表决权的转让中能够最大限度强化公众投资者更换新任时的意思自治。

最后，增加固定期限型日落条款作为缺省性规则。固定期限型日落条款一直是学界争议的焦点，诚如前述，其具有诸多缺陷，但其却是当前回应代理能力成本的最为有效的工具。对此应当注意以下几点：其一，时限的设置上，规则设计应当提供足够的选择空间，并且在上市前的规则选择中，上市审核应当将关注点聚焦在规则的选择是否建立在足够的谈判和认识的基础上。其二，应当引入期限届至时提交与控制股东无关股东的审议制度，以此决定公司是否继续采用特别表决权的股权结构。其三，在期限届至前，应当设置一定时限的强制控制股东披露义务，以避免控制股东为了防止控制权断崖式跌落而导致的逆向操作行为。

公司权力配置的迷思与重构

——以股东会和董事会分权为视角

■姜 宇*

摘要： 珠峰公司案、绿洲公司案、申华公司案、恒通公司案的判词呈示出公司权力配置的两大迷思。而这两大迷思无法通过司法层面上的逻辑推演来化解，回归公司权力配置的基点，完善立法方为迷思纾解之道。在对政治学理论与经济学理论应用极端化的批判中确立了公司权力配置的两大基点，即效率目标与协商基础。以效率目标与协商基础为基，以对中国法、美国法、德国法的比较法研究为法，对标准公司与封闭公司权力配置的边界与形式进行了分别讨论，最终重构了公司权力配置的图景。

关键词： 公司权力配置　股东会　董事会　效率目标　协商基础

一、 司法判词之下的公司权力配置迷思

公司权力配置乃公司法学之基本问题，也是本轮《公司法》修改不容忽视的重大问题。我国《公司法》自问世以来，虽已历五次修改、五部解释，但对此问题却仍无令人满意之回应，此不得不谓为《公司法》之缺憾。而此等立法缺憾则造成了法律实践当中的迷思，此于相关司法判词中颇为彰显。①

（一）珠峰公司案②

珠峰公司案历经一审、二审直至2017年最高人民法院再审，其争议焦点之一乃是“珠峰公

---

* 姜宇，厦门大学嘉庚学院副教授。

① 受篇幅之限，本文欲着眼于股东会和董事会分权问题，而这也是公司权力配置问题的核心问题和难点问题，故选此为视角进行阐论则可打通整个公司权力配置问题之脉络，此于董事会与经理等高管之分权问题，甚至监事会之地位与权力配置问题的探讨皆有至关重要之意义。为简洁行文，本文所谓“公司权力”乃指股东会、董事会职权；本文所谓“公司权力配置”乃指股东会和董事会之分权；本文不再区分股东会与股东大会统一称为“股东会”。

② 袁敏、潘晖、彭玲、姜玉霞与黄启人、黄薇、舒韬、仲智中、徐幼明、雅安珠峰商贸有限责任公司损害公司利益责任纠纷案，详见四川省高级人民法院（2016）川民终950号民事判决书。

司之《公司章程》第二十七条有无违反《公司法》的强制性规定?”据其《公司章程》第二十七条，珠峰公司自主对公司资产开发，由董事会决定并向股东大会报告即可，原告认为此违反了《公司法》第三十七条的规定，即“决定公司的经营方针和投资计划”属于股东会之法定职权，其不应由董事会行使。

对之，二审判词如是阐论：“公司章程是调整公司内部组织关系和公司经营行为的自治规范，体现的是公司全体股东的共同意思。从珠峰商贸公司《章程》关于股东会职权范围的上述规定来看，其并未剥夺我国公司法赋予股东会行使的‘决定公司的经营方针和投资计划’等相关重要职权；且我国公司法亦允许公司章程对股东会职权进行其他规定。”①

而最高人民法院则于其再审判词中对股东会和董事会职权条款的性质作了进一步的明确，即“《公司法》第三十七条、第四十六条分别是有关股东会和董事会职权的相关规定，并不属于效力性强制性规定。而且根据《公司法》第四条规定，公司股东依法享有选择管理者的权利，相应地，管理者的权限也可以由公司股东会自由决定，《公司法》并未禁止有限责任公司股东会自主地将一部分决定公司经营方针和投资计划的权力赋予董事会。”②

据此，股东会职权与董事会职权似乎可自由配置，而且根据最高人民法院的判词，公司权力配置方式似不局限于公司章程形式。此等观点在最高人民法院法官虞政平博士所著之《公司法案例教学》(第二版) 所选取的相关经典案例 (以下简称“虞书案”) 判词中也有体现，即甲集团股东通过充分商讨，将属于股东会投资决策权中的部分职权授予董事会行使，并不违反法律的强制性规定，不应予以限制或禁止。股东会职权的行使主体并不具法定排他性，该集团公司股东会限缩自身的部分职权而将其授权董事会行使，不违背股东会职权的性质。③ 然此等结论是否足以让人信服？公司所有权力是否皆可自由配置？比如修改公司章程决议权与解散公司决议权能否授予董事会行使？于此不无疑虑，仍需探讨。

(二) 绿洲公司案④

绿洲公司案二审判词似乎可以修正上述结论并给了我们一个完整的总结，即“《中华人民共和国公司法》第三十八条、第四十七条分别以列举的形式规定了股东会和董事会的职权，从两条法律规定来看，董事会、股东会均有法定职权和章程规定职权两类。”无论是法定职权还是章程规定职权，强调的都是权利，在没有法律明确禁止的情况下，权利可以行使、可以放弃，也可以委托他人行使。

---

① 四川省高级人民法院 (2016) 川民终 950 号民事判决书。

② 四川省高级人民法院 (2016) 川民终 950 号民事判决书。

③ 详见虞政平：《公司法案例教学》(第 2 版)，人民法院出版社 2018 年版，第 1308－1309 页。

④ 徐丽霞与安顺绿洲报业宾馆有限公司、第三人贵州黔中报业发展有限公司公司决议效力确认纠纷案，详见贵州省高级人民法院 (2015) 黔高民商终字第 61 号民事判决书。

但《中华人民共和国公司法》第四十四条第二款规定“股东会会议作出修改公司章程、增加或者减少注册资本的决议，以及公司合并、分立、解散或者变更公司形式的决议，必须经代表三分之二以上表决权的股东通过。”从此条规定中的法律表述用语“必须”可以看出，修改公司章程、增加或者减少注册资本的决议，以及公司合并、分立、解散的决议有且只有公司股东会才有决定权，这是股东会的法定权利。①

暂不究诘此判词中的某些细节问题，如，职权是否等同于权利？是否可以放弃？该判词似乎描绘了这样一个权力配置图景：除修改公司章程、增加或者减少注册资本、公司合并、分立、解散、变更公司决议属股东会不可让渡之权外，其他公司权力皆可自由配置。于此，笔者需再追问修改公司章程、增加或者减少注册资本、公司合并、分立、解散、变更公司决议属股东会不可让渡之权的规定是否合理？其法理依据为何？而除此之外的其他公司权力是否皆可自由配置？如《公司法》赋予股东会选举非职工董事的权力可否授予董事会自己行使？

（三）申华公司案②

在申华公司案中，申华公司《公司章程》第十八条规定：“股东大会闭会期间，董事人选有必要变动时，由董事会决定，但所增补的董事人数不得超过董事总数的三分之一。”而该规定是否违反《公司法》的强制性规定乃本案之争议焦点。对此，二审法院认为：我国《公司法》明确规定了股份公司股东大会、董事会的性质与职权，股东大会是公司的权力机构，选举和更换董事的职权由股东大会行使；董事会对股东大会负责，执行股东大会的决议，为公司的执行和经营决策机构，因此《公司章程》第十八条违反了《公司法》，该规定不具有法律效力，而申华公司董事会所作出的相关决议超越了我国股份有限公司董事会的权限，违反法律，侵害了股东的权益。③

值得注意的是，申花公司案所适用的法律是1993年《公司法》，而1993年《公司法》所规定的股东会职权与董事会职权条款中均无2005年《公司法》相应条款中“公司章程规定的其他职权”这样的表述，此是否可成为与珠峰公司案、绿洲公司案、虞书案判词不同之缘由？然事实上，虞书案发生于2004年，其所适用的法律依然为1993年《公司法》，如此，法律的修改似乎不是判词差异的真正缘由。于此，我们再作进一步假设和追问：若申花公司案发生于今日，其《公司章程》将选举董事之权配置于董事会可被接受？那么，选举监事之权是否也可配置于董事会呢？因此，绿洲公司案二审判词所描绘出的公司权力配置图景似乎仍有极大探讨空间。

---

① 贵州省高级人民法院（2015）黔高民商终字第61号民事判决书。

② 莫全富与姜彭年、上海申华实业股份有限公司公司决议侵害股东权纠纷案，详见王军：《中国公司法》（第2版），高等教育出版社2017年版，第261-263页。

③ 同注②。

（四）恒通公司案①

在珠峰公司案中，最高人民法院的再审判词所含之观点“公司权力配置方式不局限于公司章程形式”在恒通公司案的二审判词中得以明确阐论，概言之，恒通公司股东会以普通决议的方式将原本属于股东会的职权授权给董事会，此已构成对《公司章程》的实质性修改。根据《公司法》第四十三条的规定，股东会作出修改公司章程决议必须经代表三分之二以上表决权的股东通过；但恒通公司股东会通过该决议的比例并未达到这一法定比例。因此，股东会决议的内容违反了《公司法》的规定，应认定为无效。②

据此判词，股东会似可以公司章程以外之形式配置公司权力，但若涉及《公司章程》的实质性修改，需履行与修改章程一样的程序，方符合《公司法》之强制性规定。此观点有无值得商榷之处？同时，基于此观点，可否向前再进一步，股东会在不以公司章程或特别决议进行权力配置的前提下，能否以特别决议方式径行法律或章程赋予董事会之权力之决议呢？如股东会以特别决议方式直接聘任或解聘经理。

（五）公司权力配置的两大疑问

以上四案判词之下的公司权力配置迷思可归结为两大疑问：

第一，公司权力配置的边界问题，即股东会和董事会的权力边界为何？哪些公司权力不允许依股东意思而作另外配置？

第二，公司权力配置的形式问题，即可否以公司章程以外的形式配置公司权力？股东会可否以特别决议方式径行董事会权力？

此两问当如何纾解？是属司法纰缪，还是立法疏漏？需作进一步检视。

二、从司法到立法的学术检视

综观前述四案，虽判词有疑，但其内在逻辑统一。具体而言，公司权力配置的边界问题应考量公司章程于公司法之优先性，即公司章程所作之权力配置在不违背强制性规定的前提下，优先于公司法所作之权力配置；同时，股东决议等公司章程以外的形式与公司章程本质上并无二致，其皆为股东团体意思的载体，故二者不会因形式之别而有异。观此逻辑，法院用以解决公司权力配置之疑者，非为公司法，而是作为私法一般法的民法。具言之，乃是无论公司章程，还是股东决议等其他形式俱属贯彻股东团体意思之法律行为，而法律行为当然优先于公司法的非强制性规定；但若继续推演，公司权力配置问题依然陷于无解，即公司法所作之权力配置是否属强制性规定，或其中哪些

① 杜玉春、熊英和北京恒通冠辉投资有限公司公司决议效力确认纠纷案，详见北京市第一中级人民法院（2016）京01民终6676号民事判决书。

② 北京市第一中级人民法院（2016）京01民终6676号民事判决书。

权力配置属强制性规定未有定论，同时，公司权力配置的形式未于公司法层面上作特别考量似有不周，究其原因，此皆因作为特别法的公司法规定存有疏漏而致司法逻辑闭环之未成。

观《公司法》第三十七条第一款与四十六条之规定表述，① 立法者并未明确将之列属强制性规定范畴，如此，“股东会行使下列职权”、“董事会对股东会负责，行使下列职权”中的“职权”似不应作为股东会或董事会独占之权，值得注意的是，该条文以“公司章程规定的其他职权”作为兜底条款，公司权力可自由配置似符合立法意旨；然2018年证监会新修订的《上市公司治理准则》对此则表现出不同观点，其第十四条规定：“上市公司应当在公司章程中规定股东大会对董事会的授权原则，授权内容应当明确具体。股东大会不得将法定由股东大会行使的职权授予董事会行使。”在此语境下，公司章程另作配置的“其他职权”则应被解释为“法定职权”之外的“其他职权”。② 对此两种观点，学界皆有不同论说支持，③ 然随着讨论深入，兼采

① 《公司法》第三十七条第一款 股东会行使下列职权：
（一）决定公司的经营方针和投资计划；
（二）选举和更换非由职工代表担任的董事、监事，决定有关董事、监事的报酬事项；
（三）审议批准董事会的报告；
（四）审议批准监事会或者监事的报告；
（五）审议批准公司的年度财务预算方案、决算方案；
（六）审议批准公司的利润分配方案和弥补亏损方案；
（七）对公司增加或者减少注册资本作出决议；
（八）对发行公司债券作出决议；
（九）对公司合并、分立、解散、清算或者变更公司形式作出决议；
（十）修改公司章程；
（十一）公司章程规定的其他职权。
第四十六条 董事会对股东会负责，行使下列职权：
（一）召集股东会会议，并向股东会报告工作；
（二）执行股东会的决议；
（三）决定公司的经营计划和投资方案；
（四）制订公司的年度财务预算方案、决算方案；
（五）制订公司的利润分配方案和弥补亏损方案；
（六）制订公司增加或者减少注册资本以及发行公司债券的方案；
（七）制订公司合并、分立、解散或者变更公司形式的方案；
（八）决定公司内部管理机构的设置；
（九）决定聘任或者解聘公司经理及其报酬事项，并根据经理的提名决定聘任或者解聘公司副经理、财务负责人及其报酬事项；
（十）制定公司的基本管理制度；
（十一）公司章程规定的其他职权。

② 根据《上市公司治理准则》第一条所述之制定目的，第十四条的规定乃着眼于提升公司治理水平，而非特别的监管考量，因此，该条文虽出自监管规范，但依然可反映出证监会对《公司法》权力配置条款性质的理解。

③ 参见刘俊海：《现代公司法》（第3版），法律出版社2015年版，第585页；杨狄：《股东会与董事会职权分野的管制与自治——以公司章程在公司分权中的地位和作用为视角》，载《财经理论与实践》2013年第11期。

两种论说的折中观点逐渐为大多数学者所认同，如赵旭东教授即认为公司法中的权力配置条款的属性不应一概而论，股东会、董事会的各个职权应根据是否具备专属性质来确定其是否可另作配置，因为具备专属性的职权让渡势必会造成公司机关形骸化。[①] 折中观点虽直摄公司权力配置之底层法理，然从立法语言上，却实难以此意推解，立法疏漏由此可见一斑。

再观《公司法》第四十三条第二款与第一百零三条第二款之规定表述，[②] 其属强制性规定，“修改公司章程、增加或者减少注册资本的决议，以及公司合并、分立、解散或者变更公司形式的决议”被认定为股东会不可让渡之权似乎无疑。然此并不能反推该条款所列职权以外者皆为非不可让渡之权，因为根据上下文意，该条款强调的是所列职权应适用股东会特别表决程序，而非对股东会不可让渡之权范围的划定；同时，就该条款所列职权，其不可让渡性是否皆具有充分之法理支撑，笔者也不无疑虑。

复观《公司法》第三十七条第一款与第四十六条之兜底条款，其仅指明公司章程乃公司权力配置的形式之一，而并未禁止以公司章程之外的形式配置公司权力，故公司权力配置的形式似不局限于公司章程。此观点是否周延？笔者认为尚需置于公司法学语境中加以考量，探究公司章程与股东协议、股东决议于公司权力配置而言是否存在差别。综观学界对公司章程性质的讨论，较有影响者无外乎四种论说，即合同说、决议说、自治法说，以及折中说，[③] 其中，前两种论说认为公司章程与股东协议、股东决议性质相通，据此，三者所作之公司权力配置似无甚差别。对此，笔者存有不同意见，暂不论三者于一般意义上的差异，单就不同公司之权力配置而言，公司章程所体现的性质并不相同，非可一概而论。以对股东人数众多、股权极度分散公司的权力配置为例，公司章程则更多地强调公司之团体性，其作为自治法的性质即更加突出，故兼取而折中的章程性质论说更具有说服力。如此，股东决议、股东协议等形式与公司章程并不能完全等同，就其间差异讨论公司权力配置的形式仍具有重要意义。

据上所析，公司权力配置的两大疑问无法通过司法层面上的逻辑推演来化解；着眼于立法上的疏漏，完善《公司法》的相关规定方为迷思纾解之道。对此，仅于法学视阈下讨论公司权力配置的立法修正问题可能难以获得令人满意的答案，故多数学者并未沿循此研究思路，而是希冀通过政治学理论或经济学理论来讨论并构造公司权力配置的应然图景；然此等讨论难免又

---

① 赵旭东：《公司法修订中的公司治理制度革新》，载《中国法律评论》2020 年第 3 期。

② 《公司法》第四十三条第二款　股东会会议作出修改公司章程、增加或者减少注册资本的决议，以及公司合并、分立、解散或者变更公司形式的决议，必须经代表三分之二以上表决权的股东通过。第一百零三条第二款　股东大会作出决议，必须经出席会议的股东所持表决权过半数通过。但是，股东大会作出修改公司章程、增加或者减少注册资本的决议，以及公司合并、分立、解散或者变更公司形式的决议，必须经出席会议的股东所持表决权的三分之二以上通过。

③ 参见王爱军：《论公司章程的法律性质》，载《山东社会科学》2007 年第 7 期；吴飞飞：《论公司章程的决议属性及其效力认定规则》，载《法制与社会发展》2016 年第 1 期。

会陷入理论极端化应用之情及相应的学术纷争，而忽视对公司权力配置方法论的挖掘。因此，笔者认为，若欲重构公司权力配置的立法图景，则需先拨开迷雾，找寻公司权力配置的基点，以道御术，方可至成。

三、回归公司权力配置基点：从理论应用极端化批判到两大配置基点确立

纵观我国《公司法》的立法史，目前我国公司权力的配置样态可能更多地出自立法者对旧有路径之依赖，即对国家权力配置的取法，而非对商业实践总结而成的“中国特色”。[①] 如此，在解释上也更多地表现为对政治学理论的关注。然此等解释论及其基础上所构之权力配置样态已在实践中产生了诸多问题，政治学解释似显捉襟见肘。[②] 因此，我国学者也多有在经济学层面上寻求解释的努力。在方法论层面上，无论是政治学理论，还是经济学理论都为公司法学的发展提供了重要的研究视阈。但是，任何理论皆不可被极端化应用，更不可不加批判、修正地奉为至上不变之圭臬，因为理论的极端化应用不仅不会帮助我们纾解公司权力配置问题，反而会引致重重迷雾，掩盖问题所指向的本质。因此，面对此等理论应用极端化之情，我们应先破后立，在批判中回归公司权力配置基点。

（一）政治学理论应用极端化之批判

很长时间以来，以国家权力配置解释公司权力配置被视为毋庸置疑之法，此情于我国尤为突出。究其原因，可能有以下两个：

其一，公司列属“法人”之范畴，即公司乃法律之产物，故公司即应依法定条件和程序设立。[③] 此等法定条件和程序于早期主要体现为公司设立须取得国家的“特许令状”（charter），当时的法律十分强调国家在公司设立当中的作用，如此公司即常被视为国家权力的延伸，[④] 其奉行与国家类同之权力配置安排似谓合理。我国《公司法》的问世和发展与国有企业改革密不可分，故上述观点极易被接受，然随着时代发展，我们现早已抛弃此等“特许权理论”，公司设立已由“特许主义”“核准主义”演变至今时之“准则主义”，国家在公司设立中的作用亦由“创设作用”转变为“确认作用”，如此，公司权力配置类同国家权力配置观点的正当性基础已然动摇，故如今理所当然地坚持此等观点很大程度上乃是对旧有路径之依赖。

其二，我国《公司法》制定初期，对公司权力配置理论关注不够、研究不足，如此，即以“默认知识”填补漏缺，将政治制度简单地翻版于《公司法》当中乃属当时立法者之自然行

① 邓峰：《代议制公司——中国公司治理中的权力和责任》，北京大学出版社2015年版，第54-59页。
② 同注①。
③ 施天涛：《公司法论》（第4版），法律出版社2018年版，第15页。
④ 邓峰：《普通公司法》，中国人民大学出版社2009年版，第64页。

动,[①] 此于立法者所使用的某些用语中即有体现。例如,《公司法》第三十六条中有“股东会是公司的权力机构”的表述,此乃《宪法》对人民代表大会之表述;又如《公司法》第四十六条中有“董事会对股东会负责”的表述,此明显将董事会比照行政机关而定位。

观此两点,于今时,我们是否还能毫无怀疑地认定国家权力配置与公司权力配置的天然相通性?是否还能理所当然地将国家制度与公司制度相互比照而自由移植?笔者对此颇感疑虑。当然,笔者并非在彻底否定以政治学理论探讨公司权力配置问题的意义,事实上,斯蒂芬·博顿利教授(Stephen Bottomley)、施天涛教授、邓峰教授等学者的研究十分有益,颇值得关注。[②] 笔者所反对的是将政治学理论进行极端化的应用,即将作为方法论的政治学理论异化为作为本体论的政治学理论,简言之,将公司视同与国家性质相同的组织实体来进行权力配置考量。此等极端化的理论应用甚至于法律实践中也有表现,例如在华城地产集团有限公司与宁波开元华城置业有限公司决议撤销纠纷案(以下简称“开元华城公司案”)的二审审判中原告即曾伸张如此理据:“一审判决在认定股东会审议权限时,忽略了公司权力分配的基本制度以及《公司法》‘三权分立与制衡’的核心价值。”[③]

事实上,当我们回观洛克、孟德斯鸠等先贤的观点时,我们即应知道国家权力配置的目标乃是制约公权、保障私权;然公司权力配置的目标并非如此,公司是一个效率组织,其为效率而生,因此,公司进行权力配置的目标即应着眼于效率,即通过高效地整合资本、才智等各种资源,促进公司收益的提升,成本的减少。于此,开元华城公司案中所谓“三权分立与制衡”乃至所有权力制约措施皆可作为公司权力配置的方法而非权力配置本身,其可成为在效率目标下进行公司权力配置的结果而非依据,换言之,若“三权分立与制衡”等权力制约措施无法实现公司运营的效率目标,则应进行进一步之优化、改进,甚至扬弃。

(二)经济学理论应用极端化之批判

自美国经济学家罗纳德·科斯(Ronald Coase)所撰文章《企业的性质》(*The Nature of the Firm*)于1937年发表后,对公司问题进行经济解释即兴荣未艾,后经阿尔钦(Alchain)、德姆塞茨(Demsetz)、詹森(Jessen)、麦考林(Meckling)、威廉姆森(Williamson)、麦克尼尔(MacNeil)、伊斯特布鲁克(Easterbrook)、费希尔(Fischel)等学者的不断探究,公司合同理论正式形成并不断发展和完善。根据此理论,公司被视为一系列合同之联结(nexus of contracts),

① 邓峰:《代议制公司——中国公司治理中的权力和责任》,北京大学出版社2015年版,第55-66页。

② 参见邓峰:《代议制公司——中国公司治理中的权力和责任》,北京大学出版社2015年版;施天涛:《公司治理中的宪制主义》,载《中国法律评论》2018年第4期;See Stephen Bottomley, *The Constitutional Corporation: Rethinking Corporate Governance*, Ashgate Publishing Limited 2007.

③ 浙江省宁波市中级人民法院(2017)浙02民终351号民事判决书。

此等合同联结使得股东、管理者、劳动者、债权人、消费者等众多要素提供者相联;① 而以此为基所形成的"交易费用理论"② 和"委托代理理论"③ 即成为解释公司法问题的重要工具，基于此论，包括公司权力配置在内的所有的公司制度安排均应致力于减少交易费用和控制代理成本。此不仅对经济学影响深远，更给公司法学的研究提供了全新的思维维度。

然正如前文所论，任何理论皆不可被极端化应用，经济学也不例外。但遗憾的是，也有学者将公司合同理论推演至极端化，其具体表现有二:

其一，公司合同理论有一个重要的观点，即公司是联结股东、管理者、劳动者、债权人等众多要素提供者的合同联结；据此推演，股东作为资本要素提供者，似不应比其他要素提供者地位高，因此，股东似乎不应被当作公司所有人，如此，公司之目的不应为股东利益最大化，而应着眼于股东、管理者、劳动者、债权人、消费者等利益相关者之利益，乃至社会利益，此可谓为"公司利益相关者理论"或"公司社会责任理论"。④

其二，既然公司是一系列合同之联结，那么，股东即可以其自由意思通过合同来安排包括公司权力配置在内所有公司制度。如此，为何还需制定公司法？公司法存在的意义又是什么？对此，伊斯特布鲁克（Easterbrook）作出修矫式的回应："公司法是一套现成的法律条款，它可以节省公司参与者签订合同时所要花费的成本。"⑤ 也就是说，基于交易成本的考量，公司法有其存在的意义，其为股东提供了公司合同的示范文本。如此，紧接而来的推论即是：公司法既然是示范文本，那么，就应当是否允许股东通过协商自由变更公司法条款，包括对被公司法所确认的公司权力分布形态进行改变。

对上述两论，笔者回应如下:

第一，就公司社会责任理论而言，事实上，其理论基础并不局限在公司合同理论，其支持者所引论据角度多元。多德教授（E. Merrick Dodd）是公司社会责任理论的代表，其甚至在 1927 年至 1932 年与坚持股东利益至上的伯利教授（Adolf. A. Berle）展开了激烈的论战;⑥ 但颇具戏

---

① See Jessen & Meckling, *Theory of the firm: Managerial behavior, agency costs and ownership structure*, 3 Journal of Financial Economics 305, 310 – 311 (1976).

② See Williamson, *Transaction – Cost Economics: The Governance of Contractual Relations*, 22 Journal of Law and Economics 233, 233 – 261 (1979).

③ See Jessen, *Organization Theory and Methodology*, 58 The Accounting Review 319, 319 – 339 (1983).

④ 详见罗培新:《公司法的合同解释》，北京大学出版社 2004 年版，第 203 页。

⑤ ［美］伊斯特布鲁克、费希尔:《公司法的经济结构》（中译本第 2 版），罗培新、张建伟译，北京大学出版社 2014 年版，第 34 页。

⑥ See Dodd, *For Whom are Corporate Managers Trustee?*, 45 Harvard Law Review 1145, 1145 – 1163 (1932); Berle, *Corporate Powers as Powers in Trust*, 44 Harvard Law Review 1049, 1049 – 1074 (1931).

剧性的是，两位学者最终都修改了自己的原有观点，向对方观点转变。① 这从论战到转变的过程充分说明股东利益至上论与公司社会责任论各有其长。

然就公司目的而言，公司首先应致力于股东利益最大化，当我们细察公司利益相关者时，即不难发现无论是管理者、劳动者，还是债权人、消费者皆有相应的对价与风险补偿机制，而唯独股东居于公司剩余收益索取者和经营风险最后承担者之地位，② 因此，公司以股东利益最大化为其根本目的具有正当性。事实上，在世界范围内，公司治理有进化趋同之势，“股东导向模式”（Shareholder Oriented Model）已成主导模式。③ 此于我国立法层面上也非常明确，即根据《民法典》第七十六条规定，公司属营利性法人，而营利性则是以取得利润并分配给股东为目的。

至于社会责任，其绝不可改变公司营利法人的属性。事实上，公司的社会责任应通过合同、公共政策来落实，而非将社会责任引入公司治理之中。④

第二，公司法有其作为公司合同示范文本的作用，但并非所有公司法条款皆为示范文本。公司法的强制性除了源于公共政策要求外，还源于公司运营的效率目标，即通过协商进行公司权力配置只是手段，而以此促进公司运营的效率性才是最终目标。

那么，协商一定能带来效率吗？实际结果并不一定，但充分协商之下的权力配置安排可以被视为股东为实现效率目标而作出的努力，具有正当性。但是，当股东人数众多，甚至股权极度分散，即会有相当部分的股东对参与公司经营的态度冷漠，此等协商则并不充分，若此等不充分协商下的相应权力配置安排不能确保客观上公司运营的效率性，则这样的权力配置安排无法获得正当性基础。而事实上，在股东人数众多、股权分散的公司中，股东从事商业判断和经营的能力往往参差不齐，单纯进行众意集合极难促进公司运营的效率目标，此或限于集体决策的困境，或限于巨大的代理成本之中。如此，面对此等协商基础较差之情形，基于效率目标而设置的公司法强制性条款具有重大意义。⑤

（三）两大配置基点之确立：效率目标与协商基础

通过对政治学理论与经济学理论应用极端化的批判，我们不难发现公司权力配置的基点。在对政治学理论应用极端化的批判中，我们正是基于对公司效率性的把握，才界分了公司权力配置与国家权力配置在目标上的不同。而在对经济学理论应用极端化的批判中，我们又进一步明确了公司权力配置的效率目标，具体而言，公司的营利性属性是对公司权力配置安排效率目标的进一步诠释；而公司合同理论则为我们促进公司权力配置的效率性提供了重要工具，于此

① 参见施天涛：《公司法论》（第4版），法律出版社2018年版，第60－61页。
② 罗培新：《公司法的合同解释》，北京大学出版社2004年版，第204页。
③ 邓峰：《代议制公司——中国公司治理中的权力和责任》，北京大学出版社2015年版，第61页。
④ 仲继银：《董事会与公司治理》（第3版），企业管理出版社2018年版，第7页。
⑤ 罗培新：《公司法的合同解释》，北京大学出版社2004年版，第106－112页。

注意，公司合同理论仍然是方法论层面上的，此正如罗培新教授所言："公司合同理论，与其说是解释了公司的本质，还不如认为它提供了一种解释公司的方法。"① 如此，深究其道，无论是科斯（Coase）对公司合理理论奠基性的精彩阐论，还是随后发展而来的交易费用理论、委托代理理论，其皆是对公司制度安排效率性的追问，故避免公司合同理论应用极端化，回归效率目标，公司权力配置方能趋近最优，因此，对股东协商基础的审视是我们不容忽视的关键。综上所述，公司权力配置的基点已找出，即效率目标与协商基础。

四、 重构公司权力配置图景： 两种公司形式中权力配置的边界与形式

据上文所论，公司权力配置的迷思可归结于公司权力配置边界与形式两大问题。对于这两大问题的回应须于不同的公司形式中作具体探讨，如此，方可得全面之公司权力配置图景。

论至公司形式，需根据公司的功能。公司作为商业经营形式无外乎有两大功能，即聚合资源与限制责任。以上市公司等股东人数众多，甚至股权分散的公司为例，公司的功能不仅仅是为股东划定了投资风险隔离墙，更是为资本、人力资源的聚合提供了可靠的机制，即众多投资者聚合于股东会参与公司治理，而管理人才则聚合于董事会及董事会之下的管理层直接管理公司，如此，在此等全体股东将管理权让渡于管理者，所有权与管理权相分离的公司经营形态之下，公司的两大功能得以完整显现，因此，笔者名之为"标准公司"。然也有经营者非出于聚合资源考虑而选择公司形式之情，此类公司股东人数较少，彼此之间往往也有相互信赖之关系，公司股东希望直接管理公司，而非欲将管理权进一步让渡，其选择公司作为经营形式仅出于限制责任之考虑，对于此类公司，笔者名之为"封闭公司"。②

值得注意的是，自进入21世纪，世界各国公司法在竞争中大有趋同融合之势。③ 因此，对于各国公司法改进的重要蓝本《美国商事公司示范法》（*Model Business Corporation Act*，MBCA）④、

---

① 罗培新：《公司法的合同解释》，北京大学出版社2004年版，第31页。

② 需要说明的是，"封闭公司"（close corporation 或 close company）之称多见于英美法系语境之中，与之的对应概念为"开放公司"（public corporation 或 public company）；但"开放公司"于我国语境下易引人误解，即将"开放公司"当作"公众公司"而牵涉股份公开发行等问题，故笔者名之"标准公司"以消除此等歧义。同时，我国《公司法》语境下公司的法定分类为"有限公司"与"股份公司"，对此学界多有疑义，即以"资本总额是否划分为金额相等的股份"作为公司分类依据并不能呈现出"有限公司"与"股份公司"在经营、治理等本质方面上的差异；然事实上，在具体的法律调整中，我国法律也立足于有限公司"封闭性"与股份公司"开放性"的差异上，因此，将公司划分以"标准公司"与"封闭公司"两大形式来讨论公司权力配置问题对我国具有重要意义。参见施天涛：《公司法论》（第4版），法律出版社2018年版，第60－61页；朱锦清：《公司法学（上）》，清华大学出版社2017年版，第16－17页；王军：《中国公司法》（第2版），高等教育出版社2017年版，第6页。

③ 郭富青：《当今世界性公司法现代化改革：竞争·趋同·融合》，载《比较法研究》第2008年第5期。

④ 本文所引《美国商事公司示范法》（MBCA）是2016年的最新修订版。

《特拉华州普通公司法》(*Delaware General Corporation Law*, *Del. GCL*)①、《美国封闭公司示范补充规定》(*Model Statutory Close Corporation Supplement*, MSCCS),以及大陆法系公司法的重要代表《德国股份法》(*Aktiengesetz*, AktG)②、《德国改组法》(*Umwandlungsgesetz*, UmwG)③、《德国有限责任公司法》(*Gesetz betreffend die Gesellschaften mit beschränkter Haftung*, GmbHG)④,我们应予重视。故笔者拟立足我国《公司法》,通过比较法研究,重构我国公司权力配置的图景。

(一)公司权力配置的边界

1. 标准公司的权力配置边界。在标准公司中,公司的经营呈现出所有权与管理权相分离的形态,导致如此形态产生的原因是众多而分散的股权分布无法使管理权保留于股东会层面,即股东间的协商基础较差,集体决策的困境以及参差的管理能力会使公司偏离其效率目标。因此,基于对标准公司效率目标与协商基础的考量,全体股东即将管理权让渡于管理人才,而这些管理人才或来源于股东群体内部,或源于职业经理人市场,他们组成了标准公司的董事会,正如罗培新教授所论,即董事相较于股东更长于经营,将管理权赋予董事会会降低公司的经营成本。⑤如此,标准公司的权力配置应首先应确保董事会的经营中心的地位,事实上,无论是英美法系国家,还是主要的大陆法系国家,此观点已被普遍接受,⑥ 然而我国《公司法》对此关键问题的解答却不明确,此是引致公司权力配置迷局的重要原因;同时,基于对董事会代理成本的控制,标准公司的权力配置还应致力于确保股东会拥有控制代理成本之充分权力。⑦ 因此,标准公司的权力配置应围绕着董事会经营权与股东会控制权两个维度展开。

由于公司经营权涉及广泛,公司法无法穷尽列举或精准描述,故对于董事会的权力,公司法宜作反向推演,即以“董事会权力=公司所有权力-股东会权力-监事会权力”作为权力表述公式。据此,公司法可作如此规定:“公司所有权力皆归董事会或在董事会授权下行使,除非本法和×另有规定。”此等法律条款的表述于相关立法例中也可找到支持,如《美国商事公司示范法》(MBCA)的第8.01条、《特拉华州普通公司法》(Del. GCL)的第141条第(a)款,以及《德国股份法》(AktG)第76条第(1)款皆有类似表述;而且为了确保董事会的经营中心地位,

① 本文所引《特拉华州普通公司法》(Del. GCL)是指《特拉华州法典》(*The Delaware Code*)第八编,该法典最新修订于2019年6月7日。

② 本文所引《德国股份法》(AktG)参考胡晓静、杨代雄译:《德国商事公司法》,法律出版社2014年版。

③ 本文所引《德国改组法》(UmwG)参考杜景林、卢堪译:《德国股份法、德国有限责任公司法、德国公司改组法、德国参与决定法》,中国政法大学出版社2000年版。

④ 本文所引《德国有限责任公司法》(GmbHG)参考胡晓静、杨代雄译:《德国商事公司法》,法律出版社2014年版。

⑤ 罗培新:《股东会与董事会权力构造论:以合同为进路的分析》,载《政治与法律》2016年第2期。

⑥ 同注⑤。

⑦ 同注⑤。

《德国股份法》（AktG）的第 119 条第（2）款甚至还规定："股东大会只能在董事会请求时对公司经营的问题作出决定。"

而上述法律条款表述中的"本法另有规定"则既包括配置于股东会之权，也包括配置于监事会之权，但受题旨所限，本文即略去配置于监事会之权，而只探讨配置于股东会之权；至于"×"，此乃公司权力配置的自治手段，即可通过"×"将公司法配置于股东会或董事会的权力进行再配置，其具体指什么？是章程？抑或是股东决议、股东协议等公司章程以外的其他形式？这是公司权力配置的形式问题，我们于下一个小节再作探讨。如此，公司权力配置边界问题的解决有赖于对"哪些权力应属配置于股东会的权力，且不允许'×'进行再配置"问题的回应，即公司法必须对股东会不可让渡之权予以明定。当然，与此同时我们还必须回答"董事会经营权是否可通过'×'配置于股东会"的问题，如此，公司权力配置边界方能得以清晰划定。

先论股东会不可让渡之权，哪些权力应属股东会不可让渡之权？如前文论，标准公司的权力配置应确保股东会拥有控制代理成本的充分权力，如此，对代理成本的控制即是判断股东会不可让渡之权的标准。我国《公司法》第一百零三条第二款："股东大会作出决议，必须经出席会议的股东所持表决权过半数通过。但是，股东大会作出修改公司章程、增加或者减少注册资本的决议，以及公司合并、分立、解散或者变更公司形式的决议，必须经出席会议的股东所持表决权的三分之二以上通过。"这些权力是否皆应归属于股东会不可让渡之权？除了这些权力外，是否还有其他权力也需加以考量？如，董事和监事选举权、分红决议权、重大资产处分决议权，笔者认为于斯殊值探讨。

（1）对公司章程修改权之考量。公司章程修改权归于股东会似无须详论，公司章程作为公司自治之最高效力文件，是股东团体意思最重要之载体，公司章程修改权归于股东会具有法律逻辑上的自恰性。而单从公司权力配置角度论，公司章程涉及公司权力配置之根本，将其修改权配置于股东会对于董事会以及董事会领导下管理层的代理成本控制具有不容忽视的重要意义，具言之，于标准公司之中，股东会可根据自身实况通过章程自治来实现对董事会及管理层违信等不当行为的防范与规制，以确保公司运行不偏离其经营目标。[①] 因此，我国《公司法》第一百零三条第二款将公司章程修改权列属股东会不可让渡之权也具有公司权力配置上的正当性。

以比较法的视角看，《德国股份法》（AktG）与我国《公司法》持相同观点，[②] 但《美国商事公司示范法》（MBCA）与《特拉华州普通公司法》（Del. GCL）的规定似存有差异，即在二者

① 参见郑志刚、许荣、徐向江、赵锡军：《公司章程条款的设立、法律对投资者权力保护和公司治理——基于我国 A 股上市公司的证据》，载《管理世界》2011 年第 7 期。

② 参见《德国股份法》（AktG）第 179 条第（1）款。

中，公司章程修改权在一定程度上也被董事会所分享。[①] 对此，可能的一种解释是公司合同理论在美国法中的贯彻，即公司章程乃是所有者与管理者之合同，因此，公司章程的修改也应考虑董事团体的意思；但这种解释并不能令人信服，暂不论公司章程是否可与合同等同而视，美国法中公司章程修改权配置也并非围绕所有者与管理者平等合意的理念来设计，即公司章程最终修改权仍由股东会所保留。[②] 因此，与其陷入公司合同解释论说的泥潭，不如从标准公司权力配置的两大维度寻求解释，即公司章程中无可避免地会涉及公司经营事项，董事会基于其经营中心的地位而享有一定公司章程修改权，但与之相伴的是董事会成员及关联人员篡夺股东权益道德风险的增加，故股东会通过保有公司章程最终修改权来控制代理成本极有必要。如此，美国法虽赋予了董事会更多的权力，但股东会依然是公司章程的最终决定者，此中法理与我国《公司法》和《德国股份法》（AktG）所持观点仍具有一致性。

（2）对公司合并、分立、解散、变更形式决议权之考量。公司合并、分立、解散与变更形式属于公司重大变更，此关乎公司根基，即公司是否存在以及以何形式存在，因此，于作为公司剩余收益索取者和经营风险最后承担者的股东而言，公司合并、分立、解散、变更形式决议权的重要性并不亚于公司章程修改权。[③] 如此，若将此权配置于董事会，其间则会产生巨大代理成本，具体而言，董事会的一招不当行权即会造成股东难以承受之损失，即重大变更后的公司复归原形之成本巨大；同时，公司的重大变更对于董事而言无异于中期选举或信心重估，故股东会可通过公司合并、分立、解散、变更形式决议权选举或罢免董事，此乃是代理成本控制的不容忽视

① 《美国商事公司示范法》（MBCA）与《特拉华州普通公司法》（Del. GCL）所规定的公司章程应由“章程大纲”（Articles of Incorporation/Certificate of Incorporation）与“章程细则”（Bylaws）两部分构成，其中，“章程大纲”（Articles of Incorporation/Certificate of Incorporation）是向州务卿报送的注册文件，而“章程细则”（Bylaws）则是根据“章程大纲”（Articles of Incorporation/Certificate of Incorporation）制定的关乎公司治理的运作规则。根据《美国商事公司示范法》（MBCA）第 10.03 条和《特拉华州普通公司法》（Del. GCL）第 242 条第（b）款的规定，“章程大纲”（Articles of Incorporation/Certificate of Incorporation）的修改首先应经过董事会同意，再递交股东会批准；至于“章程细则”（Bylaws），根据《美国商事公司示范法》（MBCA）第 10.20 条和《特拉华州普通公司法》（Del. GCL）第 109 条的规定，股东会和董事会则皆有权力修改之。

② 根据《美国商事公司示范法》（MBCA）第 10.20 条规定，股东会和董事会虽皆有权力修改“章程细则”（Bylaws），但董事会相应修改权限可被“章程大纲”（Articles of Incorporation）限制，亦可被股东会限制，即股东会在修改、废除或通过一项“章程细则”（Bylaws）条款时，有权明确禁止董事会对该项“章程细则”（Bylaws）条款修改、废除或重述；而根据《特拉华州普通公司法》（Del. GCL）第 109 条规定，“章程细则”（Bylaws）之修改不得与“章程大纲”（Articles of Incorporation）相抵触，此修改权自公司收到任何一笔股款时即归于股东会，而董事会只有经“章程大纲”（Certificate of Incorporation）授权时才可享该修改权，但不得以此限制股东会之修改权。

③ 参见［美］伊斯特布鲁克、费希尔：《公司法的经济结构》（中译本第 2 版），罗培新、张建伟译，北京大学出版社 2014 年版，第 79－80 页。

之法。[①] 因此，无论从消极地防范代理成本角度，还是积极地控制代理成本角度言，公司合并、分立、解散与变更形式决议权作为股东会不可让渡之权不应有疑。此等观点不仅在我国《公司法》、《德国改组法》（UmwG）、《德国股份法》（AktG）中得以确认，[②] 在《美国商事公司示范法》（MBCA）、《特拉华州普通公司法》（Del. GCL）中也有体现。[③]

（3）对增资、减资决议权之考量。公司资本关涉股东权责、公司财源，以及债权人保护三大方面。[④] 其中，对债权人的保护，各国公司法通过专门的保护条款来实现，其无涉增资、减资决议权配置之讨论，因此，就本文论旨，我们应从股东权责与公司财源两大维度进行考量。

于股东权责维度而言，增资或致股东有限责任范围扩大，或致股权稀释，或兼而有之，无论是何结果，此皆关乎股东之切身利益，因此，为防止由此而产生的代理成本，此权配置于股东会较为合理。至于减资，其非但不会扩大股东有限责任，反而会缩减股东有限责任；同时，其也不会导致未与公司达成股权回购合意的股东的股权稀释问题，如此，减资决议权似无须保留于股东会。

于公司财源维度而言，公司资本列属公司运营的重要财源，其增加或减少乃属公司经营判断的范畴，尤其是随着公司实践与资本市场的发展，公司通过资本增减进行市值管理、股权激励、资本结构调整等已成为公司经营的新常态，因此，基于对标准公司效率目标与协商基础的考

---

① 相较于董事选举权，公司合并、分立、解散、变更形式决议权涉及股东切身重大利益，此极大缓解了标准公司股东冷漠的问题，可使较差之协商基础得以改进，因此，股东通过公司合并、分立、解散、变更形式决议权控制代理成本效果甚至会优于直接行使董事选举权。详见［美］伊斯特布鲁克、费希尔：《公司法的经济结构》（中译本第2版），罗培新、张建伟译，北京大学出版社2014年版，第79－80页；罗培新：《股东会与董事会权力构造论：以合同为进路的分析》，载《政治与法律》2016年第2期。

② 参见我国《公司法》第一百零三条第二款；《德国改组法》（UmwG）第13条、第36条、第128条、第135条、第193条；《德国股份法》（AktG）第262条第（1）款。

③ 相较我国《公司法》与德国法，《美国商事公司示范法》（MBCA）和《特拉华州普通公司法》（Del. GCL）也有差异，即二者对合并、解散、变更形式决议权配置的规定与“章程大纲”（Articles of Incorporation/ Certificate of Incorporation）修改权配置的规定相同，议案应首先经过董事会同意，再递交股东会批准。于此，美国法虽赋予董事会更大的权力，但其并未将合并、解散、变更形式决议权完全配置于董事会，股东会对此等议案仍享受最终批准权。同时，《特拉华州普通公司法》（Del. GCL）第275条第（c）款在上述规定基础上又进一步强化了全体股东解散公司之权，即当所有有表决权的股东以书面形式表示同意并按规定向州务卿提交解散证明书备案，也可以授权公司解散，而无须经董事会同意的前置程序。值得注意的是，《美国商事公司示范法》（MBCA）和《特拉华州普通公司法》（Del. GCL）未对公司分立进行明确规定；但在商业实践中，公司往往通过资产处分等行为实现事实上的分立效果，如此，美国公司“分立决议权”的配置问题即转化为公司资产处分决议权的配置问题，此将在后文中进行探讨。参见《美国示范商事公司法》第11.04条、第9.32条、第14.02条以及《特拉华州普通公司法》第251（b）条、第251（c）条、第266（b）条，第275（a）条，第275（b）条、第275（c）条。

④ 参见刘燕：《公司法资本制度改革的逻辑与路径——基于商业实践视角的观察》，载《法学研究》2014年第5期。

量，增资、减资决议权似又应配置于作为公司经营中心的董事会。① 然如前论，于增资决议权的配置层面，我们还须同时考虑股东权责维度上的代理成本问题，如此，当如何平衡董事会经营权与股东会控制权？对此，《美国商事公司示范法》（MBCA）与《特拉华州普通公司法》（Del. GCL）的规定殊值参考，即董事会的股票发行决议权应受公司章程限制，而股东会则可通过公司章程限制董事会的权限，以控制其代理成本。②

反观我国《公司法》第一百零三条第二款，其将增资、减资决议权皆列属股东会不可让渡之权的规定与《德国股份法》（AktG）规定相同，③ 二者皆在一定程度上忽视了董事会经营权。如此，我国《公司法》应作调整，立足我国目前实行的资本制度，笔者认为仅需将增资决议权配置于股东会，并允许股东会在保留增资上限决议权的基础上通过“×”将增资决议权进一步让渡于董事会，而减资决议权则无须保留于股东会。

（4）对董事、监事选举权之考量。由股东会选举董事和监事是公司权力纵向分配的第一步，也是控制代理成本的关键环节，即股东通过行使选举权保障董事会行使经营权与监事会行使监督权的股东导向性，此权犹如高悬董事、监事头上的“达摩克利斯之剑”，若其未能尽忠实勤勉之职，即有撤换之虞。因此，股东会保有董事、监事选举权可极大缩减代理成本。④ 此观点在我国《公司法》、《美国商事公司示范法》（MBCA）、《特拉华州普通公司法》（Del. GCL），以及《德国股份法》（AktG）中均有体现。⑤

值得探讨的是，为了确保公司经营的稳定和持续，股东会可否将董事、监事选举权进一步配置于董事会？于此，很容易得出以下的观点：将监事选举权交由董事会行使会使得监事会彻底丧失对董事的监督能力，由此，监事会即会嬗变成协助董事会监督管理层的机构；而将董事选举权交由董事会自己行使则会更直接地增加公司的代理成本。⑥ 但笔者认为，此并非考量董事、监事选举权再配置问题的关键，此问题的关键在于允许此权的再配置是否符合效率目标，以及对股

---

① 参见潘林：《股份回购中资本规制的展开——基于董事会中心主义的考察》，载《法商研究》2020 年第 4 期。

② 参见《美国示范商事公司法》第 6.01 条和第 6.21 条；《特拉华州普通公司法》第 151 条、第 152 条和第 161 条。

③ 《德国股份法》（AktG）第 182 条、第 222 条。

④ 罗培新：《股东会与董事会权力构造论：以合同为进路的分析》，载《政治与法律》2016 年第 2 期。

⑤ 详见我国《公司法》第九十九条、第三十七条；《德国股份法》（AktG）第 101 条第（1）款、第 84 条第（1）款。参见《美国示范商事公司法》第 7.28 条和第 8.03（c）条；《特拉华州普通公司法》第 211 条和第 216 条。值得说明的是，由于《美国商事公司示范法》（MBCA）与《特拉华州普通公司法》（Del. GCL）中的公司治理结构中没有监事会，故不存在选举监事权力的考量问题；而《德国股份法》（AktG）的公司治理结构是双重委员会治理结构，即由股东会选举监事会，再由监事会选举董事会，如此，《德国股份法》（AktG）也确认了选举董事、监事权力乃股东会不可让渡之权的观点。

⑥ 罗培新：《公司法的合同解释》，北京大学出版社 2004 年版，第 194－196 页。

东的协商基础进行了必要审视。具体而言，原则上，公司法不应禁止股东通过意思自治对公司权力进行再配置，正如前文所论，股东意思自治虽不一定带来效率，但此应被视为为实现效率目标而做出的努力，具有正当性；但是，于标准公司而言，股东间的协商基础较差，股东会对董事、监事选举权的下放往往有利于董事，以及董事背后的实际控制人或股东，当股东间利益由此失衡或董事会巨大道德风险由此而生时，股东会往往又无法矫正这些问题，即协商基础较差的股东会无法通过“×”使得选举权力复归，从而使代理成本难以得到控制，使公司难以回归效率目标。因此，标准公司的董事、监事选举权乃股东会不可让渡之权。

（5）对分红决议权之考量。分红决议权之配置同样涉及股东控制权与董事经营权两个维度，即分红决议乃是股东行使利润分配请求权的前提，此关乎股东，尤其是中小股东的直接重要利益，若将此权配置于董事会，似有董事会或董事会控制者①利用分红决议权反制全体股东之虞，代理成本极大，如此，分红决议权似应归于股东会；同时，分红决议亦关乎公司运营之财源，从而影响公司的经营策略，如此，是否分红，以及分红的数额、方式等又似属董事会经营判断范畴。② 两观点针锋相对，于立法例上皆有反映，即我国《公司法》和《德国股份法》（AktG）将分红决议权配置于股东大会，③ 而《美国商事公司示范法》（MBCA）、《特拉华州普通公司法》（Del. GCL）则将分红决议权归于董事会，但公司章程可对其进行限制。④

综观此两种观点，笔者认为仍应回归公司的效率目标与股东的协商基础考量分红决议权之配置。具体而言，公司的效率目标最终指向者乃是公司的营利性，即公司以取得利润并分配给股东为目的，故分红是目的，经营则是手段，将分红决议权完全置于董事会经营判断范畴而罔顾股东之分红利益乃是手段与目的之错置；但同时，我们也不可忽视标准公司合理的分红方案有赖于专业管理人才的商业计算，因此，笔者认为，公司法将分红决议权配置于股东会的同时，应允许股东通过“×”将分红决议权完全或附条件地配置于董事会，由于此权还可通过股东自治复归股东会，故此间所产生的代理成本股东可以承受。于此，似有疑问，标准公司的协商基础是否也会导致分红决议权无法复归股东会？于前文所论之董事、监事选举权配置中，笔者曾言类似疑

---

① 在标准公司中，董事会的控制者往往是实际控制人、控股股东等。

② 罗培新：《公司法的合同解释》，北京大学出版社2004年版，第275页。

③ 参见《公司法》第九十九条；《德国股份法》第174条第（1）款。值得注意的是，从我国《公司法》的表述上看，我国《公司法》似将分红决议权界定为股东会和董事会的共享权，即先由董事会制订利润分配方案，再由股东会负责对该方案进行审议和批准。但笔者认为此观点并不周延，从解释论角度看，董事会不将利润分配方案作为议案提交股东会并不意味着股东会无权决议分红，倘若某单独或合计持有公司百分之三以上股份的股东将其制订利润分配方案作为临时提案提交股东会，于此，股东大会依然有权审议和批准，且董事会基于执行股东会决议职权有义务执行股东会批准分红的决议。因此，笔者认为我国《公司法》中的分红决议权非为股东会和董事会共享权，其仍完全归于股东会。

④ 参见《美国示范商事公司法》第6.40条；《特拉华州普通公司法》第170（a）条。

虑。对此，笔者认为对分红决议权的配置不同于对董事、监事选举权的配置，因为此关乎股东，尤其是中小股东取得分红这一直接重要利益，这会极大缓解标准公司股东冷漠之情，从而极大改善协商基础。

（6）对重大资产处分决议权之考量。公司资产处分在一般意义上应属董事会经营判断之范畴，但公司重大资产的处分则关乎公司的存在以及存在的形式，其与公司合并、分立、解散、变更形式同属公司重大变更，甚至在美国法实践中，公司分立往往是通过重大资产处分完成的。① 因此，重大资产处分决议已非董事会独断范畴，基于对代理成本的积极与消极控制，此权应归于股东会，于此，前论合并、分立、解散、变更形式决议权考量部分中已有具体讨论，笔者不再赘述。

上述观点在《美国商事公司示范法》（MBCA）、《特拉华州普通公司法》（Del. GCL）与《德国股份法》（AktG）中皆有明确体现，② 但我国《公司法》的规定却似是而非，即其第一百零四条规定："本法和公司章程规定公司转让、受让重大资产或者对外提供担保等事项必须经股东大会作出决议的，董事会应当及时召集股东大会会议，由股东大会就上述事项进行表决。"如此，若公司章程对此只字未提，法律也无其他规定，是否就意味着公司重大资产处分可由董事会及董事会领导下的管理层独立决议？笔者对此不无疑虑。因此，我国《公司法》应明确将重大资产处分决议权配置于股东会。③

综上讨论，在标准公司中，法律应将公司章程修改权；公司合并、分立、解散、变更形式决议权；增资决议权；董事、监事选举权；分红决议权；重大资产处分决议权配置于股东会；其中，公司章程修改权；公司合并、分立、解散、变更形式决议权；增资上限决议权；董事、监事选举权；重大资产处分决议权是"股东会不可让渡之权"。

至此，标准公司权力配置边界的一侧即已得出，然另一侧，即"董事会经营权是否可通过'×'配置于股东会"的问题还需讨论。笔者认为，公司的经营应体现出更大的灵活性，立法者应当尊重公司对经营权的自治性安排，因此，法律不应禁止通过"×"将董事会经营权配置于股东会的行为。然于此可能存在疑虑的是，标准公司股东协商基础较差，经营权的上移会不会导

---

① 详见施天涛：《公司法论》（第4版），法律出版社2018年版，第546页。

② 参见《美国示范商事公司法》第12.02（a）条；《特拉华州普通公司法》第271（a）条；《德国股份法》第179a条。

③ 在具体的立法中，《公司法》还应明确"重大资产处分"的定义。于此，《美国商事公司示范法》（MBCA）给出的定义是"使公司无法持续实质商业活动的出售、出租、交换或者其他资产处分"；《特拉华州普通公司法》（Del. GCL）给出的定义是"公司资产的全部或实质性的全部的出售、出租或交换"；《德国股份法》（AktG）给出的定义是"公司的全部资产转让"，同时，将"公司实质性部分资产的转让"纳入"未明文规定之股东会职权"范围。此皆可作为参考。参见《美国示范商事公司法》第12.02（a）条；《特拉华州普通公司法》第271（a）条。

致公司经营与效率目标的偏移？对此，笔者欲作三点回应：第一，较差的协商基础确实可能会导致公司经营效率的减损，但上移的经营权并非不可再通过“×”复归于董事会，即以“×”配置经营权是经营灵活性的保障，同时，也是经营效率性的重要纠偏机制。第二，在存在纠偏机制的前提下，法律不应恣意干涉经营权的自治性配置，因为这是股东通过协商所作出的自由选择，即使在此等协商中有相当部分股东的态度是冷漠的，其合意并不充分。因为，对于冷漠的股东而言，将经营权上移至股东会即相当于将公司的经营权从公司的董事会转移至股东会的控制者[①]手中，于此，公司经营权的不同配置并不会减损公司原有的效率，即具体的经营决策或由股东会控制者作出，或由股东会控制者所选派之董事作出，从实践层面上而言，此等差别并不大。第三，事实上，通过“×”对董事会经营权的适当限制在一定程度上还有利于董事会及管理层代理成本的控制。因此，笔者认为，公司法应将公司经营权配置于董事会，但不应禁止通过“×”将董事会经营权再分配于股东会的行为。至此，标准公司权力配置边界即已完全得出。

2. 封闭公司的权力配置边界。封闭公司的经营形态不同于标准公司，其所有权和管理权高度合一。封闭公司的股东人数较少，且其彼此之间往往具有信赖关系，因此，封闭公司具备较好的协商基础，而此等协商基础则是封闭公司可由股东直接管理的必要条件。[②] 如此，封闭公司本初的经营中心在股东会，一切公司权力的起点也在股东会。对此，邓峰教授从公共性的维度重述了此观点，即公共性程度较小公司是股东寻求商业利益的“工具”而非“实体”，[③] 本文所言“封闭公司”当属其指。因此，董事会往往是股东会的附庸，其权力之多寡应取决于股东会权力之让渡，如此，股东会似乎可以选择不向董事会让渡任何权力，甚至可以取消董事会，此观点不仅在《美国封闭公司示范补充规定》（MSCCS）、《特拉华州普通公司法》（Del. GCL）中可得到支持，[④] 在《德国有限责任公司法》（GmbHG）中体现更甚，即依据该法，有限公司不设董事会，而仅设履行执行职责的一名或数名业务执行人。[⑤]

那么，封闭公司股东是否还可以反其道而行之，将本属于股东会的权力让渡于董事会？基于封闭公司股东会与董事会之关系，笔者认为，除股东会不可让渡之权外的余权皆可让渡于董事会。因此，封闭公司股东会不可让渡之权的范围即是其权力配置的边界。

前文有论，标准公司的股东会不可让渡之权的范围是公司章程修改权；公司合并、分立、解散、变更形式决议权；增资上限决议权；董事、监事选举权；重大资产处分决议权。那么，相较于此，封闭公司股东会不可让渡之权的范围将发生何种变化？对此，笔者认为标准公司与封闭公

---

① 此处的股东会控制者指控股股东或实际控制人。

② 罗培新：《公司法的合同解释》，北京大学出版社2004年版，第91－92页。

③ 邓峰：《代议制公司——中国公司治理中的权力和责任》，北京大学出版社2015年版，第204页。

④ 参见《美国示范商事公司法》第21条；《特拉华州普通公司法》第351条。

⑤ 参见《德国有限责任公司法》（GmbHG）第6条。

司在协商基础上的差异是导致其股东会不可让渡之权范围差异的决定因素。换言之，当协商基础这一因素发生了变化，原本置于标准公司股东会不可让渡之权范围中的某些权力将被“释放”。在此，回观前论，我们即不难发现董事、监事选举权是因标准公司较差的协商基础而被禁止让渡的，如此，在封闭公司中，董事、监事选举权即可让渡于董事会。① 至此，封闭公司权力配置边界也已得出，即法律应将一切权力配置于股东会，而股东会可将除公司章程修改权；公司合并、分立、解散、变更形式决议权；增资上限决议权；重大资产处分决议权以外的余权可让渡于董事会。

（二）公司权力配置的形式

所谓公司权力配置的形式，即公司进行权力配置之自治手段，其范围是什么？公司章程作为公司自治之最高效力文件，涵纳其中，自是无疑；然公司章程以外的何者形式也可归入其中？即股东决议，股东协议可否归入其中？股东会通过特别决议径行董事会权力的行为可否归入其中？对此，笔者仍欲以标准公司与封闭公司作分类而讨论。

1. 标准公司的权力配置形式。先论股东协议，学界虽有将公司章程与之视同的论说，但二者之别依然会使以股东协议进行公司权力配置存有障碍，即具有相对性的股东协议似不能拘束作为独立主体的公司，② 同时，股东协议的缔结未有置备公司之要求，故其对不知情入股者的拘束力似亦有疑。对此，即使是对以股东协议进行权力配置持允许态度的《美国商事公司示范法》（MBCA），其态度也极为谨慎，不得不对此两大问题进行回应，即股东协议应经全体股东同意，并列入章程大纲（Articles of Incorporation）或章程细则（Bylaws）中，或以全体股东签署的书面方式呈现，并为公司所知晓；同时，该协议应当披露于股票证书或公司给予购股者的书面陈述上，而制定协议前就已在外流通的股票证书则应被召回，并以符合披露要求的股票证书替代；若购股者在购股时不知道该协议的存在，即拥有撤销股权转让合同之权利。③ 此规定虽在一定程度上化解了股东协议配置公司权力的法律障碍，但其所要求的协商基础是标准公司难以具备的，换言之，标准公司中股东一致合意的成本巨大，股东协议不宜作为标准公司权力配置的形式，于此，《美国商事公司示范法》（MBCA）的官方评注（Official Comment）特别指出股东协议多被用于封闭公司中。

再论股东决议，其与公司章程虽皆为股东团体意思之载体，但其背后的协商基础却存有极大差异，即公司章程作为公司的“根本大法”，其制定或修订的“形式感”可以极大缓解标准公司股东冷漠的问题；但股东决议其所呈现出的“形式感”则较弱，标准公司的协商基础较差的

---

① 监事选举权若发生此等让渡，监事会即会嬗变成为协助董事会监督管理层的机构。

② 参见蔡元庆、黄海燕：《股东协议治理：缘起、困境与规范进路》，载《财经法学》2019 年第 2 期。

③ 参见《美国示范商事公司法》第 8.01 条、第 7.32 条。

问题依旧凸显，如此，对于公司权力配置这一关涉公司治理结构及其权力运行方式的根本问题而言，股东决议作为权力配置形式似显正当性不足，如积极股东极易利用此等“弱形式”掩盖公司权力配置利己损他的事实。

循此逻辑继续推演，股东会以特别决议的形式径行董事会权力也不应被允许。因为股东会通过特别决议的形式径行董事会权力的行为实质上是在改变公司的权力配置，于此，仍存在“弱形式”所带来的协商基础较差的问题。当然，股东会若对董事会不满，其可以动用董事选举权，甚至章程修改权来贯彻自己的意志；股东若认为董事会决议违反法律或公司章程，其可以诉请法院撤销；股东若认为董事违反法律、公司章程、信义义务，其可提起派生之诉，这些行为皆为法律所允许，因为其并不改变既有的公司权力配置。

2. 封闭公司的权力配置形式。对于封闭公司而言，其具备较好的协商基础，股东会是公司的本初经营中心和权力起点，董事会乃股东会之附庸。如此，封闭公司股东利用股东决议、股东协议，以及通过股东会特别决议径行董事会权力的行为配置公司权力不存在标准公司中的障碍；唯值探讨的是，股东协议对公司的拘束力，以及不知情者入股公司对股东决议或股东协议所作之权力配置的影响两大问题。

（1）股东协议对公司的拘束力。诚如前论，股东协议具有相对性，于合同法层面上，其对公司并无拘束力，但将此等观点置于公司法层面上，则仍有探讨余地。在封闭公司当中，公司章程、股东决议与经全体股东一致合意并置备于公司的股东协议皆为作为公司最高权力执掌者的股东团体之意思，三者的差别仅存在于形式之上，而且从协商基础的角度讲，该股东协议还体现了更充分的合意。如此，若排除此等协议对公司的拘束力似有不妥，也使得封闭公司丧失了应有的灵活性。因此，为化解合同法层面的障碍，笔者建议，法律应将经全体股东一致合意并置备于公司的封闭公司权力配置协议拟制为公司决议，从而使之具有对公司之拘束力。

（2）不知情者入股公司对股东决议或股东协议所作之权力配置的影响。若新加入的股东在订立股权受让协议或出资协议时对配置公司权力的既存股东决议或股东协议不知晓，该决议或协议是否对新股东不产生拘束力？若如此，公司的权力运行即走向混乱；但若对新股东产生拘束力，似乎也有侵犯股东知情权而使之相应预期落空之虞，此确为两难之题。

对此，《美国商事公司示范法》（MBCA）第 7. 32 条的规定可值借鉴，即股东决议或股东协议所作之权力配置不因不知情者入股而发生改变，其对新股东依然具有拘束力；而新股东若不接受此等权力配置安排，其可于除斥期间内援引重大误解，甚至受欺诈的理据请求撤销股权受让协议或出资协议，并请求相对方承担缔约过失责任。

如此，公司权力配置的形式既已得出，即标准公司权力配置形式仅限于公司章程；而封闭公司权力配置形式包括公司章程、股东决议、经全体股东一致合意并置备于公司的股东协议，以及股东会通过特别决议径行董事会权力的行为。

五、 结论

至此，公司权力配置图景得以重构。具体而言，在标准公司中，《公司法》应首先确立公司所有权力皆归于董事会或在董事会授权下行使的原则；在此原则之外，通过“本法另有规定”将股东会权力与监事会权力划出，其中，将公司章程修改权、公司合并、分立、解散、变更形式决议权、增资决议权、董事、监事选举权、分红决议权、重大资产处分决议权配置于股东会；于此，《公司法》应允许且仅允许通过“公司章程另有规定”进行公司权力再配置，但是股东会不可让渡公司章程修改权、公司合并、分立、解散、变更形式决议权、增资上限决议权、董事、监事选举权、重大资产处分决议权，也不可以特别决议方式径行董事会权力。而在封闭公司中，《公司法》应将公司所有权力首先配置于股东会；于此，《公司法》应允许股东通过公司章程、股东决议、经全体股东一致合意并置备于公司的股东协议将除公司章程修改权、公司合并、分立、解散、变更形式决议权、增资上限决议权、重大资产处分决议权以外的余权让渡于董事会，同时，也应允许股东会通过特别决议径行董事会权力。如此，公司权力配置之疑既得回应。值此《公司法》修改讨论之际，笔者希冀本文可资供立法机关与学界批评、研究。

上市公司股东优待的日本经验与规范理路

■莫 志*

摘要：股东优待滥觞于日本，具有与股份持有时长关联、非连续性比例及董事会决议实施等特征，但理论界对其性质存在实物分红说、公司赠予说、招待行为说与销售宣传说的分歧。经验显示，优待对公司经营和股票管理具有正面作用，公司利益维护的合理性使得默认的比例平等并不构成优待约束。但优待多数情况下符合权益性交易的特征，因此需要遵循与分红相同的无盈不分规则，以保护债权人。我国未来监管应持开放审慎的取向，在公司法层面附加轻微性与程序正当性来确保原则突破的最小化；在证券法层面以强制披露的规则对优待支出、决议、实施及对资产、权益的影响进行准确说明；在会计上确认为权益性交易，并从上一年度税后利润中提取优待公益金。

关键词：股东优待　公司法　股东平等　无盈不分　权益性交易

一、问题缘起：股东优待的中日实践

近年我国陆续出现上市公司以各类名目向股东提供特别福利的行为，如青青稞酒的品鉴活动，贵州茅台的平价购酒大会，以及德美化工的猪肉礼券等。本文对此进行了部分列举，如表 1 所示，从赠送实物、门票到发放代金券、股票收益券，再到低于市价的商品购买权，福利的内容层出不穷。实际上，此类对股东的特别福利行为滥觞于日本，并有英美澳加等国的上市公司效仿，在理论中统称为股东优待（株主優待/Shareholder Perks），或股东福利。

目前有记录的首个优待案例，是东武铁路公司于明治三十二年（1899）向持有 300 股以上的 41 名股东发放旗下铁路全线的乘车券。① 后经百年发展，优待范围不断扩大，囊括了制造、零售、食品、交通、文旅等诸多领域。如图 1 所示，近 20 年来日本实施优待的公司数量增加了 3 倍。截至 2018 年 10 月，东京证券交易所 3664 家上市公司中，有 1480 家实施了优待，占比将近

* 莫志，北京大学法学院 2021 级博士研究生。

① 参见上木貴博、白田正彦、鷹野美紀、嶋田有：「株主優待の歴史を紐解く」，载『日経マネー』通卷 392 号（2015），第 34－35 页。

四成。① 尽管优待行为受到了日本市场的欢迎，但理论界却并不以为然，尤其是在公司法领域，学者围绕股东平等、公司分红、法人征税等问题展开了持续讨论。

表1　中国上市公司股东优待案例列举

公司	行业	优待内容	决议机关	额度	费用归属	优待条件
得利斯	食品	赠送澳洲牛排	董事会	1240万元支出	控股股东自费；其他费用列入公司销售费用	持股超过1000股
德美化工	养殖	赠送肉品礼盒与现金券	董事会	367万元支出	营业外支出	在册股东
量子高科	食品	赠送12杯龟苓膏	董事会	100万元支出	营业外支出	不包含持股5%以上的股东
南方食品	食品	赠送黑芝麻乳	股东大会	550万元支出	销售费用	每1000股赠送一盒
青青稞酒	饮料	赠送青稞酒产品	董事会	345万元支出	销售费用	在册股东
中超控股	制造	赠送紫砂壶	董事会	500万元支出	控股股东自费	持有30000股以上股东，阶梯式优待
仲景食品	食品	赠送香菇酱	章程规定	未披露	未披露	在册股东
珠江钢琴	制造	低于市价12000元购买指定钢琴	董事会	最高3600万元优惠	未披露	连续六个月持有500股（含）以上
贵州茅台	饮料	低于市价购买酒水套餐	未披露	未披露	未披露	在册股东，限量1000套
苏宁易购	百货	每月发放“100元减10元”的折扣优惠券	未披露	未披露	未披露	在册股东
华侨城	文旅	免费入园活动	董事会	最高3750万元减免	无	在册股东
爱尔眼科	医疗	赠送股票收益券	无	无	控股股东自费	持股6年且600股以上股东

资料来源：根据上市公司公告整理。

① 参见楠美将彦、齊藤直，「業種と優待内容から見た株主優待制度の株主構成への影響」，载『高千穂論叢』2020年第3号，第282页。

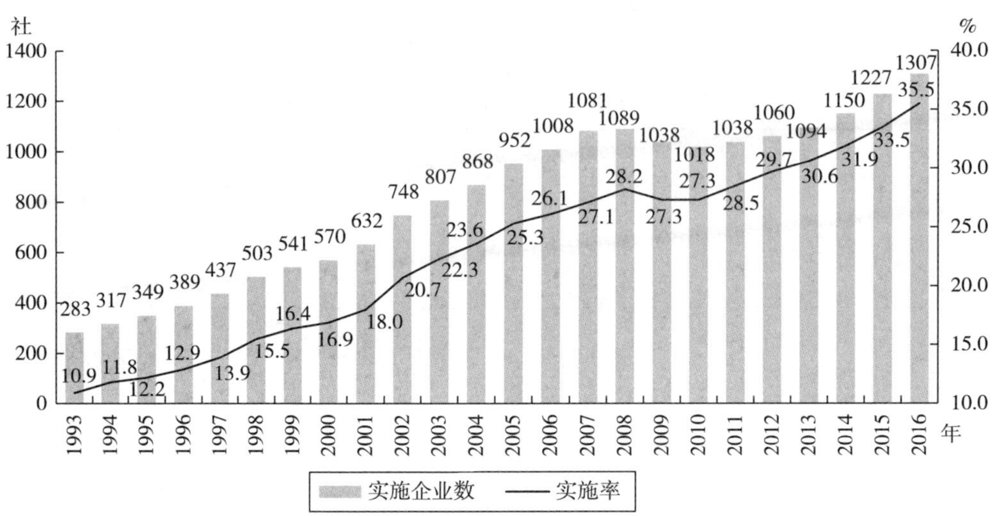

图1　1993—2016年东京证券交易所中实施股东优待的上市公司数量与比例

（资料来源：大和インベスター・リレーションズ：『株主優待ガイド』，2017年版，第14页）

宫川曾将股东优待定义为“公司对在权利确定日持有一定数量以上股份的股东，实行股息或金钱分红以外的某些特别待遇的制度”。① 其中的“特别”包含两个层面：（1）公司股东享有外部人员，如债权人、普通消费者与产业客户，所没有的身份性优待；（2）公司股东之间因持股情况（数量、时间）的差异而产生的比较性优待。股东出资形成公司资本，股东拥有公司以及股东至上仍然是当前公司立法与实践的主导范式，相较于非股东人员自然具有特别的权利，如分红权、表决权等。但问题是，这些向股东发放利益的行为是否涉及公司分配？其法律性质如何认定？而在第二层含义中，若以持股数量或时间作为领取条件，会否违反一股一权的平等原则？我国理论界对此缺少深入研究，监管部门也以公司自治为由而采取“无需限制”的态度。②

显然，优待虽是公司的内部行为，以私法自治为主导理念。但公司的公共性与涉他性也意味着更多组织法上的拘束。③ 对股东优待的认识，仍应从其本身的特征和性质切入，考察背后的功能价值、市场风险以及与公司法中强制性规范的潜在冲突，进而再决定是否需要规范以及如何具体规范。

---

① 宫川壽夫：「株主優待制度のパズルに関する考察」，载『証券アナリストジャーナル』2013年第10期，第97页。

② 参见证监会于2013年11月14日在官方微博做出的回答，载 https://weibo.com/csrcfabu? is_all = 1&stat_date = 201311&page = 3#1631032752377，最后访问时间：2022年1月20日。

③ 参见蒋大兴：《公司法中的合同空间——从契约法到组织法的逻辑》，载《法学》2017年第4期，第135－148页。

二、 股东优待的实践特征与性质分歧

（一）股东优待的实践特征

1. 形式与行业多样化：优待的形式并不固定，当前出现的有特定实物的赠予、不特定商品的代金券赠予、服务费用减免以及某种特殊权利的赋予等。而优待的采用也无行业限制，据学者统计，日本划分的33个行业均有采用优待的公司，其中食品、水产与农林业、零售业高达80%的上市公司选择实施股东优待，而交通业也有60%以上的实施率。①

2. 主要针对个人投资者：增加个人股东数量是日本上市公司实施优待的最主要目的。② 高优待比例的行业都与个人股东的生活消费紧密相关，个人能够直接享用公司的商品或者服务。不论公司是否主观上明确限制获得优待的股东类型，但是诸如乘车券、游乐园门票等，对机构或身处境外的投资者而言并无使用价值，其实际上难以从中获利。

3. 与股份持有时长关联：为了形成个人投资者长期持有的激励，公司会将优待资格与股份持有时长关联，持有日达到一定要求才可以享受优待，且时间越长，享受的优待力度也越大。但各国公司法中均未有依据股份的持有时间作出分类限制的情况，只要出资均为股东，彼此平等。因此，这种与持有时长关联的差别性对待可能形成了股东歧视。

4. 非连续性比例实施：优待内容与持有股份数关系的类型可归纳为四种：（1）不论持股数量，均享受相同优待内容；（2）根据数量分档次增加，但不成比例；（3）达到基本持股数要求后开始按比例或档次增加；（4）当超过特定持股数后，在原有优待基础上额外享受豪华优待。③ 在内容上不会出现逆向的递减情况，但优待中的档次或者比例并非公司分红时的连续性比例，严格来说属于离散型或者分段型，进而可能与公司法中的比例分红原则相悖。

5. 由董事会作出决议：优待的实施往往由董事会直接决定，而不交由股东大会进行审议。其中部分是公司章程对董事会进行了授权，而部分并未予以明确规定。在无章程授权的情况下，董事会是否有权直接决定优待行为，需要根据优待的内容、性质以及公司分权结构的中心进行判断。在董事会中心下，董事会相较拥有更广泛的决策权力，“董事会的权力是完整和最高的”。④ 但在股东会中心下，董事会的权力较小，当具体的优待行为被认定为一种经营性战略决策时，方有董事会决定的空间；若被认定为分红行为，则需要股东大会决议。

---

① 参见楠美将彦、齊藤直，「業種と優待内容から見た株主優待制度の株主構成への影響」，载『高千穂論叢』2020年第3号，第285页。

② 参见安武妙子、永田京子、松田優斗：「日本企業における株主優待導入の目的：上場基準との関係」，载『経営財務研究』2018年第12期，第81页。

③ 参见「もらって楽しむ草食優待」，载『日経マネー』通卷410号附录（2016），第8页。

④ 参见邓峰：《董事会制度的起源、演进与中国的学习》，载《中国社会科学》2011年第1期，第165页。

（二）股东优待性质的认定分歧

关于股东优待的性质，理论上并未达成共识，而根据关注的重心、优待的内容不同，产生出不同的观点。

1. 实物分红说：该说认为优待本质上是公司分红行为，立足于对债权人的保护。日本《公司法》第454条允许公司除了现金分红外，还可以进行实物分红，但不论是金钱还是实物，都需要受到相同的盈余前提限制。因此，日本学者表示，股东优待有被认为是分红行为的嫌疑。① 我国也有学者认为这是一种歧视性股利行为。② 但是在日本实践中，实物分红可以享有现金请求权（日本《公司法》第446、454条），而且需要纳入盈余金的计算当中；而优待并不享有要求换取现金交付的权利，且按照费用进行会计处理。

2. 公司赠予说：该说法认为优待是一种公司对股东的赠予行为。宫川寿夫的赠予假说理论认为，与现金分红不同，股东优待具有类似礼物的效果，从而使投资者认为他们从优待中获得了比实际货币价值更多的收益。③ 我国证监会也采赠予观点，认为优待对象不包括全体股东，也不是严格按照持股比例进行，不符合分红的基本特征，所以优待应理解为公司对股东的赠予。④ 该说有将股东与公司在优待交易中视为独立主体的理论倾向，而忽视了股东身份与债权人身份之于公司的不同。这种身份差异决定了公司对股东的赠予需要谨慎对待，因为这往往伴随着关联交易下抽逃出资的风险。

3. 招待行为说：该说以维持个人股东的目的为切入点，认为优待实际上是一种发展良好投资者关系的行为，而优待的成本应当视为一种招待费用。在日本安乐亭案件中，⑤ 公司为持有100股以上的股东发放了旗下烤肉连锁店的代金券与折扣券，同时在会计处理中将相应的优待消费金额作为销售费用，因发放优待券产生的运费作为招待费用。而税务处理机关认为应将发生的全部费用都记为招待费用，从而全部适用招待费相关的课税规定。最终国家税务法庭从三个要件进行分析：（1）形式要件上，烤肉消费具有娱乐服务的性质；（2）对象要件上，股东作为出资人与公司业务相关；（3）目的要件上，优待是为了维护股东关系以及稳定股价，本质上是为了管理层业务的顺利开展，故将优待成本认定为招待费用是恰当的。对于游乐园免费门票等看似没有实际财产流出的优待形式，有裁决认为其支出同样相当于招待费，数额是游乐园入场

---

① 関俊彦：「株主平等の原則」，载『会社法判例百選』，有斐閣2006年版，第29页。

② 参见胡明霞：《上市公司歧视性类股利行为：成因及治理》，载《西南政法大学学报》2015年第6期，第13-20页。

③ 参见宫川壽夫：「株主優待制度のパズルに関する考察」，载『証券アナリストジャーナル』2013年第10期，第96-106页。

④ 参见证监会于2013年11月14日在官方微博做出的回答。https：//weibo.com/csrcfabu？is_all = 1&stat_date = 201311&page = 3#1631032752377。

⑤ 参见関東信越国税不服審判所平成二十三年1月24日裁决，及関東信越国税不服審判所平成二十五年10月1日裁决。

券上运营费用的金额，包括人工费和特许权费用。①

4. 销售宣传说：该说法同样认可股东优待是一种发展投资者关系的行为，但不局限于稳定现有的股东，向顾客和社会宣传经营理念和产品也是其重要目标之一，通过优待吸引不是股东的不特定消费者成为股东。日本公司在进行财务处理时多选择该观点，我国也是如此。招待费与广告费等销售费用的区别在于对象是否特定，如果将优待视作一种公司投资者关系发展的战略行为与产品宣传行为的话，那么除了特定股东外，还有潜在的不特定的消费者，故不应将优待所产生的费用作为招待费的课税对象。② 但公司实施优待的目的是复合的，且难以认定，以主观目的作为标准来扩大理解优待对象的范围，即将不特定的非股东人员纳入，与事实并不相符。而且当今诸如发放购物券、代金券或非公司产品等优待形式，也难说是为了推广而为。

对优待性质的分歧有助于从多维度理解其内涵，也暗示了需要在具体案例中综合考虑优待的宗旨、目的、内容、方法、效果等，从而决定采取何种规制策略。其中部分与公司法及公司章程高度契合，而无须作出法律上的调整；但诸如非连续比例、个别优待以及关联时长的特点可能已突破了公司法中关于股东平等与公司分红的强制性规范，从而需要讨论是否存在能够让监管进行容忍与例外的功能价值，是否需要转向专门的规制以达到特定优待的合法化形塑？

三、 股东优待的功能考察——来自日本的经验

如果说股东优待已经突破了公司法中的基本原则，那么为何日本并未采取一律禁止的行动，反而开展优待的上市公司数量与比例均不断增长？通过日本的实践经验可见，优待在公司经营和证券市场方面具备特别的功能，这些功能一定程度上成为优待突破强制性规则的辩护理由。

（一）与公司经营有关的功能

1. 替代股东分红：公司法对分红条件作出了严格的规定。当公司没有可分配的利润或者现金流紧张时，以非现金方式对股东进行优待，成为一种回报投资者的替代手段。③ 由于优待数额一般规模较小，或者并不产生实际的成本，因此对于没有分红能力的公司而言优待是一种稳定小股东的手段。

2. 推广品牌或产品：优待的内容一般是公司生产的产品，或者是在其他公司的产品上加印

---

① 参见東京地裁平成二十一年7月31日判決，载『判例時報』2010年第2066号，第16页。但该观点不同程度上招来了学者的批评，如这种解释会扩大招待费的认定范围，与遏制其公司娱乐性消费滥用和促进资本积累的立法宗旨相悖。参见菅原計：「租税特別措置法61条の4の解釈及び適用上の問題点」，载『経営論集』第77号（2011），第71－72页；又见安井栄二：「交際費等課税規定における「支出」の概念の検討」，载『大阪経大論集』63卷第5号（2013），第94页。如果游乐园需要按照招待费征税，那么电影院、铁路等优待券也应当做相同处理，否则将导致税收执法的不公平。参见大淵博義：「遊園地の優待入場券による無料入場者に対する交際費支出額認定の合理性の有無」，载『税務事例』第43卷第1号（2011），第2－7页。

② 参见渡辺充：「株主優待券の使用と交際費」，载『旬刊速報税理』，2015年5月1日，第32－35页。

③ 参见野瀬義明：「株主優待制度の実施動機」，载『桃山学院大学経済経営論集』2014年第3期，第161页。

自身的商号与标志，从而达到类似于免费试用的促销、推广效果。只是说在优待中，促销与推广的对象并非不特定的一般消费者，而是特定的股东群体，从而将股东顾客化。[①] 甚至上市公司发布优待公告本身，就是一次品牌的营销策划。[②]

3. 实现节税效果：会计处理上往往将优待的商品或服务成本计入招待费、宣传费或销售管理费等扣减项，[③] 这实际上降低了利润的征税额。故与税后分红相比，相同价值的优待能够降低税负，提升股东的所有者权益。

4. 提高回报成本的效用：在将本公司产品或服务作为优待内容的情况下，公司的支出实际上是以成本价格计算，而股东所接受的是市场的价值。尤其在运输与游乐园产业中，成本主要是固定费用，而优待所产生的边际增长微乎其微。故以自身产品或服务实施的优待，给予了股东超过企业真实成本的效用（满意度）。[④]

（二）与证券市场有关的功能

1. 影响股价变动：日本学者的研究表明引入优待对股价具有正向的公告效应，[⑤] 尤其是在确权的前一日，公司股票需求剧增，并因此出现较高的逆市走向；[⑥] 而取消优待制度则会出现负面波动。[⑦] 这些结果表明，投资者认识到优待的价值，并且该价值反映在股票价格中。

2. 增加个人股东数量：实施股东优待最主要的目的是增加公司的个人股东，这得到了研究的验证。[⑧] 但同时有学者发现，优待带来的股东增加效应仅限于引入时，而不具有持续效果。[⑨] 因此，优待对股东长期持有的影响可能并不明显，尽管如今许多企业都会在优待制度中设置最

---

① See Karpoff, Jonathan M., Robert Schonlau & Katsushi Suzuki, *Shareholder Perks and Firm Value*, 34 The Review of Financial Studies 5676, 5683 (2021).

② 参见黄庆平：《南方食品发放“财产股利”实为营销策略》，载《财会月刊》2013 年第 16 期，第 72 - 73 页。

③ 参见宫川壽夫：「株主優待制度のパズルに関する考察」，载『証券アナリストジャーナル』2013 年第 10 期，第 96 - 106 页。

④ 参见野瀬義明：「株主優待制度の実施動機」，载『桃山学院大学経済経営論集』2014 年第 3 期，第 165 页。

⑤ 参见砂川伸幸、鈴木健嗣：「株主優待導入の短期的影響——株式流動性とアナウンスメント効果の検証」，载『証券アナリストジャーナル』2008 年第 7 期，第 107 - 121 页。

⑥ 参见関戸秀樹、枇々木規雄：「株式制度信用取引における逆日歩予測に関する研究」，载『証券アナリストジャーナル』2011 年第 7 期，第 71 - 83 页。

⑦ 野瀬義明、宮川壽夫、伊藤彰敏：「株主優待が株価にもたらす独自効果」，载『証券アナリストジャーナル』2017 年第 10 期，第 82 - 93 页。

⑧ 参见安武妙子、永田京子、松田優斗：「日本企業における株主優待導入の目的：上場基準との関係」，载『経営財務研究』2018 年第 12 期，第 83 页。鈴木健嗣，砂川伸幸：「株主優待導入の短期的影響—株式流動性とアナウンスメント効果の検証」，载『証券アナリストジャーナル』2008 年第 7 号，第 107 - 121 页。

⑨ 参见松本勇樹：「株主優待制度は個人株主増加対策として有効か?」，载『武蔵大学総合研究所紀要』2006 年第 16 号，第 189 - 206 页。

低持有期或者依据持有期的长短来递增优待力度，但因为优待的价值一般都较小，因此公司业绩依然是用脚投票的首要参考因素。

3. 提升股票流动性：个人股东数量的增加会使该公司股票的交易量上升，从而提升其股票的流动性。在公告实施优待以及优待前后，股票的流动性均有显著提升。① 流动性增加，股票的交易成本会降低，相应的估值就会上升，② 因此优待也是管理层的一种市值管理策略。

4. 抵御敌意收购：在市场中，成为敌意收购目标的公司，其稳定股东的持股比例往往较低，因此具有增加与稳定个人股东效果的优待制度被公认为是防范公司收购的措施之一。③ 虽然有研究发现，被收购风险越高的公司越倾向于实施股东优待，且实施股东优待的公司与其他公司相比，股价波动也较小。④ 但也有研究指出，目前尚未有证据表明优待有助于巩固管理层的地位。⑤

四、 股东优待实施的公司法拘束

（一）合理性：股东平等原则的适用边界

1. 股东优待与股东平等关系的观念嬗变。股东平等是公司法的基本原则。日本《公司法》第 109 条直接规定："股份公司必须根据股东所持有股份的内容和数量，平等对待股东。"而我国《公司法》则表述为同股同权同利，第一百二十六条规定"股份的发行，实行公平、公正的原则，同种类的每一股份应当具有同等权利。"然而优待的非连续性比例及关联持有期特征突破了这一原则，比如持有 100 股与 1000 股的股东所获得优待品的价值差异并非 10 倍；或者相同持股数下，持有期越长，优待越多。因此，日本法学界就此展开过丰富的讨论。既有观点如下：（1）违反无效说（田中，1955）：除了法定例外情况，应该严格适用股东平等原则，对持有一定数量以上股份的股东提供的优待应当认为无效。⑥（2）轻微性合法说（落合诚一，1983）：只要

---

① 参见砂川伸幸、鈴木健嗣：「株主優待導入の短期的影響——株式流動性とアナウンスメント効果の検証」，『証券アナリストジャーナル』2008 年第 7 期，第 107 - 121 页。Also see Karpoff、Jonathan M. 、Robert Schonlau & Katsushi Suzuki, *Shareholder Perks and Firm Value*, 34 The Review of Financial Studies 5676（2021）, pp. 5676 - 5722.

② See Amihud. Y and H Mendelson, *Asset Pricing and The Bid - Ask Spread*, 17 Journal of Financial Economics223（1986）.

③ 参见楠美将彦、齊藤直，「業種と優待内容から見た株主優待制度の株主構成への影響」，载『高千穂論叢』2020 年第 3 号，第 289 页。

④ 参见市川悠人、金山由梨奈、計良彩香：「株主優待制度の実施動機：機関投資家から個人株主へ安定株主の変化」，载『生命保険論集』第 191 卷（2015），第 191 页。

⑤ See Karpoff、Jonathan M. 、Robert Schonlau, and Katsushi Suzuki, *Shareholder Perks and Firm Value*, 34 The Review of Financial Studies 5676（2021）, pp. 5676 - 5722.

⑥ 参见田中耕太郎：『改正会社法概論・下巻』，岩波書店 1955 年版，第 305 页。值得注意的是，日本《公司法》第 454 条第 4 款规定，公司以现金之外的方式进行分红时，可以排除持有未满一定数量股份的股东。这同样是一种比例形式上的不平等对待。

程度轻微，不超过合理范围，就没有必要像表决权和分红权那样严格适用平等原则。[①]（3）合理性让步说（大隅、今井，1991）：虽然股东平等原则应当严格适用，但是在稳定股东等更大的合理性之前应当作出让步，股东优待从其目的来看是被认可的。[②]（4）限制适用说（森本，2014；江头，2015）：严格适用股东平等原则的范围限于公司法上个别明文规定，一般的股东优待作为一种合理的事务处理行为，不是平等原则的规制对象。[③] 可见，理论的争议聚焦于优待是否适用平等原则，或言平等原则对优待行为限制的边界何在。

2. 股东平等原则边界的合理性收敛。股东平等原则是法律的公平、平衡等高阶理念在公司法中的投射，以持股比例作为默认标准在分红请求权与表决权中得到认可。比例化的划分是技术性的考量，使股东权利行使与利润支付变得更加容易，从而为股东安心出资提供制度基础。[④]然而严格地按照比例仅能确保形式上的平等，是一种股份的平等，这与更高阶的平衡理念存在抵牾。在资本多数决规则下，大股东对团体意思形成的控制力将会碾压分散的小股东的意志，从而造成实质上的不平等。[⑤] 在形式意义上贯彻股东平等原则，就会因为资本多数决而受到实质意义上的制约。而根据日本《公司法》的立法解释，第 109 条的股东平等原则的含义被分成两个部分：（1）股份公司不着眼于各股东的个性，而是要求根据股份的数量来处理。"根据数量"的意思并不是要求法律对与持有股份数成比例的处理，而是要求着眼于股份的数量进行合理处理。通常，按比例处理被认为是合理的，但在某些情况下，不管持有多少股份，都可以平等对待股东，或者像股东优待制度那样着眼于股份数，分阶段区分对待，只要对这样的处理的合理性得到认可。（2）在股份内容不同的情况下，允许对持有该股份的股东进行不同处理，即在日本《公司法》第 108 条下容许内容不同的种类股份之间进行不同的处理。[⑥]

另外，个别股东的利益实现无法脱离公司的存在与发展，公司的利益或者股东的共同利益成为平等原则让步的理由。以公司存在与发展作为合理性的内涵，从而突破形式上的比例平等，其结果将与提供"放心出资基础"的理解具有逻辑一致性。例如，以反收购为目的对部分股东赋予的新股预约权，日本最高法院与东京地方法院都把股东大会特别决议中表现出来的股东共

---

① 参见落合誠一：「株主平等の原则」，载上柳克郎、鴻常夫、竹内昭夫編：『会社法演習Ⅰ総論・株式会社（設立・株式）』，（有斐閣，1983 年版），第 212－213 页。

② 参见大隅健一郎、今井宏：『会社法論上巻』（第 3 版），（有斐閣，1991 年版），第 338 页。

③ 参见森本滋：『会社法・商行為法・手形法講義』（第 4 版），（成文堂，2014 年版），第 130 页；江頭憲治郎：『株式会社法』（第 6 版），（有斐閣，2015 年版），第 133 页。

④ 参见［日］神田秀树：《公司法的理念》，朱大明译，法律出版社 2013 年版，第 143 页。

⑤ 参见朱慈蕴：《资本多数决与控制股东的诚信义务》，载《法学研究》2004 年第 4 期，第 108－109 页。

⑥ 参见相澤哲、葉玉匡美、郡谷大輔編著：『論点解説新・会社法：千問の道標』，商事法務 2006 年版，第 107 页。

同利益和公司利益作为不违反平等原则的判断中心。[①] 作为营利性法人的公司，防止利益不受损害与追求正当利益是公司目的的一体两面。

可见，股东平等原则的适用在日本立法与司法中呈现出缓和态度，而非严格适用形式上的比例计算。日本《公司法》第109条的“根据数量”是一种立法概括，指原则上要求公司按比例处理股份，但同时存在隐藏含义，即有特殊的合理理由时允许例外，这反映了公司法原则需要以一定程度的灵活解释来满足现实需求。

我国《公司法》第一百六十六条允许以章程形式排除比例标准。通过章程来排除默认的比例本质上是以团体的主观意思来实现适用的缓和。但团体意思正如法人概念一样是立法的拟制，如果需要确认的话，除了根据股东的多数意愿以外，没有其他有效的方法。这将会使问题再次回归到资本多数决所带来的实质不平等上。而对于合理性标准，尽管公司利益或者股东共同利益同样模糊，但对具体行为的经验性观察以及立法控制，有助于将其客观化，从而规避资本多数决所带来的弊端。上市公司的股份回购恰是一个成功的例子，救市护盘的功能使得世界诸多国家放宽回购事由，并配以证券交易与偿债测试等规则来控制回购实施的负面风险，我国也于2018年在《公司法》中加入了“维护公司与股东利益”的回购事由。

因此，关于平等原则对股东优待的约束边界，将收敛于合理性的分析之上。但如果过于轻率地承认公司行为的合理性是突破的理由，有可能导致平等原则的虚置，故需要附加其他条件的限制，以确保对基本原则最小化的冲击。针对股东优待的限制，后文将从公司法的规范进路作出具体论述。

（二）权益性：无盈不分规则的适用关键

公司法要求对股东实施分红必须以具备利润或盈余金为前提，[②] 那么股东优待是否需要遵循这一规则？如果遵循，是作为独立的法律行为参照遵循？还是说本质上为公司分红，从而当然遵循？问题落在了优待与分红之间的对应关系之上。

1. 日本法院的“无盈不优待”立场。在平成二年（1990），土佐电气铁路公司在没有可分配利润的前提下，未召开股东大会便向在册股东发放了乘车优惠券，3名董事因此遭到派生诉讼。判决中，高知地法院认为没有可分配利润而赠予乘车券是应当禁止的，但不能因此认定董事

---

① 参见村田敏一：「会社法における株主平等原則（109条1項）の意義と解釈」，载『立命館法學』2007年第6期，第440页。

② 日本《公司法》第453条规定了盈余金是分配前提；第461条规定，盈余金是利润额与期间处分公司股份时候的对价总额，减去公司股份的账面价值、年末处分公司股份时候的对价、期间损失额以及法务省令规定的其他会计科目金额之和。而我国《公司法》第一百六十六条规定，利润应当在完成纳税、弥补亏损以及缴纳法定公积金后方能实施分红。

违反了善管与注意义务。[①] 法院并未明确股东优待是否属于分红，仅是以无盈不分的规则（明治二十七年（1894）《日本商法典》第283条及第290条）认定了乘车券发放的违法性。但同时，其又认为董事并不因此承担违反善管与注意义务的责任（明治二十七年（1894）《日本商法典》第266条第1款）。而从日本当前《公司法》来看，第465条同样明确了在无盈余金而进行分红的董事需要承担过错的懈怠责任。因此这种不完全的适用，似乎意味着优待仅需参考分红制度中的无盈不分规则，而非完全等同于实物分红。如上文所述，优待被公司视为一种代替分红的手段，但也带来了两个问题：一方面，没有分红能力的公司进行实物性的优待往往会增加经营成本，从而可能导致财务状况进一步恶化；另一方面，如果允许公司在没有利润或盈余金的前提下进行优待，尤其是代金券、购物卡等具有较高购买力与流通性的优待，与现金性质极为相近，将可能造成无盈不分规则的形骸化问题。因此，法院这种参考适用的立场具有一定的现实意义，尽管并未将优待与分红的暧昧关系清晰界定。

2. 目的性的主观标准与财产流出的客观标准。日本公司法学者对优待与分红的关系，提出了目的性的主观标准与财产流出的客观标准。落合诚一认为，若优待是为了引入个人股东或作为公司宣传的一环，而非以填补由于无利润分配而导致的股东投资损失为目的，则不视为实物分红。[②] 弥永真生则表示，以是否导致公司财产真正的流出作为优待是否属于实物分红的标准，类似机票、乘车券等类型的优待只会提高上座率，因此不属于实物分红。[③] 然而优待的目的往往是复合的，公司产品推广、吸引个人股东、稳定股价及答谢股东等，都有可能同时存在。[④] 且监管在目的的认定上始终无法对真实的主观意图进行再现，最终都依赖观察者的经验和主观意识，这难免会受到先入为主等因素影响而产生偏差甚至误判。客观的财产流出标准较易操作，如果以实物优待，不论是用现金购买产品还是以库存商品进行赠送，都会造成公司财产的转移，从而认定为分红行为。而那些客运票、游乐园门票只会增加公司的机会成本与其他消费者的竞争成本，或者以成本价格向股东出售，都不会伴随财产的减少，所以不属于分红，也无须遵守无盈不分的规则。但实际上在后一种情况下，一方面，当优待导致使用率提升时，将会提升设备的损坏与维修概率，在会计处理中表现为固定资产的加速折损；另一方面，机会成本意味着期待收益的减少，尤其当市场需求超过服务容量上限时，股东的优待将占用很大一部分服务资源，进而影响公司的经营业绩。从债权人保护的角度来看，固定资产与经营业绩对受偿能力的保障均有重要

---

① 参见高知地判平成二年3月28日（金融・商事判例849号35页）。

② 参见落合誠一：「株主平等の原則」，载上柳克郎、鴻常夫、竹内昭夫編：『会社法演習Ⅰ総論・株式会社（設立・株式）』，（有斐閣，1983年版），第213页。

③ 参见弥永真生：『会社法の実践トピックス』，日本評論社2009年版，第35－36页。

④ 参见安武妙子、永田京子、松田優斗：「日本企業における株主優待導入の目的：上場基準との関係」，载『経営財務研究』2018年第12期，第81页。

地位。但因为在现实中考虑到并非全部股东都会选择兑现门票，尤其是大额持股的机构投资者无法享受，所以优待对这两点的影响往往微乎其微，从而不被会计处理所反映。

3. 会计选择与法律形式的冲突和统一。从实务中的会计归属上看，优待往往并不列入分红，而是作为销售费用或者招待费用。尽管日本的企业会计准则未对此有专门规定，但日本注册会计师协会的制度委员会研究资料显示，“股东优待并不进行公司法第454条等规定的分红程序，而且一般情况下其内容与持有的股份数完全不成比例，因此与分红不同，而是作为费用来处理”①。该逻辑与我国证监会早前的认定思路类似，即以形式上的不符合来否定行为的分红性质。② 但仅凭借形式差异来认定二者的不同，一方面，会导致违法行为合法化的解释危机，所有未经分红程序与比例分红的行为都可以类推为其他费用；另一方面，企业会计的处理向来以实质重于形式为基本原则，以法律程序的存在与否作为会计科目的决定因素并不合适。③ 不论是法律还是会计，对于行为性质都需要综合考虑形式（客观）与目的（主观）。分红的目的较为直接，即向股东投资提供财产性的回报，于股东而言，往往是多多益善；而优待则较为复合，公司产品宣传与吸引个人股东是主要目的，也是市场所认可的正当理由。因此，日本实践中优待总额一般都较小，以在客观表现上尽力排除具有分派财产的主观倾向。正是优待与分红目的上并不相同——尽管主观探索难以准确，在行为形式上也存在差异，从而理论上将满足主客观差异条件下的优待与分红区分。

但这种区分将无法解释法院对无盈不分规则的适用；一律认定为分红又无法反映优待在目的与形式上的差异。本文认为基于优待而提供财产、服务的行为，可以通过“权益性交易”这一概念来达到会计属性与法律规范的统一，从而将公司法中的无盈不分规则扩张适用于非分红的优待之上。

权益性交易往往也称资本性交易。④《国际会计准则第27号》规定，权益性交易是指会计主体与其所有者以所有者身份进行的交易；而《美国财务会计公告第5号》中也规定，权益性交易是指与所有者进行的影响主体权益的交易。具体到优待行为，其是基于股东身份而实施，因此具有权益上的相关性，而非一般消费行为，交易条件也非市场公允。而且在交易行为（单方

① 参见日本公認会計士協会会計制度委員会研究資料第3号『我が国の引当金に関する研究資料』「ケース25：株主優待引当金」，2013年6月24日，第29页。

② 我国同样有会计学者根据相同逻辑认为优待不是分红，参见吴益兵：《实物发放≠实物股利》，载《中国社会科学报》2013年8月28日第A07版。

③ 参见池田幸典：『持分の会計』，中央経済社2015年版，第254页。

④ 该概念于1940年首次提出，并被描述为“企业与投资者或资本供给者之间的交易”。参见［美］W. A. 佩顿、A. C. 利特尔顿：《公司会计准则导论》，中国财政经济出版社2004年版，第124页。权益性交易与损益性交易相对，后者是指公司在业务经营中发生的导致利润表变动的交易，并通过未分配利润或亏损的方式间接影响权益，交易对象往往是所有者之外的无关联第三人。

向）、客体（非货币财产）与结果（净资产变动）要件上也基本符合权益性交易的特征，除了：（1）大股东自费的优待属于个人之间的赠予，公司实际并未进入交易；① （2）交易需要真实地发生，如果优待仅是向股东提供优惠的权利（为自己设定债务），但股东不行使，则不构成交易；反之，即便是以成本价向股东出售商品，也应视为权益性交易。可以看到权益性交易往往包含了公司财产向股东流出，一方面，这并不代表该交易必定属于分红行为，例如减资与反向收购中的差额调整，即权益性交易的内涵更为广阔；另一方面，权益性交易于公司而言有正向与负向之分，从而传导至股东权益的增量/减量变动。权益性交易不以有无法律规定的程序为前提，而是通过主体与交易的实质后果作出判断，在资产等于负债加所有者权益的公式下，权益交易必然会影响到资产，而公司资产恰是债权人得以受偿的基础。

综上所述，对于优待与分红之间的关系，日本实务中并未确认二者相同，主要原因是优待形式与目的的多元化使其无法被某种特定的法律属性全部囊括与表述，也因此引发出公司法学者的目的性主观标准与财产流出的客观标准，从而试图将公司分红中的无盈不分规则适用其上，以维持资本不变和保护债权人。在这一点上，日本法院持相似立场，但更为严格，因为即使是乘车券这类无实际财产立即流出的优待，在无盈余的情况下也不得实施。尽管股东优待在目的与形式上的差异使得其与分红有所区别，但从资本维持和保护债权人的角度来看——无盈不分规则的立法目的，只要发生了负的权益性交易，那么无盈余时公司都不得实施优待。

五、 股东优待的三维规范进路

（一）股东优待的规范取向与介入空间

股东优待作为上市公司自发的制度性实践，在日本已被观察到对公司的品牌推广、股票管理及个人股东的投资关系维护具有复合价值，因此严格禁止没有必要。但优待规则往往以突破默认的比例平等来呈现，且会对公司的资产造成实质影响，若不进行准确的指导与规范，任其野蛮生长，不仅会对现有法律中的强制性规则造成冲击，如在短期内通过高额优待来恶意抬高股价，或者以优待名义规避分红的法律限制，严重偏离平等原则来对个别大股东给予出资返还；② 同时也会对合理优待的继续实施产生驱逐效应。所谓驱逐效应，是指公司之间为达到吸引个人股东或稳定股价的目的而陷入优待的恶性竞争，在股东逐利性引导下，原本轻微的优待将不再

① 需要注意的是，如果大股东是以股东身份向公司订购产品并发放给其他股东，则购买产品的行为不仅属于关联交易，同时也属于权益性交易。

② 例如日本最高法院于昭和四十五年（1970）11 月 24 日（民集 24 卷 12 号 1963 页）的案例中作出判决，认定针对特定大股东的金员赠予合同违反股东平等原则与利润分配规则而无效。参见酒卷俊雄：「特定の大株主に対する金員の贈与契約が株主平等原則に違反し無効であるとされた事例」，载『民商法雑誌』1974 年第 5 号，第 850－857 页。

得到满足，从而被忽视财务基础的高额优待所替代。因此，对于股东优待，既要保持开放的理念，允许公司在形式与种类上进行自主选择，以丰富股东回报的手段；也要保持审慎的态度，不限制也不鼓励，并通过法律、法规与监管指导等方式来划定优待的合法边界，从而规范制度运行，发挥其独特的市场功能。

但开放不意味着放纵，而审慎往往配以必要的底线规范。第一，优待涉及股东权利的行使与公司财产的使用，故应当通过考虑在公司法层面进行制度供给，以完成优待的可识别与可区分，避免以优待名义掩护非法分红与股东歧视行为。第二，上市公司的内部行为往往牵涉到其股价变动，具有极强的外部性，尤其当优待以个人股东作为目标时，更需要为其提供必要的内部信息作为决策参考，否则将可能潜入内幕交易等市场欺诈，因此证券法的介入实有必要。第三，当前我国对于优待的会计处理并未统一，对会计科目的选择有助于反映优待的经济实质及目的，同时也会通过财务报表传导至公司利润与股东收入，从而影响纳税金额与国家征税利益。在开放审慎的取向下，上述三点需求共同构成了规范介入的空间，从而对我国优待行为进行合法化形塑。

（二）公司法进路：轻微性与程序控制

1. 成本的轻微与偏离比例平等的轻微。首先，如果以公司的财产（货币购买外部商品与自有库存商品）或服务实施优待，则需要对财源与预计的成本在会计年度内的总量进行控制。不能特别高额，否则将可能视为实物分红。① 正如东京地方法院在判决中表示："在不影响股东行使权利的正当目的而提供优待的情况下，向各个股东优待的总额在社会一般观念上是可接受的范围，且也不会影响公司的财产基础时……允许实施"。② 量的轻微性要求来自三个方面：（1）在交通券与游乐园票等成本固定的行业，量的轻微才能实现机会成本与设备折损的选择性忽略；（2）对总量上限的控制才能避免公司间在优待上的恶性竞争；（3）有助于区别分红，对优待的主观目的进行客观化，避免公司陷入借名分红之嫌。对于社会一般容许的范围较为抽象，所以在设计量的轻微标准时，一方面，应该参考分红与回购等法定股东回报在本年度的财源总量，确保优待成本与前者的平衡，且比率必须控制在一定数值以下；③ 另一方面，还要参考上一年度结转时可分配利润的规模，优待在其中所占的比率同样需要控制。

其次，如果进行差异化优待，即使不严格按照线性比例进行，偏离该默认规则的程度也要有所控制。例如，同一持股数的股东必须拥有相同优待（横向平等），并且持股数和优待程度不得

---

① 参见山田純子：「株主優待乗車券制度と利益配当」，载『旬刊商事法務』通巻1349号（1994），第36－39页。末永敏和「ケースで学ぶ会社法のエッセンス③」，载『法学教室』通巻172号（1995），第24页。

② 東京地裁平成十九年12月6日判決，载『商事法務』1820号（2007），第32－43页。

③ 参见村田敏一：「会社法における株主平等原則（109条1項）の意義と解釈」，载『立命館法學』2007年第6期，第445页。

发生逆转（宽松的垂直平等）。[①] 如果需要设置基本的持股数要求，则最后享受优待的股东数量占总人数的比例不能低于一定数值。日本高知地方法院在昭和六十二年的一次判决中就指出，如果超过交付的基本要求，实施只对特定股东有利的优待时，同样会涉及利益供给的禁止要求（明治二十七年（1894）《日本商法典》第294条之2第1项）。[②]

2. 股东会中心下的决议程序控制。日本《公司法》第459条仅允许有会计监查人的公司通过章程设置董事会来决定现金分红，第454条规定董事会每年仅有一次机会决议中期分红（非现金除外）。与之相反，由董事会决定优待在日本属于普遍现象，且未受到司法上的否认。这同样成为优待区别于实物分红的要素之一。但如果偏离持股比例，董事会最好的处理方法是直接询问股东的意愿，特别是从轻微性的观点出发有疑虑时，最好通过股东大会来获得批准。[③] 尽管我国现有案例也呈现出董事会决议的趋势，但与日本不同，当前的公司治理结构仍然以股东大会为中心，例如现金分红为股东大会的固有权利，董事会无权实施。但《公司法》第一百四十二条的修改使得这一原则有所松动。其规定，被视为一种分红方式的股份回购，[④] 在基于维护公司与股东利益的情况下，股东大会或者公司章程可以授权董事会决议实施。举重以明轻，优待行为如果满足了合理性与轻微性的前提，一般不认为是分红，故在我国由董事会来决定仍然具有理论上的可行空间。

鉴于多数优待与实物分红具有权益变动的共同点，但其本身又非分红，因此在程序设计上可采取折中办法，参考护盘回购的模式，由股东大会或者公司章程授权董事会决议实施，从而实现股东知情与股东参与的程序正当。公司首先需要就拟引入的优待制度进行说明，并通过公告对制度内容进行公开。即使没有得到股东大会或者章程的授权，通过这样的说明和披露，也可以为对该制度不满的股东提供判断基础，以便他们对选任董事等议案进行反对，或者将股票出售。其次，如果股东大会进行了授权，那么本质上是对权力的下放，将调整公司权力的分配结构，因此建议需要出席股东大会的股东所持表决权三分之二以上通过，并且决议中需要确定年度的优待上限，董事会只能在此范围内对内容、形式、额度自由地决定，避免大股东通过控制董事的方

---

① 参见落合誠一：「株主平等の原則」，载上柳克郎、鴻常夫、竹内昭夫編：『会社法演習Ⅰ総論・株式会社（設立・株式）』，有斐閣1983年版，第207页。

② 参见高知地裁昭和六十二年9月30日判决，载『判例時報』1263号，1988年，第43－45页。

③ 参见村田敏一：「会社法における株主平等原則（109条1項）の意義と解釈」，载『立命館法學』2007年第6期，第445页。

④ 我国证监会、财政部与国资委2018年联合出台的《关于支持上市公司回购股份的意见》第一条明确“上市公司以现金为对价，采用要约方式、集中竞价方式回购股份的，视同上市公司现金分红，纳入现金分红的相关比例计算。”

式来达到高额的利益输送。而章程品格较为稳固,[①] 且涉及外部登记变更，不如股东大会那样灵活，因此建议将完整的优待规则嵌入其中，并对优待上限的标准予以明示，通过章程修改的方式达到股东控制与参与审议的效果，仅赋予董事会择机的自由。

（三）证券法进路：强制信息披露准入

日本市场的经验显示优待对股价、个人股东数量及股票流动性均有一定影响，这构成了优待需要纳入强制性信息披露范围的基础。但当前实践中仍存在着将优待公告视为自愿性披露或者干脆不披露（仅在公众号或官方网站通知）的情况。我国《证券法》第八十条规定，当发生可能对股票交易价格产生较大影响的重大事件时，公司应当立即公告，并说明事件的起因、目前的状态和可能产生的法律后果，其中列举了公司分配股利的计划，可能对公司的资产、负债、权益和经营成果产生重要影响的关联交易，以及证监会规定的其他事项这一兜底条款。

1. 解释方法下的强制披露要求。遵循合理性与轻微性的优待不属于分红行为，故在文义理解上其不能直接适用于分配股利计划的列举规定。但实物优待行为与分红在经济实质上均是一种权益性交易，有财产从公司流向股东的分配属性，因此可以采用类推解释的方式将优待视为一种类分红行为，从而扩张适用《证券法》第八十条之规定。另外，从信息披露制度整体而言，目的是“投资者及时、充分获得投资决策所需的信息，保护投资者合法权益”;[②] 而从具体条文来看，第八十条第一款对于临时报告的概括性规定，是“为了使所有的投资者能够及时、公平地了解上市公司的有关信息，保证公平、公正、公开原则的实现。”[③] 若不对优待要求强制披露，则可能无法通过公开渠道了解优待决议的具体方案、财务影响与优待实施情况，不利于小股东参与优待监督与要求公司平等对待。故从目的性解释出发，优待行为也应当适用于强制披露规则。公司需对优待资金的来源、优待总额、决议程序、实施规则以及对资产、权益的影响进行准确说明。此外，交易所规则中一般还要求披露内容应当使用事实描述性的语言，不得含有宣传、广告、恭维或者夸大等性质的词句。[④] 尽管股东优待具有推广品牌与产品的功能，但该功能的发挥依赖股东享受优待本身，而非依靠优待公告获得，因此在披露时应当注重优待形式、内容等客观的陈述。

2. 关联交易下的强制披露要求。对于优待是否构成关联交易并产生重要影响，也是其纳入现有强制披露规则的可能路径。证监会制定的《上市公司信息披露管理办法》第六十二条规定，

---

① 参见朱慈蕴：《公司章程两分法论——公司章程自治与他治理念的融合》，载《当代法学》2006 年第 9 期，第 9 页。

② 王瑞贺主编：《中华人民共和国证券法释义》，法律出版社 2020 年版，第 142 页。

③ 王瑞贺主编：《中华人民共和国证券法释义》，法律出版社 2020 年版，第 148 页。

④ 中顺洁柔的股东优待公告中由于包含了产品的广告语，而遭到深交所的监管发函。参见深圳证券交易所“中小板监管函〔2018〕第 180 号”。

"上市公司的关联交易，是指上市公司或者其控股子公司与上市公司关联人之间发生的转移资源或者义务的事项。"上交所《关联交易实施指引》对事项作了列举，其中包括赠予或受赠资产以及销售产品、商品，均是优待可能采用的内容。而在关联人的界定上，证监会规定与交易所规则一致，主要包括实际控制人、董监高、持股5%以上的股东等。因此，当优待制度中没有排除实控人、高管及关联股东时，优待行为将构成关联交易。[①] 而当优待内容是与业务相关的商品并来源于子公司或其他关联公司时，也构成关联交易。[②] 至于是否构成重要影响而强制披露，可按照《关联交易实施指引》第十九条提供的标准：交易金额在300万元以上，且占公司最近一期经审计净资产绝对值0.5%以上。计算时应当将本次优待中的所有关联方的金额合并计算，而不是分别判断。

（四）会计进路：科目调整与公益金备置

会计是对企业活动的确认、计量与记录，而征税界定往往需要根据会计结果来实施，从而使"会计与税收有了紧密的联系"。[③] 优待的特殊性要求上市公司在财务处理中应当真实反映财产（现金或实物）来源至最终归属的过程，从而为国家征税的合法性提供准确依据。在现行资本维持规则下，我国的优待实践需要会计处理在科目与准备金上作出控制。

1. 基本交易金额计入权益类科目。根据我国上市公司所披露的处理方法，销售费用[④]与营业外支出是主要选择，二者均归属于损益类科目。日本存在同样情况，因此遭到会计学者的质疑，认为没有不作为权益性交易处理的理由。[⑤] 如上文所述，优待是公司与股东之间的特殊交易行为，而非一般的促销与消费活动，并最终由股东受益。即便按照证监会的思路认定为是一种公司对股东的赠予，也应当按照权益交易进行会计处理，而不允许直接记为费用。一方面，如果计入公司损益，将无法真实反映其权益变动的属性。尤其是在免费赠送实物中，股东没有支付对价而取得商品，企业支出相应成本，如果按照损益处理将违背会计处理中的配比原则与受益原则。且在法律上易形成股东"共谋瓜分"公司的困境，通过非权益记录来绕开无盈不分的限制，隐藏股东收入的征税计量基础。另一方面，优待的商品往往具有市场价值，不论是优待决议日与实施日的时间差，还是市场价值与自产商品的成本价值，都可能出现一定的账面差额。该差额本文认为可以与因实施优待而发生的支出（如运费、因视同销售而缴纳的税费）共同计入损益类中的

---

① 例如量子高科在赠送龟苓膏时刻意不包含持股5%以上的股东，并在公告中说明不构成关联交易。

② 例如，德美化工在赠送猪肉时选用的是其控股子公司的产品，从而构成关联交易。

③ 余杰：《经济实质与法律形式的选择、判断及经济后果——基于会计反映和税收征纳的比较分析》，载《财经科学》2009年第11期，第105页。

④ 这与我国会计准则中关于费用的定义可能有一定关系，《企业会计准则——基本准则》第三十三条规定："费用是指企业在日常经营活动中发生的、会导致所有者权益减少的、与向所有者分配利润无关的经济利益的总流出"。

⑤ 参见池田幸典：『持分の会計』，（中央経済社，2015年版），第254页。

营业外支出或者招待费用，以反映优待的身份特殊性与股东关系维护的主观目的。① 根据权责发生制的原理，优待的数值应当是根据决议生效日的账面价值来确定；且账面价值的差额并非优待意思的范围，故计入损益是合适的。在企业清算过程中，资产差额也有相类似的处理。②

2. 公司设置优待公益金。优待在会计当期内实施的时间并不确定，企业周年庆、年末、年初或新品推售前都有可能发生，因此不同于分红能够在年度股东大会上根据财务报表判断是否有盈余支持。③ 那么如何保证期末结算时不会出现无盈分配的状况，成为会计控制的关键。在日本，优待多数是被公司章程所记载，并形成了每年固定节日实施的惯例。因此日本注册会计师协会提出，如果根据实际支出可以合理估计下一个业务年度以后的优待费用，那么将其计入备用金。④ 这本质是支出的费用化处理，通过备用金的预先计提来控制下一年度优待的额度，体现了会计的稳健原则。但费用认定与权益性交易的本质存在偏离，且备用金的来源没有明确，如果年末结转为损益从而税前抵扣，那么无盈不分的规则依然无法实现事前控制。根据协会见解所提供的预先计提思路，可考虑借鉴我国 1999 年《公司法》的公益金制度。其第一百七十七条规定了税后利润提取 5% ~10% 列入法定公益金，并作为所有者权益中留存利润的组成部分，用于职工集体的福利。但受益人与所有者的产权错位导致了资本配置的效率受到制约，且企业往往只提不用，⑤ 从而在 2005 年《公司法》修订时取消了强制要求。但对于优待而言，福利受益人从职工转为了作为所有人的股东，那么原有的产权错位问题将不复存在，并最终由受益人直接或间接行使决策权。比照该制度，公司若计划在本年度实施股东优待，则需在上一年税后利润中提取与本年度预计实施的额度相匹配的公益金，作为一种备用性资金来使用。当期间发生优待时，公司将支出（成本）计入当月准备金，并在期末与优待公益金进行冲抵。准备金的意义在于通过科目设置来将资金流向明晰化，犹如备注解释，从而为视同销售的征税活动提供识别、验证的报表基础。

---

① 但也有学者认为，优待与分红不同，只需以成本作为计量基础，不确认差额，例见渡邊宏美：「現物配当の論点整理」，载『福岡大学商学論叢』2015 年第 4 期，第 520 页。

② 《企业破产清算有关会计处理规定》（财会〔2016〕23 号）第九条规定：破产清算期间发生资产处置的，破产企业应当终止确认相关被处置资产，并将处置所得金额与被处置资产的账面价值的差额扣除直接相关的处置费用后，计入清算损益。

③ 即便是分红，由于日本《公司法》允许以实物实施，使得决议期与生效期的资产价值差额存在不确定性，所以年度股东大会上的盈余也只是一种“分配可能额”。此外，日本还允许中期分红，这使得以确定盈余构建的规制基础变得松动。

④ 参见日本公認会計士協会会計制度委員会研究資料第 3 号『我が国の引当金に関する研究資料』「ケース 25：株主優待引当金」，2013 年 6 月 24 日，第 29 页。

⑤ 参见郑伟：《论我国企业公益金制度的兴衰与产权改革》，载《当代财经》2009 年第 6 期，第 115 - 117 页。

六、 余论

本文对股东优待进行了日本经验的考察，并从法学视角对其存在的法律拘束与规范进路进行概括性的分析，试图勾勒出优待的共性，建立起有别于传统利润分红的分析框架。显然支持优待得以存在的根本原因在于其功能价值的合理性与违法程度的轻微性，这使得公司法的基本法律原则得以让步，而非所谓的简单赠予行为。但囿于篇幅，诸多深层的细节尚需结合我国市场实践的经验予以厘定。第一，轻微性标准的具体数值、无权享受优待的股东比例的上限以及如何才是社会可接受的范围，这些问题可能采用实证的方法来解答更为妥当，同时也会受到公司资本管控的法规政策取向影响。第二，研究中多次提及优待形式与种类的丰富使得以某种概念框架进行统一分析十分困难。这不仅是商业逻辑复杂所致，同时也反映出现行规则所构建的框架或许正被商事创新突破。但商业逻辑终要回归到法律逻辑，类型化区分规范的方法具有讨论的空间。如根据优待的内容划分为实物型优待与权利型优待；或根据交易行为对报表权益的影响，分为正向权益优待与负向权益优待；或根据优待的方式，分为递进优待与统一优待等，从而进行更为精确的规范选择。第三，何为公司的利益，这一形而上的概念在操作层面需要更加明确的认识，公司实体论提供了规则续造的法理基础，从而将公司利益区别于股东利益以及相关者的利益。

此外，法律与会计在公司实践中的冲突与互动，表面上看只是规则之间的异同，但深层来说是必要对话与协调的缺乏。例如明显有别于分红的优待之规制，需要借助会计上的共同属性——归根结底是财产的流出——来实现大陆法系中无盈不分的扩张适用；又如会计以实质重于形式来说明不需要法律程序的有无以确定性质，那么法律对于实质的逻辑又从何处开始演绎？而在美国，其关于财产流向股东的规制已经放弃了资本与利润二分的思路，而是建立在以资产负债表为基础的偿债测试之上，从而衍生出更为广义的分配概念，[①] 从这个意义上讲，优待也是一种分配行为。实际上“资本维持是一套建立在财务会计制度上的规则体系”，“财务会计作为企业商事活动的语言，在很大程度上介入公司分配规则”。[②] 因此在未来研究中，优待行为必然还需要更多地借助财务规则来予以明晰和控制，从会计处理角度去更好地规范。

---

① 美国修订后的《示范商事司法》第 1.40 条（6）中这样定义，“分配是指货币、其他财产（公司自身股票除外）或者公司就任何自身股票对公司股票或者为股东的利益而生成的债务直接或间接转让。分配的形式可以是宣告或支付股利，购买、回购或者以其他方法取得公司股票、债务分配或者其他形式。”股票股利不被视为分配是因为其是对股份的分割，仅是公司资产负债表左右两侧科目的数额的变动，公司资产既未减损，股东也没有实际获得现实利益。

② 王秋豪:《公司法利润分配规则的逻辑结构与现实约束——基于法律与会计交叉分析的视角》，载《证券市场导报》2021 年第 9 期，第 3 页。

上市公司“蹭热点”争议及其监管

■林 益*

摘要：上市公司“蹭热点”一直是A股市场的一大顽疾，“蹭热点”既可能伴随着市场操纵等交易违规，还对中小股东实际利益、资本市场秩序造成极大损害。然而，目前实务中对于上市公司“蹭热点”的性质认定、监管处置存在一定争议。本文在理清“蹭热点”概念的基础上，分析“蹭热点”规制必要性及当前“蹭热点”监管中存在的争议。最后，从建立投资者决策的信息披露标准、构建审慎披露义务、建立更具激励性的违规线索发现机制等角度提出相应监管建议。

关键词：上市公司 信息披露 蹭热点 监管

一、上市公司“蹭热点”的主要特征

“蹭热点”是对上市公司发布涉及市场热点的信息这一现象的口语化概括。早在2001年，即有文章指出需对“炒作式”披露加强监管①。近年来，从雄安新区概念、区块链概念、工业大麻概念再到2020年的疫情防控概念，蹭热点似乎已成是A股市场一大顽疾。从历史案例来看，“蹭热点”具有如下特征：

第一，发布主体为上市公司及其相关人员。资本市场的信息来源众多，相关的信息发布者包括上市公司、券商、新闻媒体乃至是自媒体。如果仅是分析师、媒体通过分析上市公司前期披露的信息，或者根据自身判断作出的披露，则不属于我们讨论的上市公司“蹭热点”的范畴。上市公司及其相关人员发布涉及市场热点的信息，其中既有上市公司“蹭热点”，例如，ANQ在疫情防控期间发布公告称，结合疫情情况，决定以自筹资金投资建设“年产10000吨广谱消毒剂单过硫酸氢钾复合盐项目”；也有包括上市公司董监高等主体发布市场热点信息，例如，某公司董事长在接受媒体采访称，公司拟将整合相关业务，以政务云和工业互联网为基础，推动业务在科

* 林益，华东政法大学博士研究生。

① 编者絮语：《“炒作式”披露的误区》，载《证券市场导报》2001年第6期。

创板上市。在该媒体报道发布后，公司股价连续四日涨停。

第二，发布途径多样。从信息发布渠道上看，方式较为多样，常见的有三种方式。一是信息披露方式①，即通过法定信息披露渠道发布公告。例如，2020 年 2 月 6 日，某公司披露《关于收到加快口罩等疫控防护品生产紧急通知的公告》称，接地方政府通知，要求尽快组织资源完成生产线改造，促进口罩生产线保质保量尽快生产。二是回复投资者提问，即通过投资者互动平台发布信息。为引导和促进上市公司及投资者等各市场参与主体之间的信息沟通，沪深交易所搭建了网络交流平台“e 互动”“互动易”。题材炒作期间，投资者对公司是否涉及市场热点的提问明显增多，而通过交流平台回复投资者相关问题，成为公司发布相关信息的重要渠道。三是媒体采访、公司官网、公众号等媒体形式对外发布。例如，2020 年 2 月 8 日，某在其官方微信公众号发布通稿称“公司顺利完成 N95 口罩和平面口罩全自动生产设备的开发，正组织设备生产”。

第三，发布内容为市场热点。市场热点并非专业术语，很难有准确界定。市场热点与“题材”“概念”“炒作热点”类似。有研究指出，市场炒作热点升温快、易传染。对于已经出现领涨个股的概念板块，市场关注度会在极短时间内快速上升，券商的研报数量明显增加，主流媒体、股吧等宣传载体将股票价格上涨作为题材股板块报道，噱头概念突出，投资者之间出现不切实际的追涨言论，对股价上涨形成推波助澜的作用。② 在此期间，上市公司发布与市场热点相关的信息，如战略合作、产品发布、对外投资等，可能进一步刺激二级市场投机炒作。例如，新冠肺炎疫情暴发期间的医疗防护物资概念、疫苗概念，猪瘟流行期间的猪瘟疫苗概念，雄安新区政策出台后的雄安概念；等等。

此外，从发布信息的实质来看，绝大多数事项在财务指标上看未达到强制性信息披露的标准，而且多数事项属于公司的日常业务、特定客户，对公司发展的影响普遍较小。例如，2017 年 4 月，在雄安新区政策发布不久，某公司在互动平台称，公司计划专门设立嘉寓雄安新区区域总部，并拟将旗下智能制造企业“北京奥普科星技术有限公司”的生产研发中心落户到雄安新区。消息发布后，公司股价连续两日涨停。而实际上，该子公司资产规模、收入规模占上市公司的比重极小，且于 2020 年被剥离出上市公司，雄安区域总部及其业务发展情况在公司后续公告中也未再具体提及。

---

① 《证券法》第七十条规定，依法必须披露的信息，应当在国务院证券监督管理机构指定的媒体发布，同时将其置备于公司住所、证券交易所，供社会公众查阅。根据沪深交易所的上市规则，披露指上市公司或者相关信息披露义务人按法律、行政法规、部门规章、规范性文件、本规则和本所其他有关规定在指定媒体上公告信息。实践中，上市公司通过交易所信息披露系统提交信息披露文件，并刊登在中国证券报、上海证券报、证券时报等指定媒体，进而完成信息披露。新《证券法》发布后，根据规定，依法披露的信息，应当在证券交易场所的网站和符合国务院证券监督管理机构规定条件的媒体发布。目前，证监会尚未就相关条件作出进一步规定。

② 卢文道、陈亦聪：《题材股投机炒作的成因与监管逻辑》，载《证券法苑》2017 年第 22 卷。

第四，发布时间较为集中。由于市场热点往往具有升温快、阶段性的特点，因此，上市公司发布涉及市场热点的信息也较为集中。市场热点期间，事件相关的信息披露、媒体采访、“e互动”提问等随着事件爆发迅速增加，而当公共事件热度退去，相应的信息发布明显减少。以涉及雄安新区的临时公告为例，2017年全年涉及雄安新区的临时公告约有437份，其中4月、5月即有232份公告，而到了11月、12月仅有45份公告。

第五，具有较为明显的股价效应。从以往概念股炒作情况来看，上市公司发布涉及市场热点的信息和股价波动存在一定的正相关性，会导致公司股价短期内暴涨，并在一段时间后迅速下跌，呈现过山车走势，具有短期性和炒作特征。以梳理的雄安新区、科创板、新冠肺炎疫情、猪瘟疫情等46家公司案例，相关信息发布后近9成公司股价上涨，超6成公司股价出现涨停或多日涨停。例如，2020年2月12日，BRYY在发布与抗疫药物研发相关的公告后，股价连续两日涨停，股价由43.43元/股涨至68.9元/股。

二、“蹭热点”的规制必要性分析

“蹭热点”既涉及上市公司信息发布，又涉及二级市场交易，相对于纯交易驱动的题材炒作，上市公司“蹭热点”的危害性可能更大，对于市场信心的打击、投资者的伤害更为显著。

（一）上市公司“蹭热点”实质上损害中小投资者利益

上市公司“蹭热点”对中小投资者利益的损害，体现在三个方面。一是造成中小投资者普遍的投资损失。在题材股炒作过程中，急涨急跌是绝大多数题材股走势的基本轨迹，散户受损普遍。散户投资者往往在股价被少数大户主体快速拉升至高点后进入，群体性“追涨”特征明显。而此时少数大户主体趁机退出，前期吸入的筹码悉数转换至散户投资者手中，股价随之下跌，散户投资者普遍受损。以“雄安题材股”过度投机炒作为例，据统计，70%追涨的散户投资者亏损。[1] 而上市公司“蹭热点”可能引起或助推股价炒作，吸引部分散户参与炒作，导致、乃至加重投资者的损失。

二是在投资者信息获取公平性方面存在不足。即使中小股东“愿赌服输”，但上市公司“蹭热点”在信息发布的公平性方面存在不足。根据规定，上市公司发布公告，均在非交易时间通过交易所信息系统发布，并在媒体上刊登。通过事前明确信息披露媒体，进而保证投资者公平获取信息的预期。由于“蹭热点”信息属于上市公司的自主行为，现有规则对上市公司在发布相关信息的时点、媒介、方式上无明确要求，上市公司“蹭热点”的时间选择、发布渠道的随机性，影响投资者获取信息的合理预期，进而损害证券市场的交易公平性。实践中，上市公司时而在开盘前、盘中发布相关信息，发布方式可能是公司官网、微博、公众号等，直接导致部分投资

---

① 卢文道、陈亦聪：《题材股投机炒作的成因与监管逻辑》，载《证券法苑》2017年第4卷。

者的信息优势。例如，2018 年 5 月 10 日上午 10 时，YLCM 在上证“e 互动”上回复投资者提问时称，公司已与今日头条、抖音、微信朋友圈等热点短视频媒体达成重点合作关系。盘中，公司股价即涨停。而一般绝大多数中小投资者往往无法及时关注到该信息，即使愿赌服输，也晚人一步。

三是可能对投资者形成一定误导。从现有监管案例来看，由于“蹭热点”信息的发布途径多样，上市公司通过“e 互动”、官网、自媒体等渠道发布信息的，其内容往往参差不齐、详略随意，往往不符合准确、完整或不误导投资者的信息披露要求。例如，JQKJ 在 2018 年 12 月 13 日回复“e 互动”提问时称，关于室内 5G 基站，公司已获得客户的充分认可，并开始大批量发货。公司股票于当日涨停。而根据公司 12 月 14 日披露的澄清公告，公司基站产品并未应用于 5G，供货非应用于 5G。披露澄清公告当日，公司股价下跌 2.3%。

（二）上市公司“蹭热点”可能伴生交易违规

从经济理性角度分析，可能部分公司存在因疏忽大意而发生过失，但也有部分公司可能更多是由于利益驱动的主动作为。“蹭热点”是拉抬股价的最好的方式，既不像上市公司增持、回购需要耗费巨额的资金，也无须上市公司推出实实在在的利好措施刺激股价，而只须上市公司动动“金口”就能达到目的。通过“蹭热点”的方式拉抬股价，具有成本低、操作简单、效果明显等方面的“优点”，因而也成为上市公司的最爱。[①] 我们关注到，部分热衷于“蹭热点”的上市公司，存在着股东质押比例高、存在股份解禁、大股东减持等潜在股价诉求。例如，前文提及的 JYGF 案例，在发布涉及雄安新区概念的相关信息后，公司股价连续两日封板涨停，触及异动并停牌核查。而公司在互动平台回复前，其控股股东质押率达 98.25%，在股价大幅上涨之后，控股股东则解除质押并重新质押以进一步融资，可见其面临较大的平仓压力和资金压力。控股股东的前后资本运作与公司相关信息发布的密切程度，难免引起关于上市公司配合控股股东拉抬股价的猜测。

由于“蹭热点”具有明显的股价效应，其更可能伴随着市场操纵、内幕交易等违规行为。例如 2016 年的徐翔案件，徐翔等人控制上市公司所发布的“高送转”方案、释放公司业绩、引入热点题材等利好信息，控制信息的发布节奏、选择性披露，或追随市场热点“迎合性”披露，引导社会公众的判断，并辅之以二级市场的配合，以达到操作市场的目的。[②] 而且，通过非信息披露渠道，发布一些似是而非、模糊的热点概念，进而拉抬股价获利，是否构成市场操纵、内幕交易，在规范上也存在空白。

---

① 曹中铭：《上市公司蹭热点岂能一“歉”了之》，载《金融投资报》2020 年 3 月 21 日。

② 陈晨：《证券市场信息型操纵认定难点及监管对策研究》，载《证券市场导报》2017 年第 8 期。

（三）上市公司“蹭热点”严重扰乱市场秩序

上市公司“蹭热点”除了对中小投资者的利益造成实际损害之外，在深层次方面，严重扰乱A股市场的整体秩序，是对市场健康生态的破坏。与一般的纯二级市场炒作不同，上市公司“蹭热点”更类似于上市公司参与的一种“博傻游戏”。与题材炒作相伴生的“蹭热点”，又何尝不是对上市公司等主体向投机者参与题材炒作的“暗送秋波”。如果蹭热点一定程度上暴露了上市公司对于其股价、市值的直白诉求，在这样的预期下，投机者如何不想着“搭便车”呢？当前A股市场所处的发展阶段、投资者的成熟度乃至交易机制等因素，一定程度上促成了题材炒作盛行的市场特点，但是随着“蹭热点”的长期以来的强化，炒“蹭热点”乃至成为一种交易模式、交易手法，一定程度上扰乱了市场的正常秩序，阻碍了证券市场健康投资导向的形成。

三、当前我国关于“蹭热点”的监管争议

“蹭热点”作为资本市场的顽疾，也是证监会、沪深交易所等资本市场监管机构的监管重点。从现有的监管实践看，不同监管机构对上市公司“蹭热点”在性质界定、监管处置上存在着明显差异。

（一）“蹭热点”具有明显的股价效应，属于强制性信息披露范畴

我国《证券法》建立了以股价敏感性为基础的上市公司强制性信息披露标准①。《证券法》第六十七条规定，上市公司应当及时披露“可能对上市公司股票交易价格产生较大影响的重大事件”，并就可能对上市公司股票交易价格产生较大影响的重大事件做了列举。《上市公司信息披露管理办法》则进一步明确股价敏感性和投资者决策影响性标准的适用：对于定期报告，凡是对投资者作出价值判断和投资决策有重大影响的信息，均应当披露；对于临时公告，可能对上市公司证券及其衍生品种交易价格产生较大影响的重大事件，均应当立即披露。沪深交易所的股票上市规则等自律监管规则在《证券法》《上市公司信息披露管理办法》基础上，对应当披露的事项、应当披露的财务指标做出进一步细化规定。② 总体而言，我国资本市场的信息披露标准以股价敏感性为基础。

一般而言，上市公司“蹭热点”信息从财务指标、财务影响角度未达到应当披露的标准，

① 考虑到发行人尚未上市，《证券法》对发行人的信息披露采取投资者决策影响性标准。《证券法》第十九条规定，发行人报送的证券发行申请文件，应当充分披露投资者作出价值判断和投资决策所必需的信息，内容应当真实、准确、完整。

② 例如，《深圳证券交易所创业板股票上市规则（2018年11月修订）》第2.7条规定，上市公司及相关信息披露义务人应当根据法律、行政法规、部门规章、规范性文件、本规则以及本所其他相关规定，及时、公平地披露所有对公司股票及其衍生品种交易价格可能产生较大影响的信息（以下简称“重大信息”），并保证所披露的信息真实、准确、完整，不得有虚假记载、误导性陈述或者重大遗漏。同时，第九章“应当披露的交易”、第十一章“其他重大事件”，列举了应当披露的具体事项。

但“蹭热点”信息往往具有较明显的股价效应，因此，有观点认为相关信息属于强制性信息披露范畴。在沪市自律监管实践中，对于上市公司发布公告“蹭热点”的，则从信息披露的真实、准确、完整等方面进行考察。对于其他途径“蹭热点”的处理思路，往往认定相关蹭热点信息为股价敏感信息，进而认为上市公司未通过信息披露途径发布信息，违反信息披露的相关规定。例如，YJYX 在公司官网发布区块链信息、HYGF 在上证“e 互动”披露公司投资区块链公司①等案例，上交所认为，相关信息对公司影响重大，特别是在相关热点概念处于市场和投资者高度关注的热点时期，可能影响公司股价波动，应当在中国证监会指定媒体上披露，因此对公司及相关责任人采取监管措施。

（二）“蹭热点”对公司不具有重大影响，属于投资者关系管理范畴

部分观点认为，上市公司“蹭热点”信息未达到信息披露的明确指标，且从实质来看对公司不具有重大影响，属于自愿性信息披露范畴。这一观点也是目前新闻媒体中较为主流的观点②。从深市的自律监管实践来看，对于通过公告途径“蹭热点”的，则从信息披露角度予以处理；通过“e 互动”回复、接受媒体采访等方式发布信息的，不属于强制性信息披露的范畴，属于投资者管理范畴，受投资者关系管理相关规定的约束。例如，2020 年 2 月 2 日，THKJ 在“e 互动”回复提问时表示，公司现有产品及拟生产的产品可用于疫情防控中的环境消毒工作。因该消息影响，公司股价触及异常波动。2 月 6 日，THKJ 披露《股票交易异常波动公告》称进一步确认了前述情况。而根据 2 月 10 日 THKJ《关于深圳证券交易所关注函回复的公告》，公司相关产品占公司收入比重小，新产品投产后对公司生产经营及财务状况不会产生重大影响。深交所认为，THKJ 未在“e 互动”回复中客观、完整反映上述消毒剂类产品相关业务的实际状况，在《股票交易异常波动公告》中也未披露消毒剂类产品收入占比以及对泰和科技业绩的具体影响，违反了《创业板上市公司规范运作指引（2015 年修订）》关于投资者关系管理的规定。③

虽然，该做法回避了“蹭热点”的性质界定，而笼统纳入投资者关系管理范畴，避免了监管逻辑、法律依据方面的不足，但是回避了问题实质。首先，“蹭热点”的规制核心，本身不在

---

① 该投资事项虽然属于对外投资事项，未达到该公司强制性披露的财务指标标准。

② 媒体关于“蹭热点”现象的评论，如熊锦秋《对上市公司自愿性信披应强化约束监管》，载 https：//baijiahao. baidu. com/s? id = 1620940814696498324&wfr = spider&for = pc，最后访问时间 2022 年 1 月 20 日；杜坤维《蹭热点自愿信息披露不能止步于交易所处罚》，载金融界网站 https：//baijiahao. baidu. com/s? id = 1679136031107955702&wfr = spider&for = pc，最后访问时间 2022 年 1 月 20 日；胡学文《避免在自愿信披和蹭热点之间“踩红线”》，载《证券时报》2020 年 3 月 16 日第 A03 版。但是媒体在讨论上市公司“蹭热点”问题上，普遍未根据信息发布途径的不同而作性质上的区分。

③ 《创业板上市公司规范运作指引（2015 年修订）》第 9. 1 条的规定，上市公司投资者关系管理工作应当体现公平、公正、公开原则，客观、真实、准确、完整地介绍和反映公司的实际状况，避免过度宣传可能给投资者造成的误导。

于“怎么蹭合适”，而在于“不能蹭”。将“蹭热点”纳入投资者关系管理范畴，未能解决这一问题。其次，从多数“蹭热点”信息的内容来看，其详略程度、风险揭示程度，与其他“e互动”回复并无明显差异，但其他披露实践中并不会被处理。处理标准的一致性方面存在缺陷。最后，投资者关系管理不属于《证券法》的概念及规制范围。证监会以投资者关系管理作为行政监管介入依据，同样不足。投资者关系管理应当真实、准确、完整的主要规定，为沪深交易所的自律监管规则，上市公司“蹭热点”仅依靠自律监管，威慑力不足。而且投资者管理管理的真实、准确、完整的要求，与信息披露的要求的异同也是难以区分及论证的。

（三）“蹭热点”需符合信息披露的一般标准

还有观点认为，“热点信息”的发布，也应当符合信息披露的一般标准。这在部分监管案例的处理中也得到了回应。证监会及其派出机构在对“蹭热点”的处理案例相对较少，从目前仅有的案例来看，证监会虽然未对相关信息的性质进行明确认定，而是认为相关信息的发布应当符合信息披露的原则要求。例如，在 YBHX 公司的行政处罚决定书中，证监会虽然未明确界定上市公司通过深交所互动易平台对投资者提问的回复的性质，但是在“新冠疫情期间关于达芦那韦医药中间体业务信息的披露情况”部分将该公司在互动易的回复内容进行重点论述，并认定“披露的达芦那韦医药中间体业务信息涉嫌存在误导性陈述”，并认为“公司的上述行为涉嫌违反了2005 年修订的《中华人民共和国证券法》（以下简称 2005 年《证券法》）第六十三条的规定①，构成 2005 年《证券法》第一百九十三条第一款所述的信息披露违法行为。”

在现有监管规则框架下，信息披露是个特指法律概念，除了证监会指定的中国证券报、上海证券报等途径发布的信息，上市公司通过包括互动易、公司网站等其他途径发布的信息，不属于信息披露范畴，应当不受信息披露的规则约束。虽然，新《证券法》对法定披露媒体由“国务院证券监督管理机构指定的媒体”调整为“符合国务院证券监督管理机构规定条件的媒体”。但对于信息披露的发布渠道仍未放开。通过互动平台、公司官网等非信息披露途径发布“蹭热点”信息，不属于《证券法》意义上的信息披露，那以《证券法》的信息披露要求，这在逻辑论证上存在缺失。这一顾虑，也在部分“蹭热点”案例中得到了体现。前述 THKJ 案例中，证监会山东监管局并不讨论公司在互动平台上的信息发布情况，而是认为公司在《股票交易异常波动公告》中未对相关情况进行充分披露，也未针对相关情况进行充分的风险提示，违反了《上市公司信息披露管理办法》（证监会令第 40 号）第二条的规定，未提及在投资者互动平台的违规情况。

---

① 2005 年《证券法》第六十三条规定，发行人、上市公司依法披露的信息，必须真实、准确、完整，不得有虚假记载、误导性陈述或者重大遗漏。第一百九十三条第一款规定，发行人、上市公司或者其他信息披露义务人未按照规定披露信息，或者所披露的信息有虚假记载、误导性陈述或者重大遗漏的，责令改正，给予警告，并处以三十万元以上六十万元以下的罚款。对直接负责的主管人员和其他直接责任人员给予警告，并处以三万元以上三十万元以下的罚款。

四、关于“蹭热点”监管争议的进一步分析

上述三种观点在规制目的上各有考虑，客观上反映了不同的监管思路，但在规则依据、逻辑自洽等方面或多或少存在缺陷，也暴露出现行制度的不适应性问题。

（一）上市公司“蹭热点”问题凸显股价敏感性标准的不足

1.“蹭热点”信息具备股价敏感性。股价敏感性标准，要求如相关信息可能对股价产生较大影响，即存在披露义务。从规则文义解释的角度，股价敏感性标准不要求相关信息实际上对股价产生较大影响，判断存在对股价产生较大影响的“可能性”，即应当披露。在当前市场状况下，上市公司在市场热点期间披露涉及市场热点的信息，虽然从内容实质上看，多数内容较为模糊、对公司经营的影响较小，但从对信息发布后的股价反应来看，可能比一些明确应当披露的事项，对股价的影响更为显著。相较部分明确应当披露的事项，“蹭热点”信息对股价产生较大影响的可能性更大。在股价敏感性标准下，“蹭热点”信息即属于应当披露的信息。

2.“蹭热点”凸显股价敏感性标准的不足。

一是股价敏感性标准在“蹭热点”问题上推导出悖论。如果因“蹭热点”信息具有股价敏感性，即要求上市公司应当披露相关信息，与避免“蹭热点”的市场共识、监管初衷冲突，也不符合多数公司不愿意“蹭热点”的意愿。更为严重的是，在当前A股生态下，炒“蹭热点”乃至成为一种交易模式、交易手法。如果要求上市公司“蹭热点”，迎合市场炒作，可能进一步加重对中小投资者、市场秩序的伤害。

二是股价敏感性标准在其他事项上同样遇到了困境。股价敏感性标准，虽然并不强制要求一定需实际引起股价较大波动，但在论证股价敏感性时更多依靠股价的实际波动情况作为佐证。由于股价波动因素众多，且如公司股票处于停牌状态，复牌时往往夹杂多种信息，对股价的影响可能更加难以论证，因此，在部分案件中，证监会并不论证股价的波动情况，而采用了投资者标准。以LWCM收购WJWH案件为例①，虽然LWCM认为，其与金融机构未达成融资合作事项，“不具备应予信息披露的重大性要求，没有披露该信息的义务”。证监会则认为，“在2017年1月12日回复公告中记载的‘预计’时间2017年1月31日，已对市场和投资者构成预期，一旦不能如期实现，应当及时披露”。可能考虑同时存在多种导致股价波动的因素，证监会并未就可能对股价的影响或者股价的实际波动情况进行描述，而从投资者预

---

① 2018年4月11日，就LWCM等在收购WJWH过程中的信息披露违规作出行政处罚决定，其中一项违规为LWCM未及时披露与金融机构未达成融资合作。2017年1月12日，LWCM在回复上交所问询函的公告中称，金融机构股票质押融资审批流程预计于2017年1月31日完成。而截至2017年1月31日，LWCM没有与任何金融机构达成融资合作。

期角度论证其属于应当披露的信息。这在一定程度上反映了股价敏感性标准在当前市场的解释力。特别是如实际股价未发生波动，乃至发生与信息性质相反的波动时，监管机构认定股价敏感性的说服力不足。

三是股价敏感性不符合我国资本市场的现实。有学者指出，从市场有效性角度分析，我国证券市场正处于从无效状态进入弱式有效的状态，尚未达到半强式有效状态。在这种市场环境中，证券价格只能反映历史交易价格和交易量所包含的信息，而对当前信息的反应具有滞后性，即证券价格对信息反应是迟钝的。那么用“证券价格标准”来衡量信息重要性的做法是不现实的。[①] 截至2017年，个人投资者开户数近2亿户，持仓市值在50万元以下的中小投资者占比高达95%以上。散户投资者的交易行为十分活跃。在参与证券交易的账户中，个人投资者账户数量的日均占比达到九成以上，交易量占比超过八成。[②] 在这样一个散户市场中，市场价格信号的有效性不足，股价敏感性虽然是个客观指标，但是“对股价产生较大影响”如何认定，在散户市场里存在困难。此外，由于价格信号的有效性不足，股价波动是否有效反映公司的价值波动。信息披露的理念是迎合市场热点，还是传递公司价值，这可能是股价敏感性标准无法回答的。

（二）自愿性信息披露下上市公司信息披露的审慎义务探讨

如果“蹭热点”信息不属于强制性披露信息，那衍生出的另一个问题：只要相关信息是真实的，那上市公司是否即可披露？上市公司在决定是否披露相关信息时负有怎样的义务。笔者认为，上市公司在判断哪些信息属于自愿披露的信息应当负有必要的审慎义务。审慎义务，即要求上市公司在判断是否披露信息及如何披露信息时，尽到必要的判断、注意义务。在强制性信息披露体系下，相关信息达到强制披露标准，上市公司即负有披露义务，并确保信息披露的真实、准确、完整，无虚假记载、误导性陈述或者重大遗漏。从披露义务来看，除了真实性要求外，准确性、完整性要求本身就需上市公司结合信息的实际情况进行审慎判断，才能确保信息不存在误导性陈述或重大遗漏。例如，根据规定，上市公司上一年度发生盈亏变化的，应当及时披露业绩预告。*ST众应于2021年1月29日披露《2020年度业绩预告》，预计2020年归母净利润为亏损8000万元至12000万元。4月6日，*ST众应披露更正公告，将2020年净利润修正为亏损31000万元至33000万元。中国证监会浙江监管局认为，公司预测不够审慎，导致2020年度业绩预告不准确，对公司及相关责任人出具警示函。

对于自愿性信息披露而言，虽然境内外各市场更多地鼓励上市公司披露更多能够更好帮助投资者决策的信息，但是信息披露的审慎义务也是自愿性信息披露的应有之义：并不是任

① 孟翔：《证券信息披露标准比较研究》，中国政法大学出版社2009年版，第111页。

② 卢文道、陈亦聪：《题材股投机炒作的成因与监管逻辑》，载《证券法苑》2017年第22卷。

何信息只要是未达到强制性信息披露标准的，公司即可自愿披露。以预测性信息披露为例，虽然，目前美国为预测性信息披露设置了一定的安全港原则，允许预测性信息的披露。但很长一段时间（20世纪40年代至70年代早期），美国证监会是禁止披露预测性信息的。因为，1933年证券立法的目的之一就是防止证券欺诈，而证券欺诈的主要表现就是对欲出售证券的未来作天花乱坠的描述。[①] 而我国《证券法》第八十四条规定，除了依法需要披露的信息之外，信息披露义务人可以自愿披露与投资者作出价值判断和投资决策有关的信息。信息披露义务人应当充分考虑投资者作出决策的信息需求，披露的内容应当有助于投资者更加充分地理解、判断公司的价值；如果披露大量冗余、无关信息，反而可能干扰投资者发现有价值的信息，甚至扰乱证券市场。[②] 因此，即使是自愿性信息披露，也不是“随意性披露”“想披啥就披啥”。2017年1月，ST慧球披露《关于公司坚决拥护共产党领导的议案》《关于坚持钓鱼岛主权属于中华人民共和国的议案》等1001个议案公告，市场哗然。此类信息不属于强制性披露的范畴，更不能以自愿披露为由而扰乱市场秩序。上市公司“蹭热点”也是如此，绝大多数“蹭热点”信息无实质内容，对公司经营发展无实质影响，对投资者作出价值判断无益的，则应当审慎披露。

此外，自愿信息披露的审慎义务来自一般法理约束。自愿性信息披露属于新《证券法》正式确认的上市公司权利，但是权利应当与义务、责任对等。正如霍姆斯法官在一份判决意见中指出，“被保护的言论的特征有赖于言论被表达的环境。即使最严格的言论保护制度，也不会允许一个人在剧院妄呼起火而引起惊慌。”[③] 言论自由有其边界，自愿性信息披露应当也有其边界。有观点认为，上市公司发布的“蹭热点”信息，明眼人一看就知道该事项对公司经营、长期发展不具有重大影响，但还是愿意参与炒作，应当“买者自负”。但是，在市场热点期间，市场交易处于非理性状态下，作为信息发布主体的上市公司，应当本着对自己的股东、潜在投资者负责的态度，审慎发布无实质性意义的“蹭热点”信息。上交所于2020年9月25日发布《科创板上市公司自律监管规则适用指引第2号——自愿信息披露》[④] 即规定，公司自愿披露与市场热点相关的信息，应当审慎评估披露信息的必要性和对公司股票价格的影响，避免披露仅与市场热点有关，但对公司不具有重大影响的信息。

五、“蹭热点”的信息披露规制进路

对于“蹭热点”的认识差异，及其监管实践差异，反映了当前“蹭热点”监管的困境。“蹭

① 李晓钟：《美国预测性信息披露制度的形成及其借鉴》，载《前沿》2007年第12期。

② 王瑞贺、程合红主编：《中华人民共和国证券法释义》，中国民主法制出版社，2020年版。

③ Schenck v. United States, 249 U. S. 47; 39 S. Ct. 247; 1919 U. S.

④ 该指引是目前A股市场唯一的专门规定自愿信息披露的规则。

热点”现象既有当前我国资本市场尚不成熟的因素，也有规则不完备、监管抓手不充分的因素。因此，建议从以下几个方面，完善“蹭热点”的信息披露监管。

（一）建立以理性投资者决策标准的临时公告披露标准

投资者决策标准，并不是以对一个单一投资者的决策影响为标准，而是以对一个拟制的理性投资者为标准。从《上市公司信息披露管理办法》关于投资者决策标准的描述，可以推断出投资者决策不仅考虑股价的可能影响，还考虑对公司的价值判断的影响。IOSCO 在《关于持续披露及重大进展披露的原则》中指出，上市公司应当持续披露可能对投资者投资决策有重大影响的所有信息。并且明确，应披露信息是可能影响投资者对公司价值或前景的评估的信息。[①] 在美国法院判例中，法院以理性投资者标准，逐渐接受了特定类型关于非重大性的抗辩。其中就包括“夸张性吹捧”（Mere Puffery），这些吹捧可能运用了花言巧语的修辞，看上去很有诱惑力，但是理性投资者不会认为这样的信息是重要的或者已经显著改变了已有信息的整体。理性投资者知道，应该对于叫卖东西者的夸夸其谈存有某种警惕。还有就是“细微事件”（Trivial Matters），没有披露的信息或者错误的信息对于一个公司的财务、收入等指标而言所占比例过于细小时，这样的信息是非重大的。比如，一个公司没有披露一项销售额，但该销售额占总销售额的万分之一，那么这样的信息就是非重大的。[②]

相对于股价敏感性标准，投资者决策标准可以避免股价敏感性标准下应当披露“蹭热点”信息的逻辑悖论，也可以解决我国当前市场价格信号导致的重大性认定难点。更为重要的是，理性投资者决策标准，一定程度上能够帮助上市公司树立以投资者为中心的信息披露理念，引导投资者形成价值投资的健康理念，对资本市场的投资理念塑造、市场秩序构建均有益处。

（二）明确上市公司自愿信息披露的审慎义务

虽然上交所《科创板上市公司自律监管规则适用指引第 2 号——自愿信息披露》明确了公司自愿信息披露的审慎责任，但是该指引仅属于自律监管规则的业务指南层级，规则层级低且只适用于科创板。因此，建议在《上市公司信息披露管理办法》中明确鼓励上市公司自愿性信息披露的同时，要求上市公司审慎披露可能引起股价过度炒作、无助于增进投资者理解公司价值的信息。因此，即使“蹭热点”信息属于上市公司决定是否自愿披露的范畴，上市公司在决定是否披露时负有相应的审慎义务。审慎义务体现在：首先，在市场热点期间，非必要不应发表

---

① IOSCO：Principles for Ongoing Disclosure and Material Development Reporting by List，https：//www. sec. gov/about/offices/oia/oia_corpfin/princdisclos. pdf，2021 年 6 月 7 日访问。

② 参见刘东辉：《谁是理性投资者——美国证券法上重大性标准的演变》，载《证券法律评论》2015 年第 1 期。

涉及市场热点的信息，避免助长炒作风气；其次，因对外报送、政府发布等可能导致信息对外发布的，公司应当完整、准确地披露相关信息，更加审慎地进行风险揭示，避免信息披露不公平和误导投资者。

此外，对于一般投资者而言，无论是公告，抑或是投资者互动平台的回复、公司官网的新闻稿，均属于上市公司发布的信息，可能无法理解因发布渠道而导致的法律责任的差异。特别是在当前互联网高度发达、信息来源高度多样化的背景下，不同发布渠道对投资者“触及”的差异正在缩小，乃至消失，信息披露与一般性的信息发布，在投资者决策影响的差异也在缩小。虽然，不宜将上市公司通过各种渠道发布信息均视为信息披露，但是作为公众公司，考虑到相关信息发布的外部性，上市公司对外发布信息，应当附有一定的审慎义务。特别是市场热点期间，上市公司应当审慎发布涉及市场特点的信息，避免股价异常波动，损害中小股东利益。

（三）建立更具激励性的有奖举报制度

“蹭热点”的背后往往伴随着内幕交易、市场操纵等交易违规。但是此类交易违规往往隐蔽性强，从外部难以发现。因此，通过予以一定的物质奖励吸引内部人或广大民众举报违法行为，有助于提高监管执法效率，而且由于多数为掌握内部信息的知情人举报，减轻了监管部门调查举证压力，节省了监管资源。有统计表明，从 2012 年发出第一笔“举报人奖金”开始，美国证监会已经向 83 位举报者发放了超 5 亿美元的款项。美国证监会官员也在不同场合承认，举报人计划已经被证明是打击欺诈和保护投资者的重要工具。在警示疫情炒作的新闻稿中，美国证监会专门提到鼓励投资者通过网络方式向其提交涉及证券欺诈、不法行为的线索，也对上市公司“蹭热点”起到震慑作用。

实际上，在我国也有举报人奖励制度。2014 年 6 月，证监会发布《证券期货违法违规行为举报工作暂行规定》，对“有奖举报”适用范围、奖励金额等作出具体规定。但根据规定，即使是举报全国有重大影响或涉案数额巨大的案件线索，最高奖金与动辄高达数亿元的违法金额相比，也显得微不足道，影响了举报人向监管机构提供信息的积极性。2020 年 3 月开始实行的新《证券法》，明确规定了有奖举报制度，对这一制度在法律层面予以确认。后续规则制定中，有必要在证券法基础上予以切实落实，建立更具激励性的有奖举报制度，提高内部人举报积极性，进而提高执法效率和线索发现能力。

（四）信息披露监管与交易监管结合

上市公司的“蹭热点”违规，可能伴随着交易违规，交易层面的监管不应缺位。除了一般性的交易监察外，可采取停牌手段。这也是证券监管机构所普遍具有的职责。对于上市公司“蹭热点”，暂停公司股票交易也是美国证监会处置上市公司“蹭热点”，保护投资者利益的重要措施。在2020年疫情概念中，美国证监会专门发布警示通告（Investor Alert）[①]，提醒投资者关于可能涉及新冠肺炎病毒的投资骗局，一方面，提醒投资者投资风险，审慎对待公司关于其产品或服务能够阻止新冠肺炎病毒的声明，特别是微型股，这些声明可能是"pump - and - dump" schemes[②] 的一部分。如果投资发布不准确、不可信信息的公司，投资者可能遭受重大金钱损失，而且可能因公司股票被暂停交易而无法出售股票。另一方面，如果美国证监会认为有关公司的信息是不准确或不可信赖的，可以暂停公司股票不超过10天。自2020年2月以来，美国证监会对36家公司采取了暂停交易的措施。[③] 在沪深交易所的监管实践中，在部分公司股价过大波动的情况下也均适时采取了停牌措施，传递了相对明确的风险警示信号，对平抑股价过快上涨起到了明显的作用。同时建议，通过新闻稿、专门提醒等方式，整体性地传递监管关切、征集违规线索。一方面，避免个案过度干预；另一方面，对市场热点进行整体性降温，以免投资者遭受损失。

---

① 美国证监会不定期会针对市场热点事项，例如数字货币投资、特殊目的收购公司（Special Purpose Acquisition Company，SPAC），发出投资者警示通告，警示可能存在的交易风险或损害投资者权益的情形。通告中有证监会对相关事项的分析、提醒注意的事项，以及发现的违规案例，乃至会要求投资者进一步提供违法违规线索。自2020年2月4日，美国证监会针对疫情相关的投资丑闻发布的通告后，此后多次更新，最新一次更新为2021年2月10日。

② 即欺诈方通常发布虚假或误导性信息，以形成购买狂潮，从而抬高股价，然后高价倾销自己手中的股票。一旦欺诈者抛售并停止炒作股票，股票价格通常会下跌，投资者将遭受损失。

③ SEC Charges Top Executive of California Microcap Company for Misleading Claims Concerning COVID - 19 Test and Financial Statements. https：//www. sec. gov/news/press - release/2020 - 224，2020年10月6日访问。

《金融法苑》征稿启事

《金融法苑》由北京大学金融法研究中心主编，以金融法研究为对象，采用图书的形式连续出版。自1998年首次出版至今，《金融法苑》已公开出版百辑，目前一年出版两辑，每辑15～18篇论文，约20万字，由中国金融出版社出版发行。《金融法苑》已被北京大学法学院列为学院核心刊物，并自2014年起入选CSSCI来源集刊。《金融法苑》目前授予“北京大学期刊网”“中国知网”“元照数据库”“北大法宝”“超星数字期刊”“万方数据库”等数据库电子版权。凡向《金融法苑》投稿的作者，视为同意上述授权，本编辑部所支付的作者稿酬已包含上述著作权使用费；如不同意，请在投稿时注明，编辑部将作适当处理。

《金融法苑》设有“热点观察”“专论”“金融实务与法律”“金融法前沿”“公司与证券”“银行与法律”“财会与法律”“保险与法律”“WTO与金融”“金融刑法”“金融创新”“金融监管”“金融法庭”“海外传真”等栏目，及时反映金融法理论、热点事件、立法与实务等最新研究成果和动态，文风活泼，文字清新，深入浅出，侧重阐明事理，解决问题。作为专业特色明显的出版物，《金融法苑》在学界和实务界有着良好的影响，适合立法者、金融法务工作者、相关专业的师生阅读和参考。

为规范《金融法苑》用稿，提高编辑质量和效率，编辑部拟订《〈金融法苑〉写作要求和体例》，请投稿者务必自觉遵守。自2014年1月起，本编辑部只接受电子版投稿，投稿邮箱为：jinrongfayuan@126.com。投稿文档请按如下格式标明，并同时标注于邮件主题上：“投稿日期作者：文章名”，例如：“2003.10.22吴志攀：银监会的职责与挑战”。

凡投寄本编辑部的稿件，请勿一稿多投。投寄的稿件三个月内未收到编辑部用稿反馈的，可自行处理。在编辑部编辑稿件过程中，如遇到他刊拟采用的，请作者及时告知相应的决定，以免造成重复刊发。

有意投稿者还可关注北京大学金融法研究中心网站（www.finlaw.pku.edu.cn）和微信公众号（“Pkufinlaw”和“北京大学金融法研究中心”），获取金融法研究中心和《金融法苑》的出版资讯、学术活动、征稿主题等相关信息。网站地址和微信公众号二维码请见本辑封底。

《金融法苑》编辑部

2019年12月10日

《金融法苑》 写作要求和注释体例

一、 字数要求

一般不超过8000字（包含注释，以Word的字数统计为准），特别优秀的论文可适当增加1000～2000字。

二、 编排体例

1. 文章标题：居中，三号加粗宋体字，标题一般不超过25个字，尽量不使用无实质意义的副标题。

2. 作者：居中，小四号宋体字，用 * 标记脚注，注明学习/工作单位、电子信箱、联系电话、通信地址（邮编）等。

3. 中文摘要：小四号宋体字，不超过300字，写明文章的主要观点、研究方法等。

4. 关键词：小四号宋体字，2～5个关键词，需体现文章核心内容。

5. 正文：目次采用“一、（一）1.（1）1）”顺序，尽量避免过多层次，标题加粗，全文小四号宋体字，1.5倍行距，段前段后不空行。

6. 注释：采用当页脚注，每页重新编号，①②③格式，五号宋体字，单倍行距，注释间不得空行。

三、 内容规范

文章需符合基本学术规范和著作权规则。对违反法律法规、学术规范的文章，由作者本人承担一切后果。

四、 格式规范

（一） 数字

1. 文章中涉及的确切数据一般用阿拉伯数字表示。例如：20世纪80年代，不采用“1980年代”的写法。

2. 约数用汉字表示。例如：大约十年，近二十年来。

3. 法律条文，应该以中文大写数字表示，包括所引用的法条中涉及的条款。例如：《中华人民共和国刑法》第十一条。引用法律或案例应准确无误，作者应核对与文章内容时点对应的有效法律条文内容，注意条文序号是否已被调整。

4. 农历的年、月、日一般用中文汉字；古代皇帝的年号也用汉字。例如："光绪二十九年"等。

（二）图表

1. 图表应简洁大方，同一图表尽量避免跨页排版。

2. 图表标题应标明序号，置于图表上方，图表下方注明资料来源。

（三）法律规范或其他规范性文件

1. 无论中西文法律或规范性文件，首次出现，写明全称（注明中华人民共和国），以后可以用简称，但需在首次出现的全称之后用括号界定。

2. 必要时，在法规之后注明其生效或实施时间。

（四）注释

1. 总体要求

（1）注释以必要为限，对相关文献、资料等来源进行说明，以便读者查找。直接引征不使用引导词，间接引证应使用引导词。支持性或背景性的引用可使用"参见""例如""例见""又见""参照""一般参见""一般参照"等；对立性引征的引导词为"相反""不同的见解，参见""但见"等。

（2）注释的标识位置

一般紧跟着要说明的词语或句子。一般地，注释标识放在逗号和句号后面，也可放在句号前，根据所需注释的内容而定。涉及引号时，如果引号里有句号，注释标在引号后。如果引号里无句号，注释标在引号和句号之后。

（3）超过100字引文的处理

正文中出现100字以上的引文，不必加注引号，直接将引文部分左右缩排两格，并使用楷体字予以区分。100字以下引文，加注引号，不予缩排。

（4）重复引用文献、资料的处理

重复引用的，需标注全部注释信息，不采用同前注、同上注等简略方式。

（5）作者（包括编者、译者、机构作者等）为三人以上，第一次出现时，最好都列明，如果有主编，撰写者可以省略。第二次出现时可仅列出第一人，使用"等"予以省略。

（6）引征二手文献、资料，需注明该原始文献资料的作者、标题，在其后注明"转引自"该援用的文献、资料等。

（7）引征信札、访谈、演讲、电影、电视、广播、录音等文献、资料等，在其后注明资料形成时间、地点或出品时间、出品机构等能显示其独立存在的特征。

2. 具体注释范例

中文作品

（1）专著

作者：《书名》（卷或册或版次），出版社出版年，页码。

例如：

李琛：《论知识产权法的体系化》，北京大学出版社 2005 年版，第 110 页。

储怀植：《美国刑法》（第 3 版），北京大学出版社 2005 年版，第 90 – 97 页。

葛克昌、陈清秀：《税务代理与纳税人权利保护》，北京大学出版社 2005 年版，第 30、35 页。

（2）编辑作品或编辑作品中的文章

作者及署名方式：《书名》（卷或册或版次），出版社出版年，页码。

作者：《文章名》，载编辑作品主编人：《编辑作品名称》，出版社出版年，页码。

例如：

刘剑文主编：《出口退税法律问题研究》，北京大学出版社 2004 年版，第 21 页。

高鸿钧等主编：《英美法原论》，北京大学出版社 2013 年版，第二章“英美判例法”。

张建伟：《法与经济学：寻求金融法变革的理论基础》，载吴志攀、白建军主编：《金融法路径》，北京大学出版社 2004 年版，第 31 页。

（3）译著

［国别］作者著：《书名或文章名》，译者译，出版社出版年，页码。

例如：

［美］兰德斯、波斯纳著：《知识产权法的经济结构》，金海军译，北京大学出版社 2005 年版，第 460 页。

（4）学位论文

作者：《论文名称》，学校系所年份，页码。

例如：

李英：《一般反避税条款之法律分析》，北京大学法学院 2004 年硕士论文，第 19 页。

（5）期刊、报纸类作品

作者：《文章名》，载《书名或杂志名》年代和期数。

例如：

刘剑文：《论避税的概念》，载《涉外税务》1999 年第 2 期。

刘军宁:《克林顿政府经济政策》,载《人民日报》1993 年 3 月 23 日,第 6 版。

(6) 研讨会论文

作者:《篇名》,主办单位,“研讨会名称”,时间。

例如:

王文宇:《台湾公司法之现况与前瞻》,韩忠谟教授法学基金会,“两岸公司法制学术研讨会”,2003 年 7 月。

(7) 法院判决、公告等

《名称》,(年份) 编号名称(说明:具体名称是否添加根据文中情况判断)。

例如:

包郑照诉苍南县人民政府强制拆除房屋案,浙江省高级人民法院(1998)浙法民上字 7 号民事判决书。

《国家税务总局关于出口货物退(免)税若干问题的通知》,国税发〔2003〕139 号。

(8) 网络资讯

原则上,如果同样内容有纸质文献,请选用纸质参考,以方便保存查阅。

文献内容(格式同上),资料来源:网址,访问时间。

例如:

王波:《台湾中正大学黄俊杰教授访谈》,资料来源:http://www.cftl.cn/show.asp?c_id=478&a_id=1381,2005 年 4 月 17 日访问。

赵耀彤:《一名基层法官眼里好律师的样子》,载微信公众号“中国法律评论”,2018 年 12 月 1 日。

外文作品

(1) 基本说明

1) 重复引用文献的,在再次引用时需标注出全部注释信息,不采用 Id. 等简略形式。

2) 文章标题大小写。

除冠词与介系词之外,书名和文章名称的第一个字母都要大写。例如:A Theory of Justice。

3) 缩写加上句点。

例如:

e.g.; 等等:et al.; 主编:ed.; 第×页:p. *; 第×-×页:pp. *-*。

4) 顺序和中文著作基本相同。多个作者之间不用顿号,而用“&”或者逗号。作者与书名之间用逗号;文章名、书名无需书名号。

5) 字体用 Times News Roman。

6) 组织机构、法案名称等,第一次使用全称,后用括号注明英文全称和简称,之后可使用简称。

例如：国际货币基金组织（International Monetary Fund，IMF）。

（2）著作

例如：

William E Scheurman ed. , The Rule of Law under Siege, Berkeley: University of California Press, 1996, p. 144. Bellow & Kettleson, The Politics of Society in Legal Society Work, 36 NLADA Briefcase 5 (1979), pp. 11 – 16.

（3）期刊文章

例如：

Robert J. Steinfeld, Property and Suffrage in the Early American Republic, 41 Stanford Law Review 335 (1989), p. 339.

关于《金融法苑》的订阅

感谢广大读者对《金融法苑》的喜爱和支持。北京大学金融法研究中心限于人手，无法逐一为读者们办理纸质版杂志的订阅服务。为此，中心特委托《金融法苑》的出版商中国金融出版社代为办理，由其读者服务部具体承办《金融法苑》的订阅服务。

中国金融出版社读者服务部电话：(010) 66070833　62568380
（在每本《金融法苑》的封二都可以查看到读者服务部的信息）

如您不想采用订阅的方式，也可访问淘宝网上的“中国金融出版社读者服务部”，或者通过登录当当网、亚马逊、京东或新华书店等网站，购买纸质版的《金融法苑》。

北京大学金融法研究中心
2019 年 12 月 10 日